世界の
イスラム建築美術
大図鑑
至宝の遺産
ISLAMIC ARCHITECTURE
A World History

世界の
イスラム建築美術
大図鑑
至宝の遺産
ISLAMIC ARCHITECTURE
A World History

エリック・ブラウグ［著］
Eric Broug

桂英史［日本語版監修］

鷲見朗子［訳］

河出書房新社

目 次

はじめに　　　　　　　6-9

第1章
東地中海と湾岸地域
10-59

ヨルダン　16-19
アラブ首長国連邦　20-23
サウジアラビア　24-27
エジプト　28-37
シリア　38-43
レバノン　44-45
パレスチナ／イスラエル　46-49
カタール　50-51
バーレーン　51-53
オマーン　54-55
クウェート　55
イエメン　56-59

第2章
イラク、イラン、南アジア
60-109

イラク　66-71
イラン　72-87
インド　88-95
パキスタン　96-103
バングラデシュ　104-109
スリランカ　107

第3章
トルコと中央アジア
110-167

トルコ　114-137
北マケドニア　124
ウズベキスタン　138-151
アフガニスタン　152-155
トルクメニスタン　156
アゼルバイジャン　156-160
タジキスタン　161-162
キルギス　162
カザフスタン　162-167

p. 2
オルベリアニ浴場
ORBELIANI BATHHOUSE
ジョージア　トビリシ　18世紀
ジョージアの首都トビリシは、オルベリアニの硫黄泉でよく知られている。13世紀には60軒以上の温泉浴場があったとされているが、現在は10軒足らずとなっている。その中で、18世紀に建てられたオルベリアニ浴場は、凝った装飾が目を引く存在である。建物正面に大きく窪んだ尖頭アーチと、釉薬のかけられた陶磁のタイルが、ペルシア建築を思い起こさせる。訪れた著名な作家のアレクサンドル・デュマやアレクサンドル・プーシキンらも、これに魅了された。

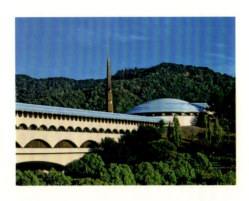

第4章
アフリカ
168-211

モロッコ　174-181
チュニジア　182-185
アルジェリア　186-191
リビア　190-191
マリ　191-194
ニジェール　194-195
スーダン　195-198
エチオピア　199
ソマリア　199
ケニア　200
タンザニア　200-201
コモロ　202
セネガル　202-203
コートディヴォワール　204
ブルキナファソ　204-205
ガーナ　205-207
ベナン　208
ナイジェリア　208-211

第5章
アジア太平洋
212-245

インドネシア　220-224
カンボジア　224
フィリピン　225-227
マレーシア　228-231
ミャンマー　231
タイ　232-234
シンガポール　234-235
ブルネイ　236-237
日本　237
オーストラリア　238-239
中国　240-245

第6章
ヨーロッパとアメリカ
246-311

スペイン　250-269
ポルトガル　270
イタリア　271-278
ロシア　279-281
チェコ　282-283
ウクライナ　283
フランス　284-289
オランダ　289
ドイツ　290-292
クロアチア　293
ボスニア・ヘルツェゴヴィナ　294
ポーランド　295
ウェールズ　296-297
イングランド　297-298
スコットランド　298
スウェーデン　299
デンマーク　299
アメリカ合衆国　300-307
カナダ　308
キューバ　309
チリ　310
エクアドル　310-311

イスラム建築における女性　312-319
ワクフ　320-321
用語解説　322-323
イスラム王朝　324

参考文献　325-327
図版出典　328-329
索引　330-335
謝辞　336

はじめに

「私たちのことを知りたければ、
私たちの建物を調べなさい」

サマルカンドにあるティムール建築物に刻まれた銘文

イスラム建築と聞くと、真っ先に思い浮かぶのは、いくつかの有名なモニュメントや地域だろう。重要な建物は、場所や時代に対する理解を大きく左右しがちである。巨大なドームと細身のミナレットを持つモスクは、オスマン建築様式の代表であり、モロッコのフェズやマラケシュでは、マリーン朝様式の建築物に色鮮やかな幾何学模様のセラミック装飾が施されている。長年にわたり学術研究において、イスラム建築で興味深いものは中東、北アフリカ、中央アジア、トルコ、インド、イラク、イラン、アフガニスタンで見られるものであり、さらにこれらはすべて19世紀以前に完成したという物語が構築されてきた。もちろん、これは事実とはほど遠く、本書はそのことを明らかにする。イスラムは世界宗教である。世界には300万以上のモスクがあり、その中にムスリム・コミュニティーのために建てられた建物や、イスラムの影響を受けた建物が一つもない国を見つけるのは難しい。実際、「イスラム建築」という言葉自体、必ずしもしっくりとくるものではない。それは、統一された宗教的要素がつねに重要であり、存在することを示唆しているように見えるからである。「イスラム社会の建築」という用語の方がおそらく、より正確な表現であるはずだ。

本書の目的は、広大無辺な世界的豊かさと多様性を示す建物を選び、紹介することである。建物の選択にあたっては、美しさ、視覚的な面白さ、そしてさまざまな関連によって判断した。歴史的な重要性だけで建物を選ばないことにしたのである。幸いなことに、最も美しい建物の中には歴史的に重要なものもある。ダマスカスのウマイヤ朝モスク（⇨ p.10, p.40）、エルサレムの岩のドーム（⇨ p.12, p.47）、グラナダのアルハンブラ宮殿（⇨ p.256−259）などである。

ボボ・ディウラッソの大モスク
GREAT MOSQUE OF BOBO DIOULASSO
ブルキナファソ（19世紀初期─中期）
白塗りの泥煉瓦で造られたこのモスクは広い中庭を備え、キブラとミフラーブを示す塔、そして反対側にはミナレットを持つ。この地域の建築の特徴に、トロンと呼ばれる木製の突き出し梁がある。これは足場でもあり、モスクのメンテナンスを可能にしている。

最高の建築物だけでなく、よく知られた建築物の知られざる細部も紹介しようと努めた。

どんな選択にも言えることだが、課題は「何を含めるか」ではなく「何を省くか」である。難しい選択の決断なしには、ムスリム社会全体における建築の豊かさを明らかにする本を作ることはできない。結局、私は主観的な選択をせざるをえないし、より自由に、より責任をもって選んだのである。何が含まれ、何が含まれないのかについて、すべての人を満足させることは不可能であることを受け入れた。

これは私にとって計り知れない教育の旅だった。ロンドンのSOAS（ロンドン大学東洋アフリカ研究学院）でイスラム建築史の修士号を取得した私は、この本を書き始める前に、すでにかなりのことを知っていると思っていた。しかし、多くの事柄は私にとって新しいことであった。たとえば、コートディヴォワールにある素晴らしいアドービ（日干し）煉瓦造りのモスク（⇨ p.204）の発見は驚きであった。この発見の旅によって、私は謙虚になっただけでなく、イスラム建築についてまだ充分に研究や記録がされていないことがいかに多いかを思い知らされた。

歴史家は一般的に、重要な建物や時代について、あるいは特定の建物や時代に焦点を当て、初期の事柄について書くことを好む。だから、サマルカンドのティムール朝建築、あるいはエジプトのマムルーク朝建築について知りたいのであれば、最初に何を読むかがおもな課題となる。逆に、西アフリカのソコト朝（カリフ制）の建築やロシアのタタール人のモスクについて学びたい場合、ほとんど何も見つからないかもしれない。ムスリム社会における建築に関する調査や文献はかなり偏っているのである。

本書は、ほかの写真集にほとんど取り上げられていないものを含め、地球上の驚くべき建物を紹介することによって、その偏りを少しでも正そうとするものである。まだまだ道のりは長い。私自身もこの教育的な偏見の産物であり、ティムール朝やマムルーク朝、またはオスマン朝の数多くの際立った建築物で本書を埋め尽くさないようにするのは大変だった。

イスラム建築に関する論文は、建物がどのように見えるか、ほかの建物にどのように似ているかを詳細に語っている。私はそのような論文とその著者なしにはこの本を書く

ことはできなかったので、ここに感謝したい。本書の執筆にあたり有益であった論文や図書の数々を参考文献（⇨ p.325－327）として掲載した。それらはさらなる読書のためにさまざまな方向性を与えてくれるはずである。

イスラム社会の建築史において、女性はとくに過小評価されてきた。しかし、女性は建築の発注において、時に重要で独立した役割を果たすこともあった。私はこの点についても触れるよう努めた（p.313－318）。モスクの内部へ接近しやすいという点で、本書の大部分の写真が男性によって撮影されたことは避けられなかったかもしれないが、表紙を飾った見事な写真〔本訳書では p.33〕は、エジプト人女性写真家によって撮られたものである。

私は成人してからの人生を、パターンや精細な装飾を主としたイスラムの視覚文化に捧げてきた。人々が作り出す芸術、そして男性と女性が美しさを生み出し、機能上の必要性を超えて素晴らしいものを作り上げようとする技と努力に魅了されている。私が思うに、この技と努力は、アッラーに敬意を表するために美が存在するイスラム芸術と建築において最も顕著である。イスラム美術と建築における視覚的アイデアの創意工夫と高い水準で実現する技術に、私は驚嘆する。イスラム社会の職人は無名であったとよく主張される。しかし嬉しいことに、建築家、石工、大工、漆喰彫刻家などの名を見つけることができた。

この本に登場する建物はすべて人の手によって作られた。たいていは家族を養う男性たちによって、そしてなかには強制労働した人もいたが、彼らは最善のものを作ろうという職業的責任感をもっていた。こうした気質は19世紀以前に終わったわけではなく、今日まで続き、その証を本書のこれからのページに見ることができる。

本書の企画を可能にしたのは、これまで未公開だった世界の高品質の写真である。その多くがオンライン・データベースで利用できるようになったからである。過去には見つけるのが困難であったニジェールやソマリアの建築物やバングラデシュの小さな共同体モスクの写真を、今では見つけられる。一方、以前はヨーロッパの写真家がウズベキスタンに飛んで、1～2週間「エキゾチックな」建築物の写真を撮ったものだ。現在は、現地のプロの写真家たちが多くの場所を撮影している。彼らは違った視点をもたらし、人里離れた場所に時間をかけて行く余裕もある。こうした

現地の写真家たちの技術なくして、この本は存在しなかっただろう。

　建築は異文化と関わるユニークな方法である。たとえば、マリのドゴン地方のモスク（⇨ p.194）の入口を通り抜ける自分を想像してみよう。私たちはそれを想像できるので、わざわざ説明される必要もない。想像すれば、私たちはその建物に感情移入しやすくなり、その建物が作られた環境をたやすくイメージできる。だから、私はこの本の写真にほとんどを語らせているのだ。私が読者に求めるのは、ただよく見てほしいということだけである。私はこの本のために少なくとも 50 万枚の写真を調査し、可能な限り幅広い情報源から最も視覚的に雄弁なものを選んだ。それは世界中を旅するだけでなく、歴史を通して過去へ遡る旅でもある。これらの写真は物語を語っている。

　私は、寛容が美徳とされる多元主義社会のオランダで育った。だから、関連性、美しさ、視覚的面白さという基準に基づいて主題を選んでいる。イスラム建築の影響を受けている建物も含めて、できる限り広範囲に網を投げた。そのため、モスク、マドラサ、そのほかのイスラム建築に加え、教会、シナゴーグ、浴場、町役場など、聖なるものであれ世俗的なものであれ、多くの建築物が含まれている。モサラベ建築（スペインのイスラム支配下にあるキリスト教徒によって建てられた）やムデーハル建築（イベリアや南アメリカのキリスト教支配下にあるムスリムによって建てられた）も、イスラム建築の物語の一部だからである。オスマン朝のモスクやセルジューク朝のミナレットなど、紹介に値するような畏敬の念を抱かせるものは数え切れないほどあるが、その中から、本当に素晴らしいオスマン朝のモスク 2 つとセルジューク朝のミナレット 1 つだけ選び、それによってほかのものを紹介するスペースを残した。同じ考えで、トプカプ宮殿の写真の枚数を制限したのは、もっと多くの写真を紹介している本がほかにあるからでもある。しかし何よりも、私たちを驚かせ感銘を与えてくれる、あまり知られていない建築物の写真にページを割き、イスラム建築をより広い文脈で考える機会を提供したいと思いが強いからだ。

　私の最初の著書『イスラムの幾何学文様』が完成した後、それを書き上げられるよう計らってくれた神の恵みに感謝した。私はこう思った。これですべてだ、神の計らいは成就したと。しかしその後、同じテーマでもう 2 冊の本を書く機会を与えられたことに、ただただ驚いた。またしても私は思った。これは私への神の計らいが成就したのだ。今、私はこの本を書き上げ、もうこれ以上、神の計らいが何であるか知ることを求めない。このような仕事が自分に与えられたことをひとえに謙虚に感謝する。

第1章

東地中海と湾岸地域

イスラム建築は、シリアのウマイヤ朝カリフ制（661−750年）に始まった。彼らはエルサレムに岩のドームを（⇨ p.12, 47）、ダマスカスのウマイヤ朝モスク（⇨ p.40, 41）を建設したが、現在のヨルダンにも格別に興味深く美しい宮殿や城を数多く建設した。これらの建物は新しい視覚的伝統が空白から始まるものではないことを示し、私たちが一般的にイスラム芸術と考えているものを覆す。ヨルダンの8世紀のクサイル・アムラ（⇨ p.16）には仕事中の職人、踊る女性、ギターを弾く熊などが描かれ、居住と農業の複合施設としての機能を反映した多くのフレスコ画がある。ドームの内部に天空を描いた最初のものとされる作品があり、星座と黄道十二宮（黄道帯）を示している。ヒシャームの宮殿としても知られるエリコのヒルバト・アルマフジャルは、ローマやビザンチンのモザイクを特徴づける曲線的な交錯帯が、新しいウマイヤ朝時代の文脈では、従来の脇役ではなく、幾何学に主役の座を与えるためにも使われていることを示している（⇨ p.46）。これはおそらく、イスラムの幾何学的デザインの原点であろう。ウマイヤ朝時代に最初の馬蹄形アーチと尖頭アーチが登場する。最古の尖頭アーチは、岩のドーム内部の円形の柱廊に見られる。

東地中海地域のイスラム建築は、多くの革新と驚くべき建物をもたらした。また政治的要因と建築がどのように絡み合っているのかを思い起こさせてくれる。ファーティマ朝は北アフリカを起源とし、チュニジアのマフディーヤに首都を建てたが、最終的にはカリフ制の首都として、新しい都市カイロ（アルカーヒラ）を築いた。ウマイヤ朝はダマスカスを首都として比較的短期間支配していた。彼らはアッバース朝によって追放され、生き残った者たちはスペインのコルドバに逃れ、そこで新たな帝国を築いた。一方、カイロに数多くの傑作建築を残したマムルーク朝は、最初は中央アジア出身の軍事奴隷だったのに、主人を退け、自ら権力を握った。彼らが建てたカイロのモスク、マドラサ、霊廟には、石彫り細工の精巧さ、革新的で大胆な幾何学デザイン、そして全般

ウマイヤ朝モスク
UMAYYAD MOSQUE
シリア　ダマスカス（715年頃）
第6代カリフ、アルワリード1世の命により、ウマイヤ朝モスク（ダマスカスの大モスクとしても知られる）は、非常に多くの労働者によって建設された。彼らは、コプト教徒、ペルシア人、北アフリカ人、ギリシア人、インド人などで、さまざまな背景を持つ。元々、中庭のファサード（正面）はすべて金箔とガラスのモザイクでおおわれており、内壁やアーチの裏側もそうである。モザイクの構図には、自然の風景や特徴が示され、果樹園のある天国のような風景が認められる。モスクの壮麗さとその建築装飾はほかのすべてのモスクの基準となった。

下
ウマイヤ朝
岩のドーム（クッバト・アルサフラ）
UMAYYAD: DOME OF THE ROCK (QUBBAT AL-SAKHRA)
エルサレム（691年）

カリフ、アブド・アルマリクによって建てられたこの建物は、最古のイスラムの遺跡の一つである。中にある岩（⇨ p.47）は、ムハンマドが天に昇った場所と信じられており、またアブラハムが息子のイサクを犠牲にする準備をした場所ともされている。内部は美しい金色のモザイクで装飾されている。外観は現在、16世紀のオスマン時代のタイルでおおわれているが、元々は内部と同様に大理石とモザイクでおおわれていた。

次頁
アイユーブ朝
イマーム・アルシャーフィイーの廟
AYYUBID: MAUSOLEUM OF IMAM AL-SHAFI'I
エジプト　カイロ（1211年）

この霊廟は、カイロで最も崇敬され続けている聖地であり、1,000年以上もの歴史がある。イマーム・アルシャーフィイーは、4大スンナ派のイマームの一人として数えられており、ほかの3人はハニーファ、マーリク、ハンバルである。サラディンは、シャーフィイー法学派に捧げられたマドラサを近くに設立し、1178－1179年にウバイド・アルナッジャール・イブン・マアーリーによって彫刻された見事な木製のチーク材の記念碑をイマームの墓の上に設置するよう命じた。霊廟はそれから30年後に建てられた。

的な品質へのこだわりが見られる。しかし、マムルーク朝の政治文化は不安定だった。267年間（1250－1517年）のマムルーク朝の統治期間には、約50人のスルタンが存在した。多くはわずか1年間しか統治できなかった。また一度は退位させられたが、後に復権した者もいる。壮麗な建物を建てることは、聖職者や民衆に統治の正当性を主張する手段の一つであった。とくに、前任者やライバルの建築物よりも壮麗であればなおさらである。この建築の一種のしのぎ合いで良い例は、カイロのアルアズハル・モスクの3つのミナレットで見ることができる（⇨ p.29, 32）。

この章では、イスラムの歴史と建築の中心地ともいえるダマスカス、カイロ、メッカをとりあげている。シリア、ヨルダン、パレスチナ、エジプトには歴史的に重要で素晴らしいイスラム建築が多く存在するが、この地域以外の建築にはあまり注目が集まらない。しかし、それは不当である。たとえば、オマーンのモスク、アルシャワーズナ・モスク（⇨ p.55）の漆喰のミフラーブはその好例だ。ミフラーブの中央に中国製の陶器皿があることは、交易路と文化交流について物語っている。イエメンではアスマー女王と彼女の義理の娘アルワー女王がスライフ朝を統治していた時期が100年近くあった。ジブラにあるアルワー女王のモスク（⇨ p.59）は、イエメン最古のモスクの一つである。イエメンにはまた、16世紀に丹念に修復された素晴らしいアルアーミリーヤ・マドラサ（⇨ p.56）もある。イラクの考古学者、職人、建設作業員からなる大勢のチームが、数十年にわたる愛情をこめた労働の成果である。

　この数十年、湾岸地域の国々の建築は、卓越したデザインと、何世紀にもわたって受け継がれてきた慣習にふさわしい大胆なヴィジョンを世界に示してきた。イスラムの歴史における支配者たちは、最高の建築家や技師を起用し、最大かつ最高の建築物を建てた。時に、最も物語を語るのは細部である。オマーンのスルタン・カーブース大モスク（⇨p.55）は、多くの写真に撮られているが、私は訪問者が目をとめるはずの細かなディテールに焦点を当てることにした。同様に、バーレーンのバイト・アルクルアーン（コーランの家）博物館（⇨p.52－53）には、訪問すれば目を奪われるようなステンドグラスがある。湾岸地域で建てられた現代建築は、すべてが「イスラム建築」と見なせるわけではないが、これらのプロジェクトの多くで、イスラム建築のデザイン要素が21世紀向けに解釈されているのは興味深い。アラブ首長国連邦のアブダビにあるルーヴル・アブダビ（⇨p.23）は、シンプルな幾何学的デザインを重ねることで光を漏れさせている。アラブ首長国連邦のシャールジャにあるモダニズム建築「空飛ぶ円盤」（⇨p.22）が、イスラムの幾何学模様の星形から着想を得たことは明らかだ。本書で最も難しかったことは、サウジアラビアにおける建築物の選択であった。イスラム建築の本を作るのに、カアバ神殿の写真なしには考えられないので、巡礼者たちがカアバ神殿に接近し、関係を築く様子を別の視点から捉えた写真を見つけられたのは、とくに嬉しいことだった。

カプサルク・ムサッラー
KAPSARC MUSALLA
サウジアラビア　リヤド（2017年）
サウジアラビアの首都で、KAPSARC（キング・アブドゥッラー石油研究調査センター）のキャンパスは時とともに拡張可能な組み立てユニット構造として作られた。ザハ・ハディドによる設計である。角張った多面体の白い建物はランダムな蜂の巣のように一体化されている。ムサッラー（礼拝空間）は、初期の5つの建物の一つである。キャンパスは南側の太陽光から遮られ、北側と西側には開かれている。統合されたウィンドキャッチャーが中庭を涼しくし、トンネルが建物をつないでいる。

下
ウマイヤ朝　ムシャッタ
UMAYYAD: MSHATTA
ヨルダン　東部砂漠（743－44年）
このヨルダンの砂漠にある冬の宮殿は、ウマイヤ朝のカリフ、ワリード2世によって建設が命じられたが、743年に彼が暗殺されたため完成しなかった。最もよく知られているのは入口ゲート両側の彫刻が施された石のフリーズである。フリーズの大部分（33m x 5m）は現在、ベルリンのペルガモン博物館にあり、オスマン朝スルタン、アブデュルハミト2世が1909年にドイツ皇帝ヴィルヘルム2世に贈ったものである。そのデザイン構造は、水平のジグザグが特徴で、三角形の枠が連続し、その中には動物、花、葉が繊細に彫刻されている。興味深いことに、入口の左側の枠には動物が描かれているが、右側の枠にはない。これはおそらくモスクが右側の壁の後ろにあったためと考えられる。

右頁
ウマイヤ朝　クサイル・アムラ
UMAYYAD: QUSAYR 'AMRA
ヨルダン　東部砂漠（723－43年）
ヨルダンの砂漠中央にあるこの居住・農業複合施設は、浴場のフレスコ画で有名だ。大きな三重天井の謁見の間には「六王」のフレスコ画がある。六王とは西ゴート王ロデリック、ビザンチン皇帝、サーサーン朝皇帝、エチオピア皇帝、そしてテュルク人統治者と中国人統治者と思われる2人の人物だ。そのほかのフレスコ画には狩猟場面、音楽家、水浴する女性たち、楽器を演奏する熊さえも描かれている。カリダリウム（床暖房のある蒸気室）のドーム型天井は、北半球の黄道帯と星座が球面上に描かれた、おそらく最古の絵画が特徴である。すべてのフレスコ画のイメージは、ウマイヤ朝特有のものであり、ビザンチン時代やサーサーン朝時代にも先例や類似品はない。

左および下

ウマイヤ朝　カスル・ハラーナ
UMAYYAD: QASR KHARANA
ヨルダン　東部砂漠（710年）

アンマンの南60kmに位置するヨルダンの砂漠中央に、カスル・ハラーナはある。これはウマイヤ朝最古の建造物の一つであり、砂漠の城の伝統を受け継いでいる。各辺が35mの正方形の建物である（これはローマ時代の土地測量単位actusとほぼ同じ）。角には塔が、各壁の中間には半円形のバットレス（控壁）があり、正方形の中庭の周りには2階層の宿泊施設が設けられている。この地域のほかの砂漠の城にはない建築的特徴がある。イスラム以前のサーサーン朝ペルシアで見られたような半円ドームとスクインチなどである。装飾的な要素としては、45度の角度で配置された煉瓦とスタッコ（化粧漆喰）装飾が施されている。壁のほとんどは石灰岩ブロックからなり、壁の縦長の開口部は換気の役割を果たしている。

第1章　東地中海と湾岸地域 | 19

左および下

アルビドヤ・モスク
AL-BIDYA MOSQUE
アラブ首長国連邦　フジャイラ
（15世紀）

アラブ首長国連邦（UAE）で2番目に古いモスクで、首長国の一つ、フジャイラの人里離れた山岳地帯の海岸線に位置する。1446年に建てられたとされているが、正確な年代は定かではない。泥と石でできており、漆喰の層でおおわれたこの建物は、面積わずか53平方mで、中央に1本の柱がある。4つのドームが2×2の配置で隣り合っている。ドームは、徐々に小さくなる円盤が重なり、最後に小さな突起があるようにデザインされ、円盤の枚数はドームによって1枚から4枚までと異なる。モスクの小さな漆喰製ミンバル（左）は、何世紀にもわたる使用により、摩耗している。

右頁

シャイフ・ザーイド大モスク
SHEIKH ZAYED GRAND MOSQUE
アラブ首長国連邦　アブダビ（2007年）

アラブ首長国連邦（UAE）最大のモスクは、UAEの故大統領、シャイフ・ザーイド・ビン・スルタン・アール・ナヒヤーンの主導で建設された。歴史上さまざまな時代のモスクからデザインのインスピレーションを得ており、4万人の礼拝者を収容できる。多くの華麗な特徴のなかで、インドのサライ・デザインが製作した、多面的な柱に施された石の象嵌花模様が目を引く。ラピスラズリ、アメジスト、オニキス、メノウ、アベンチュリン、そして真珠母貝が大理石に象嵌されている。

20 ｜ 第1章　東地中海と湾岸地域

空飛ぶ円盤
FLYING SAUCER
アラブ首長国連邦　シャールジャ
（1978年）

屋根を形成する2つの十六角形の星は、イスラムの幾何学的デザインにおける星の形と比率を参考にしている。建物中央のドームの高さは7mで、屋根はV字型の柱で支えられている。長年にわたり、カフェやスーパーマーケットとして利用されてきた。現在は改修とともに地下に増築され、文化施設として機能するようになった。設計はエジプトの建築家アリー・ヌール・アルディーン・ナッサールによる。空飛ぶ円盤の改修は、シャールジャ・アート財団とスペース・コンティニュウム・デザイン・スタジオによってなされ、スペース・コンティニュウム創設者のモナ・アルムスフィーが指揮を執った。

ルーヴル・アブダビ
LOUVRE ABU DHABI
アラブ首長国連邦（2017年）

建築家ジャン・ヌーヴェルが設計した美術館は、湾岸のターコイズブルーの海に囲まれ、白い平らな屋根構造が、逆さまにした浅いメタルの皿でおおわれている。アラブ首長国連邦（UAE）の首都に開発中の文化地区サアディーヤート島に位置する。重さ750万トンにもなるこの屋根は、大きさと向きが異なる8層の正方形と正三角形で構成され、木製のマシュラビーヤ・スクリーンのように太陽光を下方の空間へ拡散させる細密な網目状になっている。

サーリム・ビン・ラーディン・モスク
SALEM BIN LADEN MOSQUE
サウジアラビア　アルフバル（1991年）
このモスクは、アルフバルの海岸沿いの小さな人工島に建てられている。サウジアラビアの主要なインフラと建設プロジェクトの多くを手がけた巨大企業、サウジ・ビン・ラーディン・グループの元会長サーリム・ビン・ラーディンの追悼のために建てられた。モスクは、ドーム、ミナレット、キールアーチといったお馴染みの特徴や形状を備えつつ、伝統と現代性を融合させている。

第1章　東地中海と湾岸地域 | 25

下
カフド大モスク
KAFD GRAND MOSQUE
サウジアラビア　リヤド（2017年）

キング・アブドゥッラー金融地区（カフド）の中心に建てられたこのモスクは高層ビルに囲まれているため、上からの外観は、一般的な視点からの外観同様、重要である。大きな幾何学的な層で構成されるその低い屋根は、ひし形に形状を変化させ、入口のファサードを作り出している。建築家オムラニアは、サウジアラビアの砂漠に多く存在する、砂漠のバラの層状の結晶構造からインスピレーションを得た。内部は、奥行き3m近い構造屋根のおかげで、柱のない単一空間となり、その屋根は中2階をも支える。2つの角張った60mのミナレットが左右に設置されている。

右頁
アルマスジド・アルハラム
AL-MASJID AL-HARAM
サウジアラビア　メッカ（7世紀頃）

メッカの大モスクとしても知られるこのモスクは、イスラムで最大の聖地であるカアバ神殿を囲んでいる。この場所に最初にモスクが建てられたのは、カリフ、ウマル・イブン・アルハッターブ（634－44年）の統治時代であった。何世紀にもわたって再建、改修、拡張が繰り返され、現在では、世界最大のモスクとなり、年に一度のハッジ巡礼の際に数百万人の巡礼者を収容できる。世界で唯一、キブラ（カアバ神殿に向かう礼拝の方向を示す）を持たないモスクである。

第 1 章　東地中海と湾岸地域 | 27

下
**トゥールーン朝
イブン・トゥールーンのモスク**
TULUNID: MOSQUE OF IBN TULUN
エジプト　カイロ（879年）

アフマド・イブン・トゥールーンは、アッバース朝のエジプト総督であったが、反乱を起こして自らの王朝を築いた。エジプトに新しい首都を建設したのである。しかし、残ったのはこのモスクのみである。イラクのアッバース朝建築に酷似している（⇨ p.67）。中庭を囲むアーチは、漆喰に彫刻を施したさまざまな模様で精巧に装飾されている。モスクの様式は住民にとっては新鮮だっただろう。エジプトでは建物は図面なしで建設されていたのに、着工前にイブン・トゥールーンに（動物の皮に描かれた）建物の図面が示されたからである。中央の浄めの泉は、13世紀末にマムルーク朝のスルタン、ラージーンによって造られた。彼はマムルーク朝のスルタン、カラーウーンの暗殺に加担した後、このモスクに1年間潜伏し、命が助かればモスクを修復すると誓ったのである。

右頁上
**ファーティマ朝
バーブ・アルフトゥーフ**
FATIMID: BAB AL-FUTUH
エジプト　カイロ（1087年）

バーブ・アルフトゥーフは、新しく建設されたファーティマ朝都市アルカーヒラ（カイロの名前の由来）の門の一つである。3つの門はすべてファーティマ朝の宰相バドル・アルジャマーリーの命を受けて築かれ、アルメニアとシリアの石工が雇われた。3つの塔にはすべて、ファーティマ朝の装飾要素と北シリアの（古典的な）建築様式の融合が見られる。入口の門の上には、菱形が装飾で埋め尽くされたアーチ状帯が目を引く。ほかにも2つの城門、バーブ・ズワイラとバーブ・アルナスルが残っている。

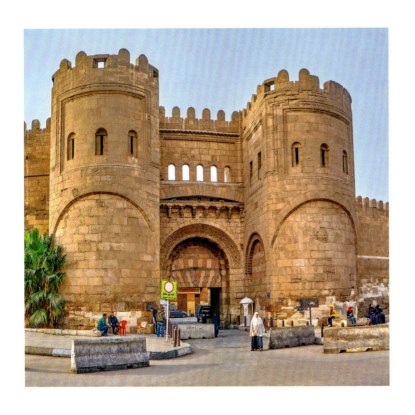

ファーティマ朝
アルアズハル・モスク
FATIMID: AL-AZHAR MOSQUE
エジプト　カイロ（972年）

エジプトを征服したファーティマ朝の将軍、ジャウハル・アルスィッキリーによって、元々は集会モスクとして建設された。1,000年以上もの間、改修、拡張、再編、修復が繰り返されてきた。アルアズハル大学は988年に設立された、世界最古の大学の一つである。中庭を囲むキールアーチは12世紀のファーティマ朝様式である。マムルーク朝時代には、隣接するマドラサの建設によって拡張された（⇨ p.32）。

上
ファーティマ朝
アルアクマル・モスク
FATIMID: AL-AQMAR MOSQUE
エジプト　カイロ（1125年）

何世紀にもわたりカイロが発展して市街地が密集するにつれ、ほぼすべての建物は、既存の街路計画に合うよう設計されなければならなくなった。これは、モスク設計が街路計画に適合するよう調整されたカイロでの最初の例である。入口はキブラ壁（メッカの方角を向いている）と軸線上にないが、代わりに入口のあるファサードは通りに沿っている。またファサードに石の装飾を施した最初のモスクでもある。カイロの建築で人気を博した中央入口をおおうキールアーチの装飾もここで初めて見られる。

右
マムルーク朝
スルタン・アルナースィル・ムハンマド・イブン・カラーウーンのマドラサ
MAMLUK: MADRASA OF SULTAN AL-NASIR MUHAMMAD IBN QALAWUN
エジプト　カイロ（1303年）

アルナースィル・ムハンマドのマドラサと霊廟は、大病院（ビーマーリスターン）と彼の父、スルタン、アルマンスール・カラーウーンの葬祭施設のすぐ隣にある。有名なスタッコのミナレットの下には、ゴシック様式の門があり、尖頭アーチは1枚の大理石で作られている。この門はアルナースィル・ムハンマドの兄弟が、十字軍の最後の拠点であったパレスチナのアクレ市（現イスラエル内）の教会から持ち出したものである。ミナレットの1階部分は四角形で、レースのような繊細な彫刻が施された漆喰でおおわれており、北アフリカの職人によって作られたものであろう。上部の八角形の部分は、後のマムルーク朝時代に増築された。このマドラサは、カイロで初めて4つのイーワーン（中庭に通じるアーチ型の開口部）を持ち、それぞれスンナ派法学の4つの学派に対応していた。

上
マムルーク朝
スルタン・ハサン・モスク＝マドラサ
MAMLUK: SULTAN HASAN MOSQUE-MADRASA
エジプト　カイロ（1363年）

カイロで最も費用がかかった中世のモスク（写真左上）は、緊縮財政、増税、そして黒死病で亡くなった首長たちの富によって資金提供された。正面ファサードは長さ145m、部分的には高さ38mに達する。巨大な入口の装飾は未完成だが、2つの珍しい五角星形デザインが施されている。これらの星形デザインはモザイク状に敷き詰めると、独特のパターンを作り出す。これは、ほぼ同年代に建てられたイランのヤズドの金曜モスク（⇨p.81）にも見られる。中庭の四隅には4つのマドラサがあり、それぞれスンナ派の4つの法学派に捧げられている（⇨p.32　アルムアイヤド・シャイフ・モスクの扉）。

右
マムルーク朝
アルナースィル・ムハンマド・モスク
MAMLUK: AL-NASIR MUHAMMAD MOSQUE
エジプト　カイロ（1318年）

カイロのシタデル（城塞）にある王室モスクは、マムルーク朝のスルタン（およびオスマン朝のパシャ）が金曜礼拝を行った場所である。スルタン、アルナースィル・ムハンマドのために建築家アルイブン・アルスユーフィーによって建てられた、この柱廊モスクは、中庭があり、ミフラーブの上にドームがある。ドームは古代エジプトの神殿から取り寄せた花崗岩の柱で支えられている。モスクのミナレットの一つはとくに珍しく、垂直と水平の2段のジグザグ模様の帯が施されている。モンゴルの影響によるものか、その上部はニンニクの球根のような形をしており、緑、青、白のタイルでおおわれている。写真の後方にはシタデルにあるオスマン朝のムハンマド・アリー・モスクが見える。

第1章　東地中海と湾岸地域 | 31

右
マムルーク朝
スルタン・カーイトバイの葬祭施設
MAMLUK: FUNERARY COMPLEX OF SULTAN QAYTBAY
エジプト　カイロ（1474年）

カイロの北部墓地に位置している。これはマムルーク朝後期の最も壮麗なモニュメントが多く見られる場所である。スルタン、カーイトバイは、マムルーク朝の最も熱心な庇護者の一人であり、カイロ、アレクサンドリア、シリア、パレスチナ、メッカにおいて85もの建造物の建設または改修を彼自身が命じた。彼はこれらすべての建物を視察し、首長たちにも建築を奨励した。彼の建物は、石彫を含む卓越した建築細部や装飾で有名である。この葬祭施設のドームは、間違いなくマムルーク朝の石彫技術の頂点に立つ。ドーム用の石材は別の場所で彫られ、継ぎ目のないデザインを生み出すために組み上げられた。

左
マムルーク朝
アルアズハル・モスクのミナレット
MAMLUK: MINARETS OF AL-AZHAR MOSQUE
エジプト　カイロ

左から右へ
カーイトバイのミナレット（1468年）
アクバガーウィーヤ・マドラサのミナレット（1340年）
カンサ・アルグーリーのミナレット（1510年）

建築は、マムルーク朝エジプトで競争の激しい政治的舞台であった。スルタン、カーイトバイのミナレットはカイロで最も美しいとされる。カーイトバイの後継者、スルタン、アルグーリーは、さらに印象的なミナレットを作りたいと考え、建築家たちはこの珍しい二重の尖塔を持つ構造物を建てた。マムルーク朝はまた、モスクの隣に2つの新しいマドラサを建設した。アクバガーウィーヤ・マドラサのミナレットは、オスマン朝時代に、カトフダ首長によって改修された。カトフダはイエニチェリ（精鋭歩兵部隊）の部隊長で、18世紀半ばのカイロで、多くの建築と改築を手がけた（⇨ p.35）。

右頁
マムルーク朝　スルタン・アルムアイヤド・シャイフ・モスクの扉
MAMLUK: DOORS OF SULTAN AL-MU'AYYAD SHEIKH MOSQUE
エジプト　カイロ（1421年）

この扉は元々スルタン・ハサン・モスク＝マドラサ（⇨p.31）のために作られた。完成前にスルタンが死去したため、アルムアイヤド・シャイフによって自身の宗教教育施設（彼自身がかつて囚われていた牢獄の跡地に建てたもの）用としてわずか500ディーナールという小額で購入された。巨大な木製扉は、十二角と十六角の星形パターンを巧みに組み合わせた銅製の幾何学模様でおおわれている。

右

オスマン朝
カトフダのサビール・クッターブ
OTTOMAN: SABIL-KUTTAB OF KATKHUDA
エジプト　カイロ（1744年）

カイロには多くのサビール・クッターブがある。そのほとんどはマムルーク朝時代に建てられた公共建築である。通常2階建てで、1階にはサビール（水飲み場）、2階にはクッターブ（子ども向けのコーラン学校）がある。カトフダはオスマン朝時代のマムルーク出身の高官で、カイロで30以上の建物の建設や修復を行った。彼のクッターブの水源を補給するために、水運び屋がロバやラクダで川から水を運び、地下の貯水槽に注いだ。通行人は自由にその水で喉の渇きを癒していたのである。

左頁

バースーナ・モスク
BASUNA MOSQUE
エジプト　バースーナ（2019年）

上エジプトのバースーナ村には300年以上前からモスクがあるが、それは2度全面的に建て替えられている。2019年に建築家ワリード・アラファによって設計されたバースーナ・モスクは、村の中心部にある元の敷地に建っており、周囲は建物や墓地に囲まれている。その単殻構造のドームは軽量煉瓦で作られており、千鳥状パターンが内外から見え、屋根はウィンドキャッチャーと天窓の役割を果たしている。モスクはまた、革新的な立方体のムカルナス構造が特徴的で、立方体の面は角張ったクーフィー書体文字で装飾されている。

次頁

マムルーク朝
アミール・ハイルバク霊廟
MAMLUK: AMIR KHAYRBAK MAUSOLEUM
エジプト　カイロ（1502-20年）

オスマン朝がエジプトを征服した直後に建てられた。外観はマムルーク朝建築の特徴が非常によく残っている。ハイルバク首長はアレッポのマムルーク朝総督だったが、1516年のマルジュ・ダービクの決戦でオスマン側に寝返った。オスマン朝スルタンは彼をエジプト総督に任命した。マムルーク朝にまだ仕えていた1502年、すでにカイロに自らの霊廟を建てていた。オスマン朝の新体制のもとで彼はマドラサ・モスクとサビール・クッターブを霊廟に加えた。また、隣接する初期のマムルーク宮殿を自邸として併合した。この複合施設には、精巧な花や曲線模様が彫られた高いドームがある。

第1章　東地中海と湾岸地域

上
アイユーブ朝　城塞　蛇の門
AYYUBID: CITADEL, GATE OF THE SERPENTS
シリア　アレッポ（12－13世紀）
2つの結び目のある双頭の蛇または竜にちなんで名づけられた門である。この門に到達するためには、攻撃者は最初の門をくぐり、矢で狙われながら橋の上の大きな階段を上らなければならなかった。入口のブロックに達すると右折して蛇の門へ行き、出し狭間の開口部の下に立ったまま、熱い油が注がれるなか、大きな鉄の扉を壊そうとするのであった。

右
アイユーブ朝　城塞
AYYUBID: CITADEL
シリア　アレッポ（12－13世紀）
アレッポの城塞は、世界史上最も難攻不落な城塞の一つである。その理由は立地条件と巨大な入口ブロックにある。城塞の現在の姿は、サラディンの息子でアイユーブ朝の創始者であるスルタン、アルガーズィーによるところが大きい。アルガーズィーは堀を掘り、堂々たる入口ブロックを築き、城壁の斜面を滑らかな石灰岩でおおった。これらの大規模プロジェクトはアレッポが頻繁にフランク王国（十字軍）の脅威にさらされていた時代に行われた。こうした要塞化にもかかわらず、モンゴル軍は1260年に城塞を陥落させた。

第 1 章　東地中海と湾岸地域 | 39

右および下
ウマイヤ朝　ウマイヤ朝モスク
UMAYYAD: UMAYYAD MOSQUE
シリア　ダマスカス（715年頃）
初代ウマイヤ朝カリフの治世下、ムスリムとキリスト教徒は、後にウマイヤ朝モスクとなる場所にあった聖ヨハネ大聖堂を共同で使用していた。第6代カリフであったアルワリード1世が聖堂跡地を取得し、新しいモスクを建設した。これは新たに征服した領土に建てられたすべての多柱式モスクのモデルとなった。大きな中庭（サフン）は三方が回廊（リワーク）で囲まれており、残りの一方には屋根のある礼拝場（ハラム）があった。

下
セルジューク朝
アレッポのミナレット大モスク
GREAT SELJUK: GREAT MOSQUE OF ALEPPO MINARET
シリア（1094年）

モスク自体はウマイヤ朝時代のものだが、ミナレットは後世のもので、11世紀後半に地元の裁判官（カーディー）によって建設が依頼された。石灰岩で作られ、高さは45mである。ミナレットは水平に5層に分かれており、細部や装飾は上に行くほどより洗練され、精巧になっている。カリグラフィーも同様で、最上層には神の名におけるセルジューク朝スルタンへの献辞、一つ下の層はアレッポを支配していたセルジューク朝の王子への献辞、その下には建設者である裁判官ムハンマド・イブン・アルハッシャーブの名、その下にはモスクを建造する者を祝福するコーラン章句がある。最も下には、建築家ハサン・ビン・ムファッラジュ・アルサルマーニーの名と建築年月日が記されている。上層を取り囲む三葉装飾アーチは、このアーチデザインの最初の例とされており、後にヨーロッパの建築に広まった。シリアで最も美しいミナレットとされていたが、2013年に破壊された。

第1章　東地中海と湾岸地域 | 41

左頁
**ザンギー朝
ビーマーリスターン・ヌール・アルディーン**
ZENGID: BIMARISTAN NUR AL-DIN
シリア　ダマスカス（1154年）
この病院と医学校はダマスカスで最も有名な建物の一つである。最も印象的な特徴は、正面玄関の上に高くそびえるムカルナスドームである。珍しいことに、ドームの外側は内側と同じ様子を見せている。イスラム建築ではこのような例はほんの一握りで、そのほとんどはイラクにある。ドームには、色ガラスでおおわれた小さな開口部があり、色とりどりの光が建物に差し込むようになっている。この建物は病院として700年以上にわたって機能していた。マムルーク朝スルタン・カラーウーンはここで治療を受け、自身の回復に感謝し、カイロに巨大なビーマーリスターン（病院）を建設した。それはその後の大部分のビーマーリスターンのモデルとなった。

下
**ザンギー朝
ヌール・アルディーン・モスク**
ZENGID: NUR AL-DIN MOSQUE
シリア　ハマー（1135年）
オロンテス川西岸にあるモスクである。中世の北シリアでは、容易に建築資材を見つけることができた。キリスト教の遺跡が数多くあり、スポーリア（戦利品）を再利用できたのである。時には遺跡の部材を意図的に目立たせることもあった。これは、過去との肯定的なつながりを強調し、十字軍のスポーリアを使うなど、その治世の終焉を強調するためであった。

モスクのミフラーブの両側には、2本の逆さの柱と柱頭（おそらく現イスラエルのパレスチナにあった十字軍の都アクレから持ちだされたもの）が立つ。ハマーは巨大な水車（ノーリア）で有名である。何世紀にもわたって灌漑や街への水の供給に使われた水車が回るときに発するクジラの鳴き声のような独特の音は、夜には街全体に響く。

左
**オスマン朝
アスアド・パシャ・ハーン**
OTTOMAN: AS'AD PASHA KHAN
シリア　ダマスカス（1753年）
ダマスカスのオスマン朝総督アスアド・パシャ・アルアズムによって建設された。キャラヴァンサライ（隊商宿）またはハーン（市内にあるキャラヴァンサライ）であり、商業の中心地、迎賓館、そして都市を訪れる商人のための倉庫としての役割を果たしていた。宿泊客用の部屋が80室ある。巨大な中庭には8つのドーム、そして中央に開放部分が設けられている。各ドームの下には20のアーチ型の窓がしつらえられ、中庭に光をとりこんでいる。建物全体は、黒と白の石が交互に並ぶ伝統的な「アブラク」様式である。

第1章　東地中海と湾岸地域 | 43

マウント・レバノン首長国
ベイティッディーン（バイト・アル
ディーン）宮殿
MOUNT LEBANON EMIRATE:
BEITEDDINE PALACE
レバノン（1818年）

レバノンは、オスマン朝で最も自治が確立した県だった。その建築伝統は、何世紀にもわたって驚くほど一貫している。オスマン朝では、慣わしとして地元の熟練石工たちを建築作業に雇用し、石工たちが慣れ親しんだ様式で建設を行っていた。ベイティッディーン宮殿は、1788年から1818年にかけて、首長バシール・シハーブ2世によって建立された。3つの中庭、巨大な丸天井の廏舎、客用の居室、噴水、ドーム型のハンマーム（トルコ式浴場）がある。その豪華な装飾から、地元ではレバノンのアルハンブラ宮殿と呼ばれている。

第1章　東地中海と湾岸地域 | 45

左
ウマイヤ朝
ヒルバト・アルマフジャル
UMAYYAD: KHIRBAT AL-MAFJAR
ヨルダン川西岸　エリコ（743年）

パレスチナの都市エリコの近くにある要塞化された砂漠の宮殿、ヒルバト・アルマフジャル（ヒシャームの宮殿としても知られる）には、モスク、浴場、宮殿、謁見の間がある。さまざまな材料（とくにスタッコやモザイクタイル）を用いた精巧な装飾はウマイヤ朝カリフたちの好みを色濃く反映している。大きな漆喰彫刻の一つには、髭を生やした白装束の男が剣を持ち獅子の背に立っている姿が描かれている。葉が生い茂り果実をつける木の下に3頭のガゼルがおり、そのうち1頭が獅子に襲われている様子を表した有名なモザイク画もある。非常に大きな浴場のモザイクの床には、30以上の抽象的なデザインが施され、あたかも絨毯でおおわれた床のようだ。この芸術と装飾はウマイヤ朝以前のビザンチン帝国とサーサーン朝の文化の影響がうかがえる。ここで見られる人物の胸像を描いた漆喰パネルは、元々は宮殿の入口にあったもので、その様式はサーサーン朝芸術の影響を受けている。

右
ウマイヤ朝
アルアクサー・モスク　木製パネル
UMAYYAD: AL-AQSA MOSQUE, WOODEN PANEL
エルサレム（8世紀頃）

レバノンから輸入された杉材に浅浮き彫りの技法が用いられたこのパネルは、アルアクサー・モスク（⇨p.47, 48, 49）にある数枚のパネルの一つであり、どれも申し分がない品質を備えている。花、植物、幾何学的なデザインは複雑で、熟練した技術で彫られており、ウマイヤ時代の木彫りの素晴らしさを示している。これらは、8世紀のエルサレムにおける初期イスラム美術の美意識をよく表しており、サーサーン朝、コプト、ビザンチン、そして地元シリアの視覚的伝統からの影響が見られる。

46 ｜ 第1章　東地中海と湾岸地域

上および左
ウマイヤ朝
魂の井戸とスライマーンの
ミフラーブ
UMAYYAD: WELL OF SOULS AND MIHRAB OF SULEIMAN
エルサレム（7-8世紀頃）

高貴な岩として（またユダヤ教徒には基岩として）知られる岩のドーム（⇨p.12）は岩盤が露出している場所の上に建てられた。ムハンマドが昇天したとされる岩には穴が開いており、下にある小さな洞窟に光と空気を供給している。この洞窟は、高貴な岩がムハンマドの後を追って天国に行こうとした際にできたと言われている。大天使ガブリエルが石を押さえ、その手形を残したのだ。ビイル・アルアルワーフ（魂の井戸）として知られるこの洞窟は、アブラハムの3宗教にとって非常に重要である。スライマーンのミフラーブ（左）は、イスラム最古のミフラーブと見なされている。

次頁
ウマイヤ朝　アルアクサー・モスク
UMAYYAD: AL-AQSA MOSQUE
エルサレム（推定690年）

このモスクは、ムスリムにはハラム・アルシャリーフ（高貴なる聖域）として知られ、ユダヤ教徒やキリスト教徒には「神殿の丘」として知られる聖地にある。近くにある岩のドーム（⇨p.12）を建てたウマイヤ朝のカリフ、アブド・アルマリクによって建設され、息子アルワリードによって拡張された。8世紀の地震により、アッバース朝のカリフたちによって再建された。ファサードを含む現在の外観の大部分は1033年の地震後のファーティマ朝の再建事業によるものである。エルサレムを占領した十字軍は、誤ってアルアクサー・モスクがソロモンの宮殿だと、そして岩のドームがソロモンの神殿だと思い込んでいた。1484年ドイツの聖職者ベルンハルト・フォン・ブライデンバッハが中東への旅を記録した『聖地巡礼』を出版した。この本は15世紀のヨーロッパでベストセラーとなり、ヨーロッパにおける中東とイスラムの認識に大きな影響を与えた。オスマン朝時代のエルサレムを描いた大パノラマ図では、たとえば、岩のドームは誤ってソロモンの神殿と表記されている。

第1章　東地中海と湾岸地域 | 47

第1章 東地中海と湾岸地域 | 49

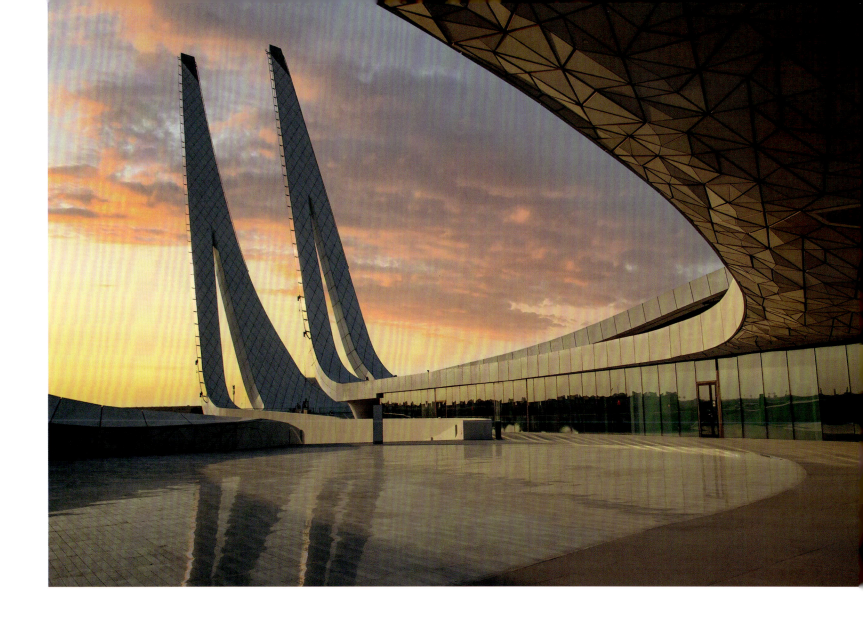

左頁
ドーハ・イスラム美術館
MUSEUM OF ISLAMIC ART
カタール　ドーハ（2008年）

ドーハ湾の人工半島に建つこの美術館は、I・M・ペイによって設計された。当時ペイはほぼ90歳で、これを建てるために引退をとりやめたことは有名である。彼は、美術館をそれ自体が彫刻のように見えるようにと望んでいた。積み重なる四角形と八角形で構成されており、そのシンプルで力強い形状は、イスラム建築のエッセンスを体現しようとしている。ペイはカイロにあるイブン・トゥールーンのモスク（⇨ p.28）の浄めの泉から美術館の外観の着想を得たという。このモスクを彼は、近寄りがたい建築物であり、太陽の下で影や色合いが生き生きとしてくると表現している。

上
ハマド・ビン・ハリーファ大学 イスラム学部
COLLEGE OF ISLAMIC STUDIES, HAMAD BIN KHALIFA UNIVERSITY
カタール　ドーハ　教育市（2013年）

この複合施設は、モスク、図書館、教員スペース、教室など、多様な機能を持つ大きな建物として建設された。この建物の哲学は、多くの異なる建物（モスク、マドラサ、炊き出し所など）を含む、伝統的な建築複合体であるキュリイエに基づいている。すべての教育施設が一つ屋根の下につながっていることで、建物の利用者全員の交流を促進し、知識と信仰が切り離されることのない環境が作り出される。モスク部分は地上から高くそびえており、5本の柱（イスラムの五行を表す）で支えられている。建物の設計はマンゲラ・イヴァース建築事務所によって行われた。

次頁
バイト・アルクルアーン博物館
BEIT AL QURAN MUSEUM
バーレーン　マナーマ（1990年）

バイト・アルクルアーン（コーランの家）は博物館、モスク、マドラサなどを含む多目的複合施設である。博物館にはイスラム芸術とコーランの重要なコレクションが収蔵されている。モスクの礼拝堂は直径16mのステンドグラスでおおわれている。このステンドグラスの特徴は、幾何学模様、そしてエジプト人書家のアフマド・ムスタファーによるカリグラフィー（タウバ章18節）が施されていることだ。窓はイギリスのステンドグラス作家、ジョン・ローソンによるデザインである。

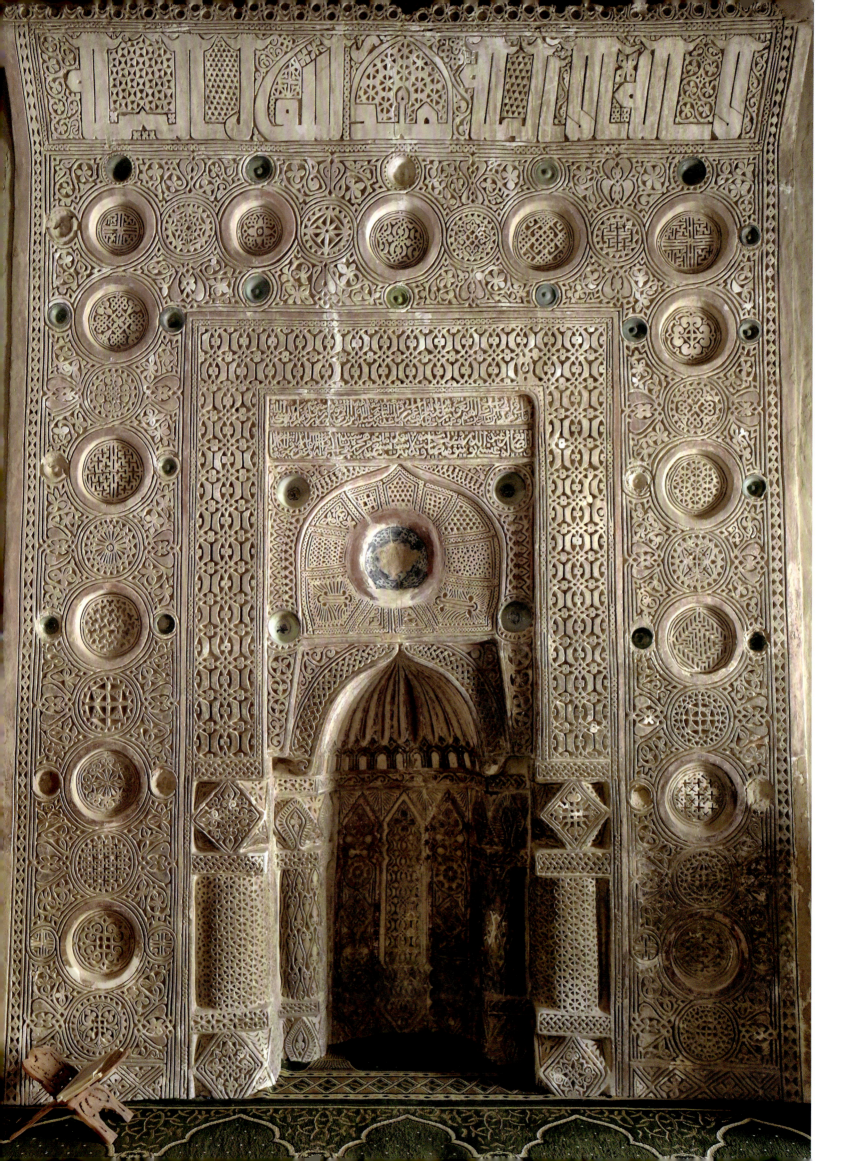

左

シャイフ・ジャービル・アルアフマド文化センター
SHEIKH JABER AL-AHMAD CULTURAL CENTRE
クウェート　クウェートシティ
（2016年）

クウェートの国立文化地区の一部であるこの施設は、クウェート・オペラハウスとも呼ばれる。その4棟の建物は、広大な敷地内に配置され、その間に小中規模のオープンスペースが設けられている。各建物は、大規模な4部分からなるイスラム幾何学模様が特徴の、金属とガラス面でおおわれている。センターには、コンサートホール、劇場、図書館、音楽センター、会議場、展示場などがある。この複合施設全体はSSHによってわずか22ヶ月で設計・建設された。

左頁

アルシャワーズナ・モスク
AL-SHAWADNA MOSQUE
オマーン　ニズワ（1529年）

オマーン最古のモスクの一つで、ニズワ市のアルアクル地区にある。ミフラーブに刻まれた銘文によると、最初に建てられたのは7世紀で、ナブハーン朝の統治時代の1529年に再建されたと伝えられている。オマーンの伝統的なモスクに特有の特徴として、外観はシンプルで装飾がなく、ドームもミナレットもない。特別な漆喰のミフラーブは、イーサー・ビン・アブドゥッラー・ビン・ユースフの作品で、花と幾何学模様の繊細な装飾が施されている。ミフラーブの壁龕の上には、漆喰にはめ込まれた青と白の中国の鉢がある。上部には、クーフィー体のカリグラフィーで、イスラムの五行の一つ、信仰を表明するシャハーダが記されている。

右上

スルタン・カーブース大モスク
SULTAN QABOOS GRAND MOSQUE
オマーン　マスカット（2001年）

オマーンのスルタンが即位30周年を記念して2001年に開館したもので、イラク人建築家ムハンマド・マッキーヤの設計である。イスラムの五行を表す5つのミナレットがあり、うち一つのミナレットはほかのものより高さがある。モスクの装飾には、世界各地の様式や要素をとりいれており、包括的で普遍的なヴィジョンを強調している。外側のアーケードには壁龕があり、ここに見られるようなさまざまなセラミックやガラスのモザイクが施されている。カリグラフィーはオマーンで最も尊敬されている書家シャイフ・ヒラール・アルラハウィーによるもので、壁龕のデザインはエドマン・オアイヴァジアンである。

第1章　東地中海と湾岸地域 | 55

下

**ターヒル朝
アルアーミリーヤ・マドラサ**
TAHIRID: AL-AMIRIYA MADRASA
イエメン　ラダーウ（1504年）

最後のターヒル朝スルタンの命によって建設されたこのマドラサは、ラダーウ城塞（写真の背景に見える）からほど近い場所に建てられた。大きさは 40m x 23m で、外側には商店が並び、南西の角にはハンマーム（公衆浴場）がある。礼拝堂は 1 階にあり、漆喰と彩られた花模様の幾何学模様で精巧に装飾されている。マドラサは、イラクの考古学者サルマー・アルラーディーによって 20 年以上かけて修復された。彼女はこの功績により、2007 年のアガ・ハーン建築賞を受賞した。このプロジェクトによって地元の職人たちは、外装に使用される防水モルタルであるクダードなど、伝統的な建築技術を学ぶことができた。クダードは石灰と火山性骨材でできていて、滑らかな石で磨かれ、動物脂を塗って仕上げられる。

右頁

**ラスール朝
アルアシュラフィーヤの
モスクとマドラサ**
RASULID: MOSQUE AND MADRASA OF AL-ASHRAFIYYA
イエメン　タイズ（1297年）

ラスール朝建築における装飾の主要な形式は塗装と漆喰であった。ほとんどのラスール朝建築は時間の経過とともに失われてしまった。しかし、記録によれば建物の内部を塗装できたのはスルタンだけで、ほかの人々は漆喰を使わなければならなかった。アルアシュラフィーヤのモスクとマドラサには、漆喰と塗料による装飾がどちらも豊富に使用されている。それらはカリグラフィー、幾何学（直線的）模様と花（曲線的）模様が組み合わさって、互いにバランスをとっている。白漆喰の表面と塗装表面とが並置され、ここにも均衡が見てとれる。

56 ｜ 第 1 章　東地中海と湾岸地域

左頁

スライフ朝　アルワー女王モスク
SULAYHID: QUEEN ARWA MOSQUE
イエメン　ジブラ（1111 年）

当初は宮殿として建てられたが、アルワー女王（⇨ p.314）がスライフ朝の首都をサナアからジブラに移したとき、モスクに改築された。中庭の周りにはさまざまな大きさの尖頭アーチがある。アルワーの墓はモスクの一角にある。漆喰の彫刻が表面に施されている。

上

カブル・ナビー・フード
QABR NABI HUD
イエメン　ワーディー・ハドラマウト（年代不明）

年に 4 日間、巡礼者たちが預言者フードを崇拝するために、この墓（カブル）を訪れる。彼は前イスラム期の人物で、彼にちなんで名づけられたコーランの 1 章がある。彼の墓の周りの寂れた村の家々は、この短い期間、巡礼者で埋め尽くされる。カブル・ナビー・フードの礼拝堂の中には岩があり、その上に立ってフードはアード族の裕福な人々に、偶像を捨てて神を崇拝するよう説いたとされている。

第 1 章　東地中海と湾岸地域 | 59

第2章

イラク、イラン、南アジア

バグダードは 762 年にアッバース朝（カリフ制）の首都として建設された。ゼロから築かれたこの都市は、訪れる者にとって驚くべき場所だったにちがいない。10 世紀の歴史家、ヤアクート・アルハマウィーはこの都市を次のように描写している。

バグダードは、ティグリス川の右岸と左岸に広がる 2 つの巨大な半円形都市で、その直径は 12 マイル（約 19km）に及んだ。郊外には公園、庭園、別荘、美しい遊歩道があり、豊かな品揃えのバザールや見事なモスク、浴場が、川の両岸に広々と存在していた。繁栄期にはバグダードとその近郊の人口は 200 万人を超えていた！ カリフの宮殿は、広大な公園のなかにあった。公園の周囲は数時間かけても一周できないほどで、動物園と鳥小屋があり、狩猟用の野生動物を囲う区画まであった。宮殿の敷地には庭園が造られ、植物、花々、樹木、貯水池、噴水が絶妙なセンスで飾られ、彫刻された像に囲まれていた。川のこちら側には、高貴な人々の宮殿があった。幅 40 キュビット（約 20m）を下回らない巨大な通りが、市街地を横切り、街区や地区に分割していた。各区は、監督官や管理官によって管理され、清潔さ、衛生状態、快適さが維持されていた。

ザンド朝　ヴァキール・モスク
ZAND: VAKIL MOSQUE
イラン　シーラーズ（1773 年）

このモスクは、ザンド朝の統治者であるカリーム・ハーンのために、彼の首都に建てられた。彼はイランで最も寛大な統治者の一人として尊敬されている。彼の寛大さは際立っており、建設中に労働者のために音楽家を招いて演奏させたとも言われている。このモスクは通常見られる 4 つではなく 2 つのイーワーンを備えている。シャベスターン（地下の礼拝ホール、写真参照）には 48 本の彫刻された螺旋柱がある。壮大なタイル装飾の多くは、19 世紀のカージャール朝時代に施された。

アッバース朝の建築は、巨大な宮殿、ミナレット、モスクなど、その規模と独創性によって、彼らの自信と野心を表している。9 世紀のサーマッラーの大モスク（⇨ p.67）は 239m × 156m の広さで、城壁に囲まれた非常に大きな空間（ズィヤーダ）にあり、当時世界最大のモスクだった。アッバース朝は、イスラム建築に普及している装飾様式や建築の特徴に大きな影響を与えた。彼らの 2 次元的、3 次元的な幾何学的構成は複雑で洗練されており、特徴的な斜面を縁取ったサーマッラーの漆喰装飾（⇨ p.66）は、時代を超越した革新的なものであった。アッバース朝の建築は、その細部、建物、都市計画において彼ら

右頁

サファヴィー朝　シャイフ・サフィーユ・アルディーンの墓
SAFAVID: TOMB OF SHEIKH SAFI AL-DIN
イラン　アルダビール（16世紀）

シャイフ・サフィーユ・アルディーンは、サファヴィー朝帝国の誕生につながったサファヴィー教団の創設者である。この霊廟（れいびょう）複合施設は、モスク、霊廟、礼拝堂、学校、公衆浴場、厨房、事務所などの施設を備え、小さな都市のような様相を呈しており、何世紀にもわたって巡礼地となっている。シャイフ・サフィーユ・アルディーンの霊廟は、ドーム型の円柱状の塔で、精巧なモザイクタイルで装飾（そうしょく）されている。世界最大級で最も美しい絨毯（じゅうたん）の一つとされる有名なアルダビール絨毯（現在はロンドンのヴィクトリア＆アルバート博物館に所蔵）は、この霊廟のために作られた。

の革新性への意欲を示している。建築とデザインに関する知識の獲得方法や活用方法に対する彼らの態度は、イスラム黄金時代の気風の一部であった。イスラム黄金時代とは、8世紀から13世紀までのアッバース朝バグダードを表す言葉である（1258年にモンゴル軍がバグダードを略奪したときに終焉を迎えた）。モンゴル人はその後、自分たちの都市スルターニーヤを建設し、短命に終わったイル・ハーン朝の首都とした。この都市の唯一の名残は、巨大な墓廟（⇨p.78）であり、世界で3番目に大きな煉瓦（れんが）造りのドームが含まれている。これはイル・ハーン朝の支配者ウルジャイトゥの墓である。彼はネストリウス派のキリスト教徒として洗礼を受け、仏教徒として育ち、その後、イスラムに改宗した。これはおそらく彼が住んでいた時代と地域の人々に共通していたことと思われる。墓廟は、その構造と幾何学的な構図の両面において、イスラム建築の傑作の一つである。スルターニーヤ（およびタブリーズなどのほかの都市）の多くの優れた建物は、テュルク人征服者ティムール（1336－1405年）の息子によって破壊された。

　イスラム建築の最も重要なモニュメントのいくつかは、10世紀から13世紀にかけてイランに建てられた。新しい形式が開発され、イスファハーンの金曜モスク（⇨p.73）のような、4つのイーワーンを持つモスクが見られる。11世紀に建造された、非常に高い煉瓦造りの霊廟（れいびょう）グンバド・エ・カーブース（⇨p.72）の際立って鋭い幾何学的な形状も、自信と野心を物語っている。イランの建築は、何よりも力強さ、想像力、そして洗練さの組み合わせである。これは、ピール・イ・バクラーン霊廟（れいびょう）（⇨p.78）によく表れている。そこには、美しい彫刻が施された漆喰（しっくい）のミフラーブ、釉薬（ゆうやく）のかかった煉瓦と素焼きの煉瓦で作られたアーチ型の天井と壁に書かれたカリグラフィーの作品がある。イランにはまた、シーラーズの有名なシャー・チェラーグ廟複合施設に見られるように（⇨p.78）、小さな鏡片（アーイナ・カーリー）を使った幾何学的な構図もある。イスファハーンのアーリー・カープー宮殿には、壺（つぼ）、杯、かめの形に彫刻された数十の壁龕（へきがん）が並ぶ音楽室がある（⇨p.85）。このような部屋、すなわちチーニ・ハーナ（貴重な中国磁器のための部屋または建物）は、ティムール朝時代に初めて見られ、サファヴィー朝ではイスファハーンで使われた。その後、ムガル建築形式の一部となり、今では壺、杯、かめの輪郭だけが残る（⇨p.100）。貴重な品々を飾る方法として始まったものが、何世紀にもわたり、この地域全体で進化を遂げ、富と価値を象徴する視覚的な装飾要素へと変化した。

　ムガル建築は、遠目から私たちを惹きつける（タージ・マハル複合施設⇨p.94）だけでなく、近くでも楽しませるように設計されている。職人技の細部や、石の象嵌（ぞうがん）に描かれた花や葉のような繊細なタッチは、ムガル美術の洗練を物語っている。本書で最も驚くべき発見の一つはグジャラート州のチャンパネールにあるムガル時代のモスクの石造りの天井である（⇨p.93）。そのデザインはフラクタルのようで、ほかの宗教の顧客のためにも働いていた石工たち

62｜第2章　イラク、イラン、南アジア

によって作られた。ムガル帝国はティムールの子孫であるバブール（在位1526－30年）によって建国された。このつながりは、とくにムガル建築の記念碑建築様式に見ることができる。しかし、インドはムガル建築だけでなく、ムガル建築はインドだけのものではない。インド亜大陸においては、バルティスタンに美しく塗装された木造モスク（⇨p.96）があり、16世紀のビージャープルのモスクのユニークなミフラーブ（⇨p.93）、インドのアディナ・モスク（⇨p.91）の驚くほど緻密で繊細なテラコッタ彫刻など、枚挙にいとまがない。バングラデシュは、受賞歴のあるモスクだけでなく、地元コミュニティーによって建設され資金提供されたあまり知られていないモスクなど、最も興味深く多様な現代イスラム建築を持つ国の一つである。デザインはしばしば分類を拒む。たとえば、タンガイルの近くにある小さな黄色いドームが並ぶモスク（⇨p.107－109）のようにである。このようなモスクは世界中に存在し、現地の信徒が建築を通して創造主に敬意を表す方法を垣間見せてくれる。

左頁
**デリー・スルタン朝
クトゥブ・ミナール**
DELHI SULTANATE: QUTB MINAR
インド　デリー（1198年頃着工／1369年完成）

赤砂岩と大理石で造られた、インドで最も高い記念碑であり、世界で最も高い石造りの塔の一つである。塔の基部の直径は14m強で、上に行けば行くほど小さくなり、最高の高さ72.5mの部分の直径は3mである。ヒンドゥー教の砦の中に建てられたミナレットとモスクは、ムスリムがデリーを征服したことを記念して、現在のアフガニスタン西部に、ゴールのムハンマドによって建てられたものである。おそらくその約10年前に建てられたジャムのゴール朝ミナレットに触発されたものと思われる（⇨p.152）。

上
セルジューク朝　漆喰パネル
GREAT SELJUK: STUCCO PANEL
イラン（12世紀）

イランのレイ市近郊の遺跡から発掘された151cm×343cmの大きさの記念碑的パネルは、彫刻が施された漆喰でできている。八角星とクロスが組み合わさった基本構造になっている。左上から時計回りに、槌矛を持つ立ち姿の人物、酒を飲みタンバリン演奏に耳を傾ける4人の座った人物、玉座に座る王子と従者、2人の座った人物とハープ、ヴァイオリン、タンバリン奏者、一人の立ち姿の人物、杖で男を追いかけるハージブ（宮廷役人）、跪く女性、（杖を持つ）ハージブと従者たち、従者たちとともに糸杉の木の周りに立つ2人の人物、ハージブと槌矛を持つ者、ナプキンを持つ者（礼服の達人）、兎を持つ者、ほかの従者、そしてハージブの前にひれ伏す3人の人物が見える。

第2章　イラク、イラン、南アジア ｜ 65

上
アッバース朝　民家の漆喰壁パネル
ABBASID: STUCCO WALL PANEL FROM A PRIVATE HOUSE
イラク　サーマッラー（9世紀）

アッバース朝時代の漆喰壁装飾に見られる3つの彫刻様式は、考古学者にとって貴重な年代測定ツールである。初期イスラム美術の変遷過程を示しており、各様式には以下の特徴がある。A様式は、ヘレニズム様式に影響を受けており、円形の蔓で囲まれた葉の彫刻が施されている。B様式には、葉はあるが蔓はなく直線もある。AとBはともに、彫刻や穿孔を施して作られている。ここで見られるC様式は、木型を使い湿った漆喰に木型を押して模様をつける技法が用いられ、より抽象的である一方、その精神はなお自然の形態を表している。模様は磨かれ、時おり色の顔料が塗布されて強調されている。

右頁
アッバース朝　サーマッラーの大モスク
ABBASID: GREAT MOSQUE OF SAMARRA
イラク（851年）

イラクにあるアッバース朝の首都サーマッラーの遺跡は、ティグリス川沿いの約57平方kmの面積を占めている。カリフ・アルムタワッキルは、サーマッラーの最も偉大な建設者であり、少なくとも19の宮殿を建てたとされる。建設当時、世界最大のモスクであった大モスクには、マルウィーヤ・ミナレットとして知られる特徴的な螺旋状のミナレットがある。数年後にアルムタワッキルによって建てられたアブー・ドゥラフ・モスクにも同様のミナレットがある。どちらのモスクにもズィヤーダがあった。ズィヤーダとは、モスクの周りが大きな壁で囲まれ、そのなかに浄めの泉、医療施設、そして法廷などがあった広大な区域のことである（カイロのイブン・トゥールーンのモスクはアッバース朝のモスク建築の影響を強く受けており、ズィヤーダがある）（⇨ p.28）。

左
アルシャヒード記念碑
AL-SHAHEED MONUMENT
イラク　バグダード（1983年）

イラク人のイスマーイール・ファッターフ・アルトゥルクによるデザインで、殉教者記念碑としても知られる。人工湖の中央にある直径190mの円形の基壇の上に建てられている。ドームは2つに分かれ、ターコイズブルーのタイルでおおわれている。より有機的な印象を与えるために微妙に異なる6色のターコイズ色が使われている。元々は、8年間に及んだイラン・イラク戦争で亡くなった人々に捧げられたものだったが、数十年間にわたり、この記念碑はすべてのイラク人にとって、大きな意味を持つようになった。悲しいことに、ほとんどのイラク人は、戦争や紛争で命を落とした友人や家族がいるからである。

上
アッバース朝
スィット・ズムッルドの墓
ABBASID: TOMB OF SITT ZUMURRUD
イラク　バグダード　ハートゥーン（1193年）

アッバース朝のカリフが母親のために建てたこの霊廟は、9層のムカルナスで構成されている。その構造と形は、外部からも見ることができる。内部には小さな穴が繊細な照明効果を生み出している。ムカルナスのドームは八角形の土台の上にのっており、外側は大きな四角形のパネルに組み込まれたハザルバフ煉瓦細工（煉瓦で文様を浮き彫りにしたもの）で飾られている。このようなムカルナスのドームは非常に珍しいが、サーマッラーには初期のものがある。この墓よりはるかに大きなムカルナス装飾を持つイマーム・ドゥールの墓やダマスカスにあるヌール・アルディーンのビーマーリスターンのドーム（⇨ p.43）があげられる。

下
アッバース朝
アッバース朝宮殿のミフラーブ
ABBASID: MIHRAB, ABBASID PALACE
イラク　バグダード（1175－1230年）
この2階建ての煉瓦造りの宮殿は、ティグリス川のほとりに位置する。アッバース朝後期に建てられ、実際にはマドラサであったかもしれない。中央の中庭はアーチで囲まれており、その後方ではムカルナスの装飾がカーテンのように垂れ下がっている。ミフラーブは、イラクのアーナ市近郊から移築されたものである。

右
イマーム・アリー・モスク
IMAM ALI MOSQUE
イラク　ナジャフ（推定786年頃）
イマーム・アリーは預言者ムハンマドの従兄弟で、シーア派最初のイマームである。ここには3つの墓がある。1つはイマーム・アリーのもので、シーア派の信仰によると、ほかの2つはアダムとヌーフ（ノア）の墓であるとされている。アッバース朝カリフ、ハールーン・アル＝ラシードが786年に初めてイマーム・アリーの霊廟に墓を建てた。何世紀にもわたって、拡張、改修、再建、装飾が施されてきた。現在の複合施設は一辺がおよそ120mの正方形をしており、中央には黄金のイーワーン、黄金のミナレット、そして黄金のドームを持つ聖廟が建っている。

**オスマン朝　ナジャフの地図
マトラークチュ・ナスーフ作**
（1534年）
OTTOMAN:
MAP OF NAJAF
BY MATRAKÇI NASUH

左頁にナジャフ市街が、右頁にはイマーム・アリー・モスク（⇨ p.69）が描かれている。描いたのは16世紀のオスマン朝時代の博学者マトラークチュ・ナスーフである。彼は少なくとも4巻のオスマン朝史を著しており、その中にはオスマン帝国のさまざまな都市の詳細な地形図が描かれている。川や丘、建物などが見てとれる。

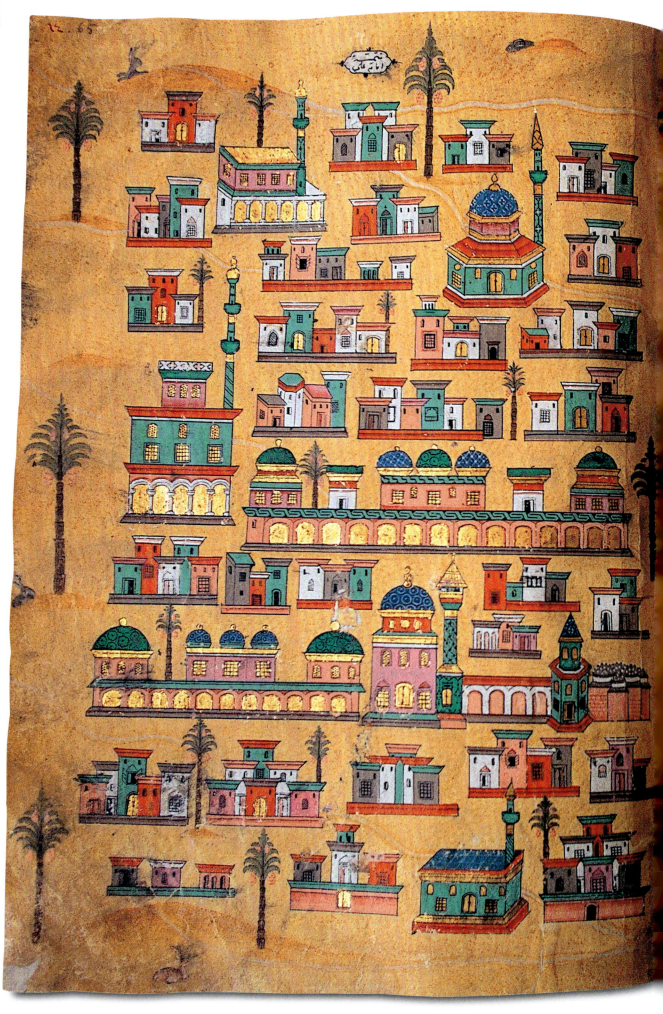

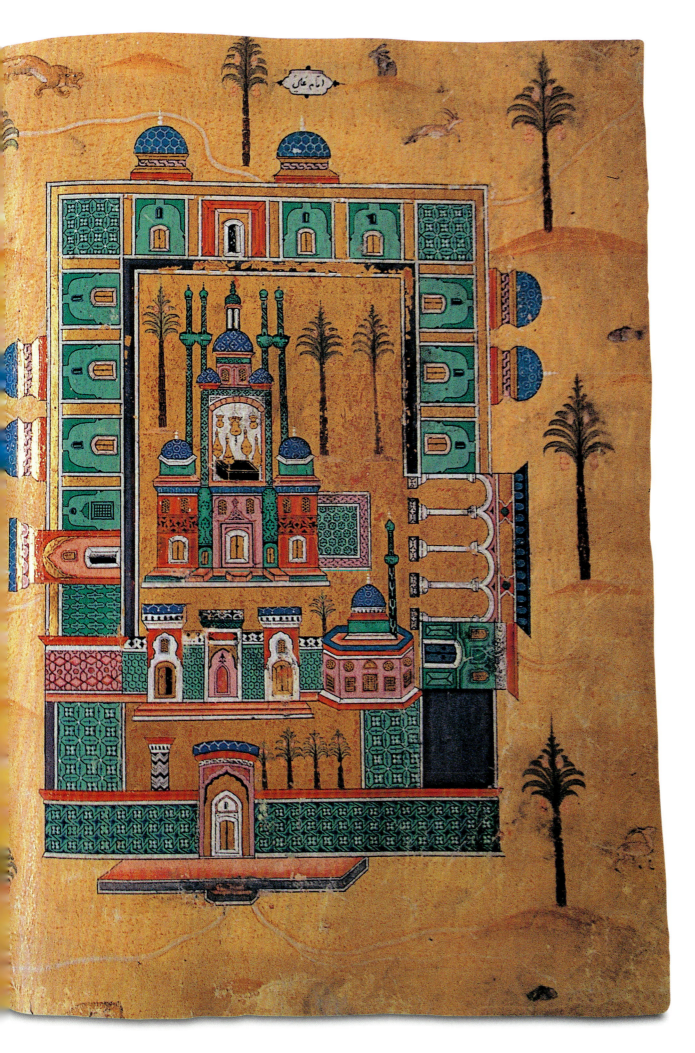

第2章 イラク、イラン、南アジア

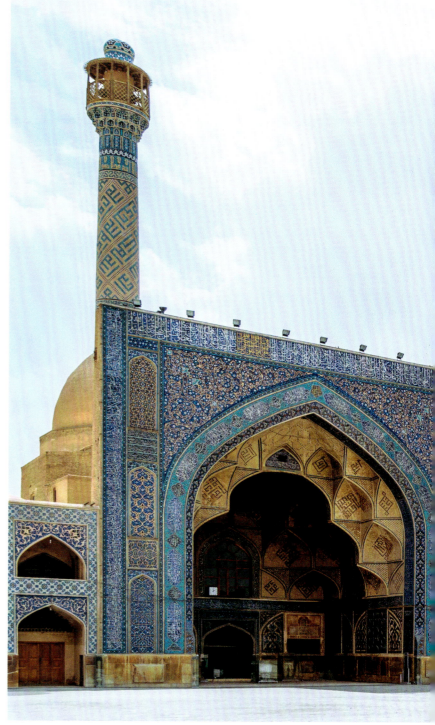

上
**ズィヤール朝
グンバド・エ・カーブース**
ZIYARID: GONBAD-E QABUS
イラン　ゴレスターン州（1007年）
ズィヤール朝の支配者カーブースのために建てられたこの塔は、高さ53mで、基部の直径約10mである。人工の丘の上に建てられ、30km離れたところから視認できる。イスラム建築の中でも最も初期のムカルナス装飾の一部が、正面入口の真上に見られる。塔は細長い焼き煉瓦で造られている。カーブースが塔に埋葬されたという確証はないが、伝説によれば、彼の遺体は天井から吊るされたガラスの棺に納められたという。

左頁下
**セルジューク朝
イスファハーンの金曜モスク
タージュ・アルムルクのドーム室**
GREAT SELJUK: DOME CHAMBER OF TAJ AL-MULK, FRIDAY MOSQUE OF ISFAHAN
イラン（1089年）

イスファハーンの大きな金曜モスクの一部で、当初は独立したドーム室であったが、その目的はよくわかっていない。スルタンの妃トゥルカン・ハトゥン（⇨ p.314）のために宰相タージュ・アルムルクが建てた。99の神の名のうち32がドーム下の環に、コーラン章句がドーム内側の煉瓦作りのモチーフに記されている。このドーム室はイスラム建築設計の画期的な作品とされている。部屋の各要素の寸法は黄金比である。詩人で博学者のウマル・ハイヤームが設計者の可能性がある。

上
**セルジューク朝
イスファハーンの金曜モスク**
GREAT SELJUK: FRIDAY MOSQUE OF ISFAHAN
イラン（推定771年頃）

イスファハーンを都としたセルジューク朝は、1085年から1125年にかけて既存の多柱式金曜モスクを、それまで見たことのないモスクに改築した。中央に大きな中庭（65m × 55m）、四方にアーチ型の入口（イーワーン）、ミフラーブの前には大きなドームがあるモスクにしたのだ。これがイランと中央アジアのモスクの標準的なデザインとなった。反対側であるモスクの北側には、比率、美しさ、技巧の傑作とされる小さなドームが建てられた（⇨ p.74）。何世紀にもわたって、多くの支配者や役人がモスクを増築、改修してきた。

第2章　イラク、イラン、南アジア ｜ 73

左頁
ターリーハーネ・モスク
TARIKHANEH MOSQUE
イラン　ダームガーン（9世紀）

イラン最古のモスク、ターリーハーネ（神の家）は、ゾロアスター教の火の神殿跡地に建てられた。直径2m近くもある巨大な丸い橋脚から、前イスラム期サーサーン朝の建築技術と材料を用いて建設されたことがわかる。後方のミナレットは後世のもので、1026年から29年にかけてセルジューク朝によって造られた。

右
カズヴィーンの金曜モスク
FRIDAY MOSQUE OF QAZVIN
イラン（807年）

このモスクはアッバース朝のカリフ、ハールーン・アルラシードの命による建設であった。その中庭はイランのモスクの中でも最大級で、面積は4,000平方mを超える。12世紀のセルジューク朝時代に大規模な拡張が行われ、中庭、ドーム、マドラサ、主礼拝堂、そして2つのイーワーンが増築された。礼拝堂は漆喰に彫られた、見事なクーフィー書体のカリグラフィー装飾で知られている。その質の高さから、9世紀を経た現在でも、研究や技術の基準として用いられている。

左
セルジューク朝
リバート・シャラフ・
キャラヴァンサライ
GREAT SELJUK: RIBAT-I SHARAF CARAVANSERAI
イラン　ホラーサーン（12世紀初頭）

このキャラヴァンサライは、砂漠のシルクロード上に位置し、メルヴ（現在のトルクメニスタン、マリ）とニーシャープール（イランのネイシャーブール）を結ぶ隊商路とシーア派の巡礼路の一部となっている。2つの中庭があり、一つは王族や役人用、もう一つは一般旅行者用である。精巧な装飾煉瓦装飾で有名だ。ホラーサーンのセルジューク朝総督によって建設されたが、建設直後に遊牧民によって大きく損傷を受けた。1154年、スルタン、サンジャルの妻トゥルカン・ビント・アルカガンによって修復された。

第2章　イラク、イラン、南アジア | 75

セルジューク朝
アラーヴィー家ドーム
GREAT SELJUK: ALAVIAN DOME
イラン　ハマダーン（1315年頃）

元々はミナレットとドームを持つモスクとして建設されたが、後にアラーヴィー家の霊廟となった。入口の上には、イル・ハーン朝時代に加えられた、途方もなく華麗な立体漆喰装飾が施されている。その上部には、十角星模様と凧形の組み合わせで構成された幾何学模様の煉瓦造りの装飾がある。内部の装飾も同様に豪華で、漆喰の曲線的で流れるような形状と、幾何学模様の直線的で結晶のような形状が融合している。

第2章　イラク、イラン、南アジア｜77

右頁
イル・ハーン朝
ピール・イ・バクラーン霊廟
ILKHANID: SHRINE OF PIR-I BAKRAN
イラン　イスファハーン近郊
（1303－12年）

スーフィーの指導者ピール・イ・バクラーンは、この地で暮らし、教え、そして亡くなった。1303年の彼の死後、イル・ハーン朝は霊廟複合施設を建立した。この霊廟は、スタッコとタイル装飾、そしてカリグラフィーパネルで有名である。1309－10年、イル・ハーン朝は国家宗教をイスラムスンナ派からイスラムシーア派へ改宗した。この改宗はカリグラフィー装飾にも影響を与えた。装飾の第3期（1310年以降）には、クーフィーと呼ばれる角張った書体で記された2枚の大きな正方形パネルが、主礼拝室のイーワーンの向かい側に加えられた。

上
インジュ朝
シャー・チェラーグ廟 複合施設
INJUID: SHAH CHERAGH SHRINE COMPLEX
イラン　シーラーズ（1343年）

シーラーズは「千の霊廟の街」として知られており、これは最も重要なものの一つである。ここにはイスラムシーア派12イマーム派の第7代イマームの息子であるアフマドとムハンマドの墓がある。彼らは9世紀にシーラーズで亡くなった。この霊廟の特徴はターコイズ、金、白色の花模様のセラミックタイルが施された、この上なく美しい尖頭ドームである。内部はアーイナ・カーリーと呼ばれるイランの伝統的な装飾技法で、無数の切子面のミラーグラスでおおわれている。墓はインジュ朝スルタンの母タシ・ハトゥンによって建てられた。

右
イル・ハーン朝
ウルジャイトゥの墓廟
ILKHANID: TOMB OF ULJAYTU
イラン　スルターニーヤ（1313年）

スルターニーヤは1285年頃に創建され、1313年にスルタン・ウルジャイトゥによってイル・ハーン朝の首都となった。城塞の壁は、4人の騎馬兵が横一列に並んで走れるほど広かったと記されている。城塞内で最大の建造物はウルジャイトゥの墓廟である。直径38mの巨大な八角形の建物で、世界最大級の煉瓦造りのドームが8本のミナレットで囲まれている。

78 ｜ 第2章　イラク、イラン、南アジア

左頁
イル・ハーン朝
ヤズドの金曜モスク
ILKHANID: FRIDAY MOSQUE OF YAZD
イラン（1324年）

過去にあったモスクの跡地に建てられ、何世紀にもわたって増築が繰り返されてきたモスクである。外観の最大の特徴はピーシュターク（アーチ型の入口）の頂上からからそびえる2つの高いミナレットである。このモスクは現存しないスルターニーヤの金曜モスクをモデルとし、1537年にマトラークチュ・ナスーフによって描かれたそのモスクの図を参考にして、建設された。内部の装飾はほとんどが14世紀のムザッファル朝統治時代になされ、青色とベージュの煉瓦の組み合わせ（ハザルバフ）は、この上なく壮麗で、視覚的に圧倒される構成となっている。長いアーチ型の天井には、ハザルバフによる角張ったクーフィー書体のカリグラフィーがあるのが特徴的で、中央のドームはイスラム建築のドーム内装の傑作の一つであろう。青と白の煉瓦とタイルが複雑な十六角星形の幾何学構図を生み出している。ドームの内部や外部に施される構図は、建物の4つの側面からの視覚的つながりを考慮し、一般的に4の倍数で構成されている。

上
イル・ハーン朝
キルマーニー・モスク
ILKHANID: KIRMANI MOSQUE
イラン　ホラーサーン　トゥルバト・イ・シャイフ・ジャーム（1363年）

このモスクは、ここに見られるミフラーブに彫刻を施した芸術家フワージャ・マスウード・キルマーニーにちなんで名づけられた。彼は後にモスク内に埋葬された。キルマーニー・モスクは10棟の建物からなる大きな複合施設の一部で、スーフィー神学者で詩人のシャイフ・アフマド・イ・ジャーミーを称えて建てられた。段階的に建設された霊廟群は、数世紀にわたり、東イランで最も訪れられた巡礼地であった。正門の両側には2つの小さなモスクがあり、後の建築で流行となったシンメトリーを表している。

次頁
ムザッファル朝
キルマーンの金曜モスク
MUZAFFARID: FRIDAY MOSQUE OF KERMAN
イラン（1350年）

キルマーンは何世紀にもわたり、商業の中心地として栄えてきた。マルコ・ポーロが13世紀に訪れ、世界最高の鷹がいると称賛した。珍しいことに、この街には2つの金曜モスクがあり、それぞれが互いに近く、バザールにも近い。古いほうはセルジューク朝によって建てられた。1350年にムザッファル朝によって建設されたこのモスクは、イランで最も優れたモスク建築の一つとされる。とくに幾何学、花、植物文様のタイル装飾が豊富で、セラミックに描かれた精巧なカリグラフィーの帯の装飾が申し分なく美しい。

左および下

**サファヴィー朝
シャイフ・ロトフッラー・モスク**
SAFAVID: SHEIKH LOTFOLLAH MOSQUE
イラン　イスファハーン（1617年）

このモスクは、シャー・アッバース1世の統治時代にシャー専用のモスクとして、建築家ムハンマド・レザー・イスファハーニーによって建設された。シャイフ・ロトフッラーは、シャー・アッバース1世の義父であり、高名なイマームであった。モスクはミナレットも中庭もない巨大な四角い部屋であり、様式としてはむしろ霊廟のようである。ドームをのせる円筒形部分を支える8つの巨大なアーチは、鮮やかなターコイズブルーのセラミック製の巻きつけられた網形装飾で縁取られている。ドーム内部の表面全体は、焼き煉瓦で縁取られた、葉の形の網目状のデザインでおおわれている。網目はドームの頂点に向かうにつれて小さくなり、高さをさらに強調する効果を生み出している。

右
サファヴィー朝
アーリー・カープー宮殿の音楽室
SAFAVID:
MUSIC ROOM, ALI QAPU
イラン　イスファハーン（1597年）

アーリー・カープー宮殿の最上階は宴会や公式なレセプションに使用され、また音楽室でもある。この部屋はチーニ・ハーナとして設計されており、貴重な中国の磁器を展示するための部屋だ。このような部屋はティムール朝時代に初めて登場した。音楽室の壁や天井は、花瓶や薔薇水スプリンクラー、カップ、壺の形をした龕でおおわれている。龕の総数は約600個である。音楽室のデザインとして美観上の理由が大きかったかもしれないが、これらの龕は部屋の音響効果を非常に高めている。

下
サファヴィー朝
チェヘル・ソトゥーン
SAFAVID: CHEHEL SOTOUN
イラン　イスファハーン（1647年）

「チェヘル・ソトゥーン」は「40本の柱」を意味し、宮殿複合施設に残る2つのパヴィリオンの一つである。これは正面玄関の20本の柱が、正面にあるプールに映り込むと40本に見えることに由来している。内部の表面はほとんどが壁画でおおわれている。幾何学模様や植物模様が描かれているほか、6点の大きな人物画がある。これらはサファヴィー朝のシャーが別の支配者と謁見している様子、もしくは戦闘シーンを描いており、下の写真のような1514年のオスマン朝との「チャルディランの戦い」（サファヴィー朝は敗北）が見られる。ベランダには、ヨーロッパ風の服装の人物など、さまざまな人物が描かれたパネル画が飾られている。

第2章　イラク、イラン、南アジア | 85

右
カージャール朝　ナースィル・アルムルク・モスク
QAJAR: NASER EL MOLK MOSQUE
イラン　シーラーズ（1888年）
万華鏡のようなこのモスクは、色彩、光、模様、質感に富んでいる。内部は、色ガラスを木製の溝にはめ込んだオロシ（ステンドグラス）窓から降り注ぐ光で彩られている。地元では、そのタイルに使っている色から、ピンク・モスクと呼ばれている。このモスクは、息子の不在の間に他界した父親（ナースィル・アルムルク）のために、息子が建築を命じたものである。また、非常に複雑なムカルナス装飾とカルバンディー（織り交ざった交差リブ）の天井も見どころである。

上
カージャール朝　テキエ・ドウラト
QAJAR: TEKYEH DOWLAT
イラン　テヘラン（1868年）
テキエ・ドウラト（国立劇場）は、とくに宗教的な殉教劇の上演で有名な王室劇場であり、3階建ての大きな円形で、階段とスロープのある円形の壇上を備えていた。片側には大理石のミンバル（説教壇）があり、そこからムッラー（法学者）が儀式を指揮していた。屋根はひだ状になった羊皮でおおわれており、ドーム状の木造構造の上に掛けられていた。多くのヨーロッパ人訪問者によれば、その壮麗さと劇的な緊張感は、ヨーロッパの首都のオペラハウスを凌ぐものだった。建設が始まったのは、類似の建築様式を持つ、ロンドンのロイヤル・アルバート・ホールの着工1年後だった。1946年に取り壊された。

下
サファヴィー朝　シャー・モスク
SAFAVID: SHAH MOSQUE
イラン　イスファハーン（1630年）
国の首都をイスファハーンに移した15年後に、イスファハーンの王宮前広場に建てられたこのモスクは、シャー・アッバース1世の巨大な建設計画のなかで最大のプロジェクトだった。壮大なドームは入口の門の右側にあり、メッカの方角を向くように、また入口に遮られないように設計されている。下の写真は冬の礼拝堂で、新しいハフト・ラング（7色）様式のモザイクでおおわれ、多色のデザインで描かれたタイルが使用されている。

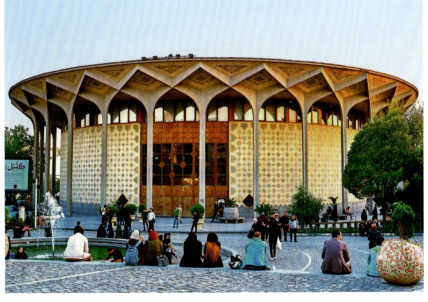

左
テヘラン市立劇場
TEHRAN CITY THEATRE
イラン（1972年）

建築家アリー・サルダール・アフハミーによって設計されたこの劇場には5つのパフォーマンススペースがあり、イランにおける演劇の主要な場となっている。直径34m、高さ15m、市立公園の一角にある。その特徴的な外観は、イランのレイにあるセルジューク朝時代のトゥグリル墓塔（1140年）に着想を得た。この劇場はファラフ・パフラヴィー皇后の支援下で建設され、チェーホフの「桜の園」が劇場の初演となった。

第2章　イラク、イラン、南アジア | 87

左

**デリー・スルタン朝
クトゥブ・ミナール**
DELHI SULTANATE: QUTB MINAR
インド　デリー（1198年頃着工、1369年完成）

クトゥブ・ミナールは、アフガニスタンのゴール朝がインドに勢力を確立した後、建設が開始された。これより10年ほど前に建てられたアフガニスタンのジャムのミナレット（⇨ p.152）に似ている（⇨ p.65）。

右頁上

**シャー・ミール
ハーンカー・エ・ムウラ**
SHAH MIR: KHANQAH-E-MOULAH
インド　スリナガル（1395年）

ジェルム川の右岸に位置するこの建造物は、14世紀のムスリム聖人、サイイド・アリー・ハマダーニーを称えて建てられた。この建築に携わった彼の職人たちはアンブリク・モスク（⇨ p.98）をも建設した。これはハーンカー（スーフィーの隠遁場所）であり、またモスクでもある。木造の建築様式はこの地域特有であり、イスラム建築、ヒンドゥー建築、仏教建築の影響が融合している。礼拝の呼びかけはマズィーナと呼ばれる屋根の中央にある四角い建物からムアッズィン（礼拝への呼びかけアザーンを唱える人）によって行われる。中央の尖塔はミナレットを表す。

右

ローディー朝　ジャハーズ・マハル
LODI DYNASTY: JAHAZ MAHAL
インド　マンドゥ（15世紀後半）

ジャハーズ・マハル（船の宮殿）は、ギヤース・シャーの治世中に、2つの人工湖の間の狭い土地に建てられた。彼のハレムには踊り子、レスラー、音楽家など1万2,000人の女性が仕えており、500人のトルコやアビシニアの若い女性も男装で警護にあたっていた。宮廷の女性たちのために、シャーは多くの浴室、居住区、娯楽施設のドームを建設した。ジャハーズ・マハルはそのような建造物の一つである。上部の池の水は、揚水機で汲み上げられ、精巧に彫刻された曲線の水路を通り抜ける。その形状は、水の勢いを弱め、池に穏やかに注がれるようになっている。

88 ｜ 第2章　イラク、イラン、南アジア

右
バフマニー朝
マフムード・ガワン・マドラサ
BAHMANID: MAHMUD GAWAN MADRASA
インド　ビダル（1472年）
マドラサは現在ほとんど廃墟と化しているが、残された部分からこの重要な建物の壮麗さをうかがうことができる。マドラサは、500人以上の学生に食事、宿泊、教育を無料で提供し、大きな図書館も備えていた。残っているのは、黒い玄武岩で縁取られたセラミックタイルの装飾で、釉薬のかかった濃紺、水色、黄色、白色、緑色のタイルモザイクが施されている。技法と技術はイランのものであるが、黄色と緑色の使用は、インドでは入手でき、イランにはない顔料が使われていたことを示している。さらに、下絵付けされた紺青、水色、白色の用のタイルモザイクがある。

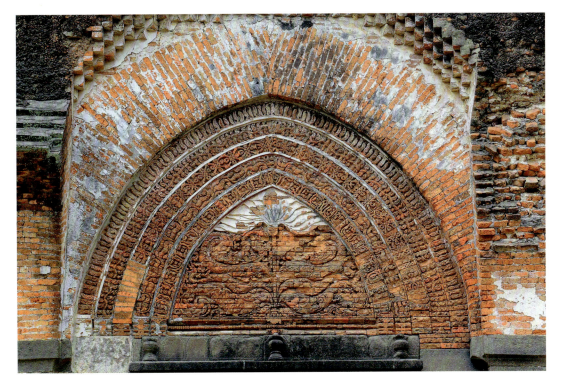

左

ベンガル・スルタン朝
アディナ・モスク
BENGAL SULTANATE: ADINA MOSQUE
インド　パーンドゥアー（1370年）

パーンドゥアーがベンガルの首都となったのは、14世紀後半の短期間であり、この時期にアディナ・モスクが建設された。当時これは154m×87mの大きさを誇る、インド亜大陸最大のモスクであった。ダマスカスのウマイヤ朝モスク（⇨ p.11, 40）に類似した設計のこのモスクには、260の列柱を持つ礼拝堂、中庭へつながる92のアーチが立ち並ぶ長いファサード、大きな長方形の中庭がある。壁の下部の多くに玄武岩が使われている。モスクには精巧な煉瓦とテラコッタの装飾が施され、ほかの文化から借用した珍しいデザインやテーマが多用されている。

左頁

ローディー朝　バラ・グンバド
ローディー庭園
LODI DYNASTY: BARA GUMBAD, LODI GARDENS
インド　デリー（1490年）

これはデリーで最初に建てられたドーム建築とされる。バラ・グンバドとは「大きなドーム」を意味する。灰色の花崗岩、灰色の珪岩、赤色とクリーム色の砂岩でできている。現在のデリーのローディー庭園にある高さ4mの基壇の上に建てられた、異なる時期に建設された3つの建物の一部である。本来の用途は明らかではない。

右

グジャラート・スルタン朝
スィーディー・サイイド・モスク
GUJARAT SULTANATE: SIDI SAIYYED MOSQUE
インド　アフマダーバード（1572-73年）

驚くべきグジャラート産の砂岩のジャーリー（格子細工）スクリーンで有名なこのモスクは、アクバルがこの町をムガル帝国の支配下に置くわずか1年前に建てられた。スィーディー・サイイドはスルタンのエチオピア人（アビシニア人）奴隷であった。後に軍人となり、獲得した資金でこのモスクを建てたのである。建設当時、アフマダーバードだけでも数千人のアビシニア人が暮らしており、彼らは商人や職人であるか、または政府の高官を務めていた。スィーディーは、アフリカのバントゥ系インド人のことで、インドに約85万人いるとされている。

第2章　イラク、イラン、南アジア | 91

左頁

**アーディル・シャーヒー朝
ビージャープルの金曜モスク**
ADIL SHAHI: FRIDAY MOSQUE OF BIJAPUR
インド　ビージャープル（1578年）
南インド最大のモスクの一つであるこのモスクは、装飾の控えめな内部とは対照的に、ミフラーブの周囲は大規模な壁画で華やかに装飾されている。描かれているのは、金と青で彩られた建築物、ミナレット、ドーム、アーチ、花瓶に入った花、書物と鎖で吊るされた香炉のある壁龕（へきがん）などである。ミフラーブの壁龕の真上には「アッラー」と「ムハンマド」が書かれており、ほかにも多くのカリグラフィーが施されている。

右

**ムガル帝国　アグラ砦
ディーワーン・イ・ハース**
MUGHAL: AGRA FORT, DIWAN-I KHAS
インド　アグラ（1635年）
アグラ砦の敷地内に設置されたパヴィリオンであり、ムガル皇帝シャー・ジャハーンはここで彼の廷臣や賓客と接見（せっけん）した。四方にポーチ（玄関）のある内殿がある。それは大理石でおおわれ、非常に繊細な花模様の石の象嵌（ぞうがん）細工がたくさんある。元々の天井は銀製で、金で象嵌されていた。

左

**ムガル帝国
チャンパネールの金曜モスク**
MUGHAL: FRIDAY MOSQUE OF CHAMPANER
インド（1508年）
チャンパネールの金曜モスクは25年かけて建設され、西インドのイスラム建築の最高傑作の一つとされている。ジャイナ教徒やヒンドゥー教徒向けの建造物も手がけた職人や建築家の技が見える。中央のミフラーブの上にあるのは、信じられないほど精巧に彫刻された石造りの装飾で、フラクタルデザインの特徴を示している。これは地域の建築でよく描かれるカルパヴリクシャの表現方法である。カルパヴリクシャ（世界樹）とは、ヒンドゥー教、仏教、ジャイナ教において、願いをかなえる聖なる樹木のことを指す。

上

ムガル帝国　タージ・マハル
MUGHAL: TAJ MAHAL
インド　アグラ（1632－53年）

この壮麗な霊廟は、ムガル帝国第5代皇帝シャー・ジャハーンが、最愛の妃ムムターズ・マハルが14番目の子どもの出産中に亡くなったことを悼んで、2万人以上の職人を使い、建設したものである。白い大理石はラージャスターン州から運ばれ、象嵌装飾には28種類の貴石と半貴石が使用された。ドームの建設には巨大な煉瓦製の足場が組まれ、現場への16kmのスロープが設置された。ムガル時代の建築理論は文書化されていないが、タージ・マハル複合施設はシャー・ジャハーン統治時代に建設された建築物で重要視された原則を示している。それは1）幾何学的な計画立案、2）対称性、3）階層性、4）比例の公式、5）形の一貫性、6）細部へのこだわり、7）自然主義の採用、8）象徴性である。複合施設全体は、ムムターズが天上の庭で暮らす屋敷を想起させるように設計されている。

上
ムガル帝国　アクバルの墓
MUGHAL: AKBAR'S TOMB
インド　シカンドラ（1613年）
この墓は皇帝アクバルの息子ジャハンギールによって建てられた。壁に囲まれた四角い庭園に据えられ、水路によって4つのセクションに分かれており、楽園の川を連想させる。これはインドとイランで一般的に見られるチャハール・バーグ（「4つの庭」）のデザインである。墓の建物は4階建てで、一辺が105mである。各辺には高いピーシュターク（アーチ入りのエントランス）があり、典型的なインドのチャトリ（屋根のパヴィリオン）がある。

右
ナコーダ・モスク
NAKHODA MOSQUE
インド　コルカタ（1926年）
コルカタ最大のモスクは、おもに船舶商人（ナコーダは船長を意味する）であるクチ・メーモン・ムスリム共同体によって建てられた。彼らは20世紀初頭にこの街に移住してきた。モスクの様式はシカンドラのアクバルの墓を模倣したものである（右上を参照）。モスクはコルカタのムスリム文化の中心となり、今では市内で最初のイード礼拝が行われる場所となっている。赤い砂岩とエメラルドグリーンのドームを備えたこのモスクは、ムガル様式の記念碑を彷彿とさせ、非常に賑やかな商業地区の中心部に設置されている。

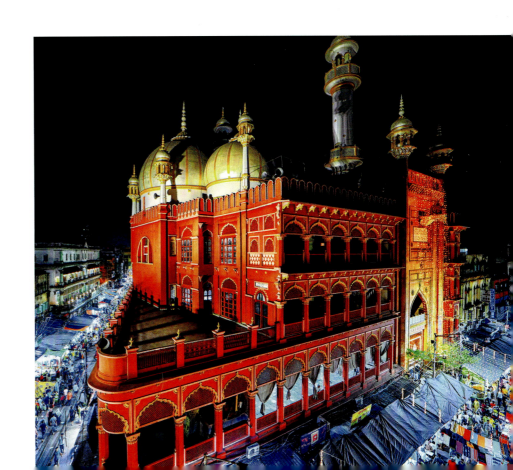

右頁
チャックチャン・モスク
CHAQCHAN MOSQUE
パキスタン　カプル（1370年）

バルティスタンのカプル渓谷に位置するこのモスクは、パキスタンで最も寒い場所にあり、ヌルバクシア派スーフィーによって建てられた、インド亜大陸で最も古いモスクの一つである。2階建てで木製の梁構造を使用し、隙間は石くずや泥で埋められており、耐震化がなされている。カラコルム山脈を見渡せる広々とした木製のベランダには、緻密で幾何学的な木製のスクリーンがある。中央空間はすべて木造で、全表面に美しく模様が描かれており、男女が共にここで礼拝を行う。屋根を支えるために、空間の中央には4本の木製の柱が立っている。

上
ガズナ朝
シャー・ユースフ・ガルデズィーの霊廟
GHAZNAVID: MAUSOLEUM OF SHAH YUSUF GARDEZI
パキスタン　ムルターン（1152年）

シャー・ユースフ・ガルデズィーは、インド亜大陸で最初のムスリムの聖者であった。彼の霊廟は、シンプルな長方形の建物で、ほぼ全体がセラミックのカシカリ（手描きの花や幾何学的な模様）タイルでおおわれている。外壁には多数の鳩のための開口部があり、鳩は聖者の遺体がある場所に近づけるようになっている。伝説によれば、これらの鳩は1088年に生きた蛇を鞭として持ち、ムルターンに獅子に乗って到着した聖者の頭上で羽ばたいた鳩の子孫だとされている。霊廟の扉の近くには、獅子と蛇の墓がある。

左
トゥグルク朝
シャー・ルクン・イ・アーラムの墓
TUGHLUQID: TOMB OF SHAH RUKN-I ALAM
パキスタン　ムルターン（1324年）

この墓は、トゥグルク朝の創始者であるギヤース・アルディーンによって建てられ、後にスーフィー聖者シャー・ルクン・イ・アーラムの子孫に与えられ、現在はその名で呼ばれている。これは亜大陸におけるムガル時代前のイスラムの墓としては最高傑作の一つと考えられている。八角形の設計であり、ムルターンの街並みを見下ろすようにそびえ立つ。近隣の墓と比べてかなり大きく、装飾もより精巧で洗練されている。焼成煉瓦で造られ、ローズウッド材で補強されており、外観は彫刻が施された煉瓦と、紺青、瑠璃、白の釉薬タイルで飾られている。この配色はムルターンの陶器伝統に見られる特徴的な色合いである。

96 ｜ 第2章　イラク、イラン、南アジア

右
アンブリク・モスク
AMBURIQ MOSQUE
パキスタン　シガール（14世紀）

イスラムは14世紀にイランのシーア派の神秘主義者、シャイフ・アリー・ハマダーニーを通じてバルティスタンに初めてもたらされた。彼はイランと中央アジアから職人を伴って来訪し、その職人らがアンブリク・モスクを建設した。建物の屋上にある塔の先端には、四方に張り出した「チョロ」と呼ばれる木製の尖塔がそびえている。この梁には、伝統的に細長い「翼」を持つ木製の壺のようなものが吊り下げられていた。チョロの上には、小さな金属の傘のような「クッバ」があり、そこから鎖が垂れ下がっている。この鎖には、3本に先が分かれた「アラム」が吊り下げられる。アラムは、シーア派イスラムの祭礼であるアーシューラー祭で使用される、記念の金属製のオブジェである。

右頁
ムガル帝国
ワジール・ハーン・モスク
MUGHAL: WAZIR KHAN MOSQUE
パキスタン　ラホール（1641年）

ワジール・ハーンは、ジャハーンギール宮廷の侍医であった。ジャハーンギールの息子であるシャー・ジャハーンの宮廷にも仕え、ラホールの総督となり、ラホールと故郷のチニオトに多くのモスク、マドラサ、キャラヴァンサライ、宮殿、浴場を建設した。彼のモスクは、彼の建築物を特徴づけるすべての要素を備えている。広範囲にわたる洗練された装飾画は温かみのある土色調で、手の込んだ大胆なタイルモザイク（カシカリ）、煉瓦で縁取られたフレスコ画、石膏装飾が施されている。装飾が多様なこのモスクは、まるで読み解くことができるデザインのソースブックのようだ。珍しいことに、各隅にミナレットが立っている。

上
ムガル帝国　ナウラカー・パヴィリオン
MUGHAL: NAULAKHA PAVILION
パキスタン　ラホール砦（1633年）

「ナウラカー」はウルドゥー語で「90万ルピー」を意味する。シャー・ジャハーンがこのラホール砦の小さなパヴィリオンに費やした莫大な金額だ。ラジャースターン州のインド最古の大理石採石場であるマクラナ産の白い大理石でおおわれており、優雅な曲線を描く屋根と、高品質で豊富な真珠と半貴石がちりばめられた装飾（パルチーンカリ）で有名である。珍しい屋根形状（ジョール・バングラ）は、ベンガルの伝統建築様式の影響を受けている。中央の大きなジャーリー（格子細工）のスクリーンは、王冠のような形状で、シャー・ジャハーンが下部にいる民衆に姿を現すための開口部がある。下から見上げると、パヴィリオンのジャーリー・スクリーンは、タイル、モザイク、フレスコ画で飾られたラホール砦の有名な「ピクチャー・ウォール」の上に位置しているのだ。

98 ｜ 第2章　イラク、イラン、南アジア

左
ムガル帝国
ジャハーンギールの墓
MUGHAL: TOMB OF JAHANGIR
パキスタン　ラホール（1637年）

この墓の建設には10年を要し、非常に大きな正方形（500m x 500m）の敷地を占めている。この敷地は、4つのチャハール・バーグ（2つの軸で区切られた4つの区画を持つ庭園）を作るために格子状に区切られている。霊廟は中央に位置する。四隅には八角形のミナレットがそれぞれ立っているが、珍しく墓の上にはドームがない。外装の大部分は、赤い砂岩に埋め込まれた白い大理石で作られた花瓶、アーチ、瓶のデザインで飾られている。この伝統的な装飾様式はチーニ・ハーナと呼ばれている（⇨ p.85）。内部は、石のはめ込み細工と壁や天井に描かれた鮮やかな色彩のフレスコ画で精巧かつ見事に装飾されている。

右頁
サブリ・モスク
SABRI MOSQUE
パキスタン　カラチ（1945年）

サブリ・モスクはカラチで最大級のモスクの一つで、市内で最も古い地区の一つであるランチョー・ライン（ガズダラバード）にある。ほぼすべての表面が、暗赤色の背景に白で描かれた曲線的な花や植物の模様で精巧に飾られており、裏庭には本格的なクリケット場を備えている。

左
タルプール朝 サチャル・サルマスト廟
TALPUR DYNASTY: SHRINE OF SACHAL SARMAST
パキスタン　シンド州ダラーザ・シャリフ（19世紀）

サチャル・サルマストはスーフィーの神秘思想詩人で、音楽を愛した人物であった。彼はシンド語、シライキ語、ペルシア語、ウルドゥー語、バロチ語、パンジャブ語、アラビア語の7つの言語で詩作を行い、神の愛のメッセージを広めた。90歳で亡くなった後、ハイルプールの統治者であったタルプールによって廟が建立された。後に改修され、外壁は多色釉薬セラミックで装飾され、内部は精巧な花模様の絵画で飾られた。

下
マザール・エ・クアイド
MAZAR-E-QUAID
パキスタン　カラチ（1971年）

この建物は国立霊廟やジンナー廟とも呼ばれ、パキスタンの建国者であるムハンマド・アリー・ジンナーの没後23年後に建立された。設計者はインド人建築家でジンナーの友人でもあったヤヒヤ・メルチャントである。霊廟は75m x 75mの大理石の土台に位置し、白い大理石でおおわれた、高さ43mの漆喰ドームを備えている。15基の長方形の水盤にある噴水が並ぶテラス状の参道を通って霊廟へと向かう。これはブハラのサーマーン廟（⇨ p.139）をモデルとしている。

第2章　イラク、イラン、南アジア | 103

上
ベンガル・スルタン朝
60 ドーム・モスク
BENGAL SULTANATE: SIXTY-DOME MOSQUE
バングラデシュ　バゲルハート
（15世紀中頃）

バングラデシュで最大の歴史的モスクであり、カリファタバード市内の目立つ場所に建設された。厚みがあり、先細りの煉瓦の壁は、ムガル帝国以前のデリー様式によく見られる特徴である。実際にはドームは 77 個あり、そのうち 7 つは伝統的なベンガル地方のチャルチャラ型ヴォールト（上部で接合する 4 つの湾曲した三角形断面で構成され、下端の角が下方に湾曲している）である。カリファタバードは 15 世紀に栄え、焼成赤煉瓦造りのモスクや霊廟が数十棟建設されたが、創設者のハーン・ジャハーン・アリーの死後、この街は放棄されてしまった。

右
シャー・マフムード・モスク
SHAH MAHMUD MOSQUE
バングラデシュ　キショルガンジ
エガラシンドゥール（1680年）

モスクは隣接するド・チャラ屋根（頂点で接合された 2 つの湾曲した長方形からなる屋根）の門とともに高台の上に建っている。それは一辺が 6m 未満の小さな正方形のモスクである。隅には八角形の塔があり、外壁には小さなアーチのデザインが施されている。内部には 3 つのミフラーブがあり、どれも彫刻されたテラコッタのデザインで精巧に装飾されている。

右頁
国立議事堂の礼拝堂
PRAYER HALL, NATIONAL PARLIAMENT HOUSE
バングラデシュ　ダッカ（1983年）

バングラデシュがまだ東パキスタンであった頃、国立議事堂（ジャティヨ・サンサ・ババン）の建設が始まった。20 年以上にわたって建設され、著名なモダニズム建築家であるルイス・カーンの死去から 9 年後に開館した。この建物は、バングラデシュでは従来用いられていなかった打ち放しコンクリートで作られており、大理石でできた水平方向の帯状部分は、1.5m 間隔で、毎日のコンクリートの流し込み後に敷設されていった。礼拝堂は、主要建物の正面玄関軸線上に位置する。

104 ｜ 第 2 章　イラク、イラン、南アジア

左頁
グルシャン・ソサエティ・モスク
GULSHAN SOCIETY MOSQUE
バングラデシュ　ダッカ（2017年）

白色の鋳造コンクリートで作られた7階建てのモスクで、カシェフ・チョウドゥリによって設計された。外観のデザインは、アラビア文字「ラー・イラーハ・イッラッラー」（アッラーのほかに神はない）を抽象化したものである。敷地面積が限られていたため、必要な礼拝者数を収容できる従来どおりのモスクを建てることができず、このモスクは複数階建てとなった。21世紀のバングラデシュは、革新的で独創的なモスクデザインの先駆者となっている。

右
レッド・モスク
RED MOSQUE
スリランカ　コロンボ（1908年）

スリランカ最大の都市であり港湾都市でもあるコロンボは、何世紀にもわたって多くのムスリム人口を抱えており、多数の信者を収容できるだけの大きなモスクが必要であった。赤と白のストライプが特徴的なレッド・モスク（またはジャーミ・ウル・アルファル・マスジドとしても知られている）は、アマチュア建築家のハビーブ・ラッピ・サイブ・ラッピが、南インドの商人たちに見せてもらった建築の画像を参考に設計したものである。当初は2階建てで、ザクロの形をしたドームが特徴であった。現在までに何度か拡張され、1万人の礼拝者を収容することができる。

次頁
201 ドームモスク
201 DOME MOSQUE
バングラデシュ　タンガイル県　南パサリア村（2018年）

モスクは、中央のドームが25mに達し、その周囲に200個の小さなドームが並んでいる。このモスク建設の計画は、村のモスクが手狭であることに気づいた地元住民のラフィクル・イスラムから出された。村人と寄付者たちの協力により建設が実現した。メインの礼拝堂は四方が開放されており、ドームと同じくすべての表面が金と茶の配色で装飾されている。このモスクは8つのミナレットがあるが、150mに達するものをもう1つ加える計画がある。ドーム数、ミナレットの高さの両方でギネス世界記録に認定されることを村人は目指している。

第2章　イラク、イラン、南アジア ｜ 107

第 3 章

トルコと
中央アジア

　イスラムの記念建築物は当然のことながら、今日、国の大きな誇りとなっている。歴史を振り返ると、この章で取り上げる地域は、大都市や重要な交易路を持つさまざまな帝国の一部であった。当時有名だったこれらの都市の中には、現在では消滅してしまったものもある。バグダードがイスラム世界の学問の中心ではなくなり、カイロやコルドバが台頭するまでのしばらくの間、現在のトルクメニスタンにあるクニャ・ウルゲンチは、イスラム文明と学問の中心地であった。近代医学の父と呼ばれるアヴィケンナ（イブン・スィーナー 980－1037年）は一時期この地で暮らし、学者・科学者であるアルビールーニー（973－1052年）も最初の 25 年間をこの都市で過ごした。数学者で博学者であるアルホワーリズミー（780 年頃－850 年頃）は、この地域出身であり、彼の名は「アルゴリズム」という言葉の由来となっている。14 世紀には、伝説の学者・探検家であるイブン・バットゥータ（1304－68/9 年）が、馬に乗ってクニャ・ウルゲンチのバザールにやってきたが、あまりの人混みに前にも後ろにも進むことができなくなってしまった。

　彼はこう記している。「それはトルコ人にとって最大で、最も偉大で、最も美しく、最も重要な都市である。立派なバザールや広い通り、多くの建物と豊富な商品がある。人口の重みで揺れ動き……あたかも海の波のごとく人々によって興奮のるつぼと化している」

　この都市は、チンギス・ハーン（1221 年に襲撃）とティムール（1388 年に破壊）の征服対象となり、繁栄と衰退を繰り返した。見事なトゥラベク・ハヌム廟（⇨ p.156）と高くそびえるクトゥルグ・ティムール・ミナレット（⇨ p.156）は、この都市の壮麗さを物語っている。また、クトゥルグ・ティムール（在位 1321－36 年）の妃であったトゥラベク・ハヌムによって建立された有名な金曜モスクも存在したが、現在は何も残されていない。

ティムール朝　アクサライ霊廟
TIMURID: AKSARAY MAUSOLEUM
ウズベキスタン　サマルカンド
（1470 年代）
ティムール朝衰退期に建設されたこの小さな廟は、ティムール朝の廟である「グル・アミール廟」に埋葬室の空きがなくなったため、新たに建てられた。廟は未完成であり、外装は全く装飾されていない。一方、内部は中央アジアの伝統的な技法「クンダル様式」で装飾されている。この技法では、模様や装飾をレリーフ状（浮き彫り）に彫り、その後、塗装や金箔を施すことで、きらびやかな立体感を出している。

トルコで（おそらくすべてのイスラム建築の中でも）最も豊かな創造性を持つ建築物の一つは、13世紀のディヴリイにある大モスクと病院である（⇨ p.117）。現在はほかに類を見ない建物として考えられているが、それはおそらくほかのメンギュジュク朝建築が残されていないためかもしれない。メンギュジュク朝はエルズィンジャンを都として統治されていたが、この都市はトルコや中央アジアの多くの地域と同様に地震帯に位置していたため、彼らの建築物は何も残っていない。

　トルコと中央アジアの建築は、世界に大きな影響を与えてきた。現代のモスクは、規模の大小を問わず、トルコのオスマン建築からインスピレーションを得ている。背の高い鉛筆のような形状のミナレット、大きな中央のドーム、オスマン様式のドーム内部のカリグラフィー装飾、これらは世界中の多くの現代モスクで見られる特徴である。しかし、オスマン建築には、細いミナレットやドームだけではなく、もっと多くの要素がある。たとえば、ディヤルバキルにある16世紀のベフラム・パシャ・モスクの一部である柱の一部分を見てみると（⇨ p.128）、石から彫り出され、編み込まれたような結び目の交差部分に似ている。これは流動的な建築物である。なぜ建築家たちはこのような手間をかけたのか？　クライアントがこの時間のかかる小さなディテールを要求したのか？　首席建築家や石工の主導だったのか？　17世紀のサマルカンドのティリャ・コリ・マドラサ（⇨ p.145）でも同様のことが言える。そこでは、湾曲した円筒状のセグメントで巧みに作られ、手描きされた釉薬タイルの巻かれた帯がねじれるようにアーチ状の入口を取り囲んでいる。

　サマルカンド、ブハラ、そしてより広域な中央アジアの建築は、色彩の建築である。釉薬タイルと内装の絵画は、職人の高度な技術と、非常に高い水準で概念を具現化する施工能力を示している。驚くべき細部へのこだわりが数多く存在する。しかし、過度なロマン化を避けるために、サマルカンドの壮大な建造物を築いた職人の中には、ティムールの征服後に、彼らの意に反してこの地に連れてこられた者も多かったという事実も認識しておく必要がある。

　とくにアナトリア（東トルコ）とアゼルバイジャンでは、非常に洗練された石造りの建築と装飾が見られる。アナトリアのセルジューク朝時代のアフラトの墓石（⇨ p.117）は、イスラム世界のどこにおいても最も熟練した石彫りの例として認められている。これらの墓石を彫った職人たちは、地域の建物にもこの技術を応用していたことは明らかである。12世紀から14世紀のアゼルバイジャンのナヒチェヴァンで働いていた建築家や石工についても、もっと多くのことが知られていればよいのだが、今のところ情報は限られている。この時代に、特異な形状と焼成された（時には釉薬がかけられた）煉瓦の非常に複雑で洗練された外装装飾を持つ廟がいくつか建設された。これらのファサードの幾

**オスマン朝　トプカプ宮殿
ハレム、浄めの泉のタイル装飾**
OTTOMAN: TOPKAPI PALACE TILES IN THE HALL OF THE ABLUTION FOUNTAIN, HAREM
トルコ　イスタンブール（1668年）
皇帝のハレム（⇨ p.129）は、床から天井まで、壁から壁まで、驚くほど多様で豪華な釉薬陶器タイルの使用で有名である。1666年の後、ハレムが改修された際に設置されたタイルのほとんどは、有名なイズニクタイルであるが、キュタヒヤの町で作られたキュタヒヤタイル（この写真のようなタイル）も見られる。

ハズレット・スルタン・モスク
HAZRET SULTAN MOSQUE
カザフスタン　アスタナ（2012年）
計画都市であるカザフスタンの首都アスタナは、壮大な建築プロジェクトで知られるようになった。2009年から2012年にかけて建設されたハズレット・スルタン・モスクは、中央アジア最大のモスクの一つである。4本のミナレットは高さ77mあり、1万人の礼拝者が収容できる。内装も外装も大部分が白で、カザフ風の装飾が施されている。このモスクは12世紀のスーフィー詩人アフマド・ヤサウィー（ハズレット・スルタンまたは聖なるスルタンとしても知られる）を称えて命名された。ヤサウィーはカザフスタン出身で、ティムールは彼のために廟を建立している（⇨ p.165）。

何学的構成は、イスラム幾何学デザインの歴史において最も洗練され、大胆なものの一部である。

　本章では、オスマン朝（1299－1922年）やティムール朝（1370－1502年）など、馴染みのある時代以外にも、建築史家から多くの注目を集めてきたにもかかわらず、あまり知られていない建物や物語も取り上げている。建築史家たちは年代記、影響、建築様式の進化を明らかにし、中央アジアとトルコ（そして隣接地域）が創造的にダイナミックで流動的な地域を形成していたことを示してきた。残っている建物からも明らかなように、その建築思想は広く採用され発展し流布したのである。

**サルトゥク朝
メリケ・ママ・ハトゥンの墓**
SALTUKID: TOMB OF MELIKE MAMA HATUN
トルコ　エルズィンジャン県テルジャン（13世紀）

ママ・ハトゥンは、1191年から1200年にかけてサルトゥク朝の君主（メリケ、つまり女王）であった。直径13mの環状壁に囲まれた彼女の墓は、トルコ建築の中でも最も注目すべき建築形式の一つである。入口の門扉は、石で彫られた複雑な幾何学的構成で囲まれ、各面にさまざまな幾何学模様が施された石製のムカルナス構造が特徴である。石で作られたカリグラフィー・パネルには設計者が「斜視のムファッダル」であることが記されている。ムファッダルは、精巧な幾何学的構成で知られる墓石（⇨p.117）で有名なアフラト出身であった。

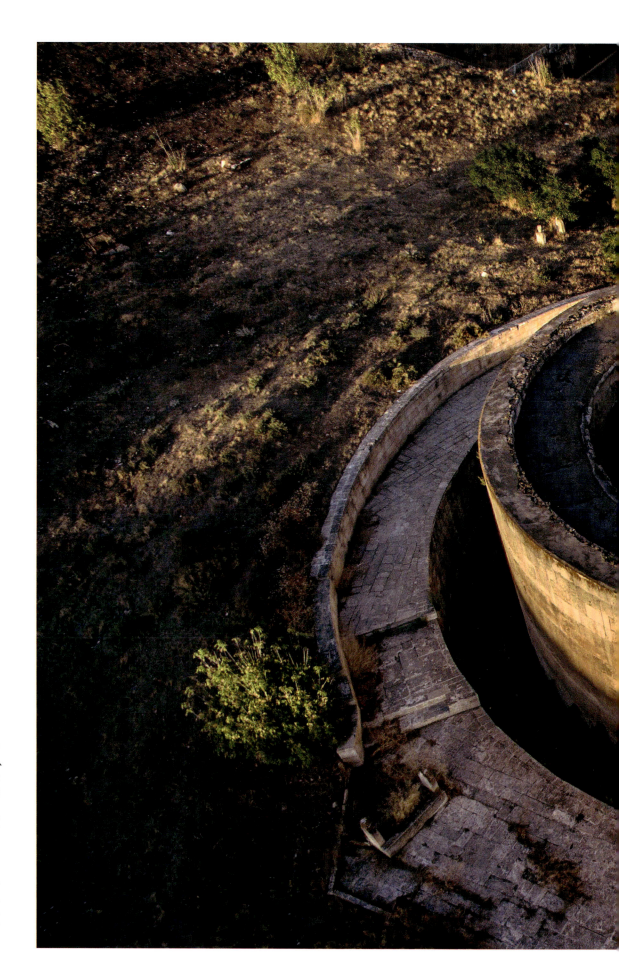

114 ｜ 第3章　トルコと中央アジア

第3章　トルコと中央アジア | 115

左頁
メンギュジュク朝
ディヴリイ大モスクと病院
MENGUJEKID: GREAT MOSQUE AND HOSPITAL
トルコ ディヴリイ（1229年）

最も壮麗とされたメンギュジュク朝の建築物は、エルズィンジャンにあったとされる。しかし、地震多発地帯のため遺構は残っていない。ディヴリイはエルズィンジャンほど重要な地ではなかったが、同地の「大モスクと病院」は、エルズィンジャンのメンギュジュク朝建造物がどのようなものであったかを知る手がかりになる。病院は、メンギュジュク朝で君主を最も長い期間務めたファクル・アルディーン・バフラムシャーの長女トゥラン・マリクの命により建設された。この複合施設は、アナトリア・セルジューク朝がメンギュジュク朝のほとんどを併合した直後に完成した。そのため、基礎石には新たな支配者の優勢を認める文章が追記されている。入口に落ちる影は祈りを捧げる人の姿に見えるとされる。

右
アルトゥク朝
マルディンの大モスク
ARTUQID: GREAT MOSQUE OF MARDIN
トルコ（1176年）

標高1,300mのマルディンは、シリアの広大な上メソポタミア平野を見下ろしている。城塞は難攻不落で知られ、サラディンやモンゴル軍も、街を占領したティムールも、陥落させられなかった。アルトゥク朝の統治者クトゥブ・アルディーン・アルガーズィーは、自身の統治を記念して、このモスクのために円柱形の石造ミナレットの建設を命じた。その基部には、バランスのよい角張ったクーフィー書体の銘文が細かく刻まれ、美しく配置されている。

左
アナトリア・セルジューク朝
アフラトの墓石
ANATOLIAN SELJUK: AHLAT TOMBSTONES
トルコ（12世紀―15世紀）

アフラトはトルコの東アナトリア地方にある古代の町である。12世紀から15世紀の間に造られた数千の墓石で知られている。セルジューク朝時代のメイダンリク墓地には最も装飾的な墓石がある。おそらくトルコ、さらにはイスラム世界でも最も熟練した石彫り技術がここに見られる。アフラトとその職人たちは、トルコの建築装飾に重要な影響を与えた。墓石には故人の名前、墓を建てた人の名前、そしてコーラン章句が刻まれている。表と裏は異なる装飾が施され、幾何学模様やランプ、竜、花のモチーフが描かれている。

第3章 トルコと中央アジア | 117

左頁および右
アナトリア・セルジューク朝
スルタンハン・キャラヴァンサライ
ANATOLIAN SELJUK: SULTANHANI CARAVANSERAI
トルコ　アクサライ（1229年）

セルジューク朝のアナトリアにある約250のキャラヴァンサライの中で、この建物が最大であり、シリアの建築家ムハンマド・イブン・ハルワーン・アルディマシュキーによって建てられたものである。正面の壁は幅50mある。高さ13mの正面入口のピーシュターク（⇨p.118）には複雑な幾何学模様で縁取りされた、美しい石造りのムカルナス装飾が施されている。中庭の中央にはセルジューク朝のキャラヴァンサライに典型的な、小さな独立したキオスク・モスク（右）がある。アーチの上に建てられており、外部の石段から入ることができる。

上および右
エシュレフ朝
エシュレフォール・モスク
ESHREFID: EŞREFOĞLU MOSQUE
トルコ　ベイシェヒル（1299年）

ベイシェヒルはエシュレフ・ベイリク（アナトリアの準独立公国）の首都であり、栄える文化の中心地であった。エシュレフォール・モスクは、現存する数少ないこの時代の木造モスクの一つである。屋根は、長さ7.5mのヒマラヤ杉の柱42本で支えられ、塗装された木製のムカルナス装飾が施されている。中央のホールには、カルリクと呼ばれる、深さ少なくとも3mの雪のための大きな穴がある。冬になると、屋根の雪がこの穴にかき込まれ、夏に備えて貯蔵されていた。氷によって生じる湿気は、木製の梁の保存に役立ったと考えられる。

左
アナトリア・セルジューク朝 ギョク・マドラサ
ANATOLIAN SELJUK: GÖK MADRASA
トルコ　シヴァス（1271年）

このマドラサが建設された頃、アナトリア・セルジューク朝はもはや独立勢力ではなく、モンゴル支配者の後ろ盾によって存続する状態であった。1271年にセルジューク朝の宰相サーヒブ・アタ（下記参照）の命により、シヴァスに3つのマドラサが建設された。ギョク・マドラサの様式と装飾は、13世紀のイランや東アジアにあったモンゴルの建物（ほとんどが現存せず）の手がかりになると考えられている。正面入口の両側には建築家カユヤン・アルコナヴィの名前が刻まれている。これは最も装飾的なアナトリア・セルジューク朝のマドラサの一つであり、2つのミナレットは煉瓦と黒と青の釉薬タイルで作られている。ファサードは大きな要素と細部にまでこだわった石彫りで造られている。4つのイーワーンを持つ中庭を中心に設計されており、かつてはもっと大規模な複合施設の一部であった。

右
アナトリア・セルジューク朝　インス・ミナレリ・マドラサ
ANATOLIAN SELJUK: INCE MINARELI MADRASA
トルコ　コンヤ（1265年）

上の写真のような建物を発注したのは、アナトリア・セルジューク朝時代の偉大な建築家の一人であるセルジューク朝の宰相のサーヒブ・アタであった。このマドラサは、ほかの多くのセルジューク朝のマドラサとは異なり、入口の上部にムカルナス構図を持っていない。代わりに、互いに絡み合う文様帯と幾何学模様、植物文様で構成された精巧な石造デザインを有している。建設が命じられた当時、セルジューク朝はもはや独立しておらず、1243年に戦場でモンゴル軍に敗北していた。しかし、建設活動は続けられ、モンゴルの影響も見ることができる。建築家はコリュク・ビン・アブドゥッラーで、サーヒブ・アタのほかのいくつかの建設計画にも携わっていたと考えられている。「インス・ミナレリ」は「細いミナレット」を意味し、20世紀初頭にミナレットの大部分は崩壊した。

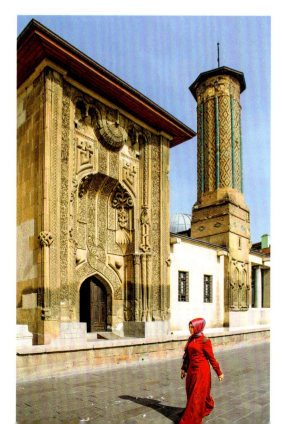

上および右
**アナトリア・セルジューク朝
コンヤ城塞 翼のある天使**
ANATOLIAN SELJUK: KONYA
CITADEL WINGED ANGELS
トルコ（13世紀）
19世紀まで、コンヤにはまだ市壁が残っていた。数世紀にわたる訪問者の記述から、壁は彫像（市への門のすぐそばにある巨大な首なしのヘラクレス像を含む）や13世紀の翼のある天使のような石のレリーフで飾られていたことが明らかになっている。これらはコンヤの富と安全を誇示するものであり、魔除けとしての力があると信じられていた。19世紀の描画（右）には、コンヤのアーチ型の入口を持つ正方形の門柱が示されており、その両側には翼のある天使が描かれているが、現在は2つの異なる博物館のコレクションに収蔵されている。

第3章　トルコと中央アジア | 121

左
**カラマン侯国
ダムサコイ・タシュキンパシャ・
モスクのミフラーブ**
KARAMANID: MIHRAB FROM
THE DAMSAKÖY
TAŞKINPAŞA MOSQUE
トルコ　カッパドキア（14世紀中頃）

このミフラーブはクルミの木だけでできており、非凡な職人技で彫刻され、並外れた構成能力を示している。大きさは3.5m x 2mで、コーラン章句が書かれた2つのカリグラフィー帯で縁取られている。キールアーチとその内側の小アーチには、複雑に彫刻された植物文様の飾り縁が複数見える。アーチの上には、十二角星形の幾何学構図がある。アナトリア唯一の木製ミフラーブで、現在はアンカラ民族学博物館に展示されている。

右
ルーミーの墓
RUMI'S TOMB
トルコ　コンヤ（1274年）

この墓地とその周辺の建造物のある場所は、元々バラ園で、セルジューク朝のスルタンが1228年にルーミーの父親である神学者へ贈ったものであった。ペルシアの詩人でありスーフィズム神秘主義者であったルーミーは、ここで父親の隣に埋葬された。ルーミーの息子やほかのスーフィー教団の長たちの墓も、この墓の周りに建てられた。1369年にカラマン侯国は、今や墓の最も特徴的な視覚的要素となっている円錐形で溝の入ったトルコ石の塔を建設した。墓碑銘にはこう記されている。「我らが死んだら、地上に我らの墓を求めるな。人々の心にこそ見いだせ」

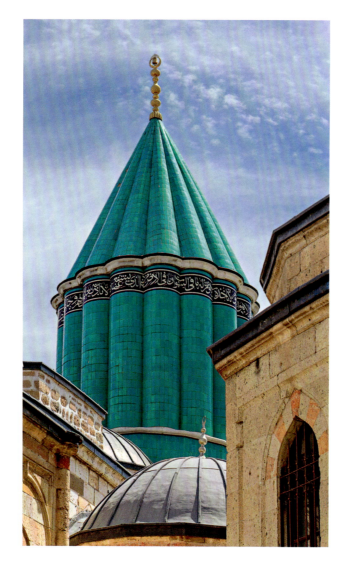

右頁
オスマン朝　ブルサ大モスク
OTTOMAN: GREAT MOSQUE OF
BURSA
トルコ（1399年）

ブルサはオスマン帝国最初の首都であった。ブルサ大モスクは、すべて同じ大きさで5 x 4の格子状に配置された20のドームを持っている。中央のドームの下には、18面の大理石のシャディルヴァン（プールに設置された噴水）があり、その上の屋根の大きな開口部から中央空間へと光が注ぎ込まれる。モスクのクルミ製のミンバルは、イスラム世界で最も優れたものの一つであり、美しく非常に大きい。建築家アリー・ネッジャルによって設計されたこのモスクは、オスマン朝がニコポリスで十字軍軍勢に勝利した後、戦利品によって資金提供され建てられた。

左

オスマン朝 シャレナ・モスク
OTTOMAN: ŠARENA MOSQUE
北マケドニア テトヴォ（1495年）
シャレナ・モスクは、元々1495年に建てられ、70年後にオスマン朝パシャの2人の娘、フーシデとメンスレの主導で改修された。1833年にアブデュルラフマーン・パシャによって再建された。モスクの内外にある非常に精巧でカラフルな塗装装飾はこの時期のもので、顔料を有機結合剤（この場合は卵）と混ぜ合わせるセッコ技法で施されている。モスク全体を描くのに3万個の卵が使用されたと言われている。

右

**オスマン朝
エユップ・スルタン・モスク**
OTTOMAN:
EYÜP SULTAN MOSQUE
トルコ イスタンブール（1458年）
このモスクの名前の由来となったアブー・アイユーブ・アルアンサーリーは、預言者ムハンマドの近しい仲間であり、唱道者でもあった。彼はコンスタンティノープルの最初のアラブ包囲戦（674－78年）で戦死した。モスクの敷地内には彼の墓を納めた霊廟があり、毎日何千人もの参拝者が訪れる。ムスリムの間で非常に崇敬されており、イスタンブールで最も神聖な場所とされている。霊廟は鮮やかでカラフルなイズニクタイルで完全におおわれており、オスマン美術と建築の壮麗さを体現している。

上および右
オスマン朝　ブルー・モスク
OTTOMAN: BLUE MOSQUE
トルコ　イスタンブール（1617年）

スルタン・アフメト1世は13歳で即位し、帝国の勢力が衰退する中、統治を行った。彼自身の軍事的勝利もないままイスタンブールに新しいモスクを建設し、戦利品ではなく国庫資金を使ったことは、論争を巻き起こした。しかし完成すると、イスタンブールのスルタンモスクの中で最も美しいモスクの一つとされた。首席宮廷建築家メフメト・アガによって設計されたこのモスクは、6本のミナレット、5つの主要ドーム、8つの副次的なドームを持ち、イズニク産の釉薬のかかったセラミックタイルが大量に使用されているため、ブルー・モスクとして知られている（正式名称はスルタン・アフメト・モスク）。アフメトはモスクの除幕式からわずか3ヶ月後、27歳で亡くなった。

第3章　トルコと中央アジア | 125

オスマン朝　セリミエ・モスク
OTTOMAN: SELIMIYE MOSQUE
トルコ　エディルネ（1575年）

オスマン朝の巨匠建築家・土木技師ミマール・スィナンが80代のときに設計したものであり、彼にとってのみならず、オスマン建築にとっても最高傑作である。セリム2世によって建立されたこのモスクは、マドラサ、小学校、屋根付き市場、ムワッキト（モスクの時刻管理者）の住居など、より広大な複合施設（キュリイエスィ）の一部となっている。とくに内部空間の構成が素晴らしく、スィナンが精神性を喚び起こし畏敬の念を抱かせる体験的環境を生み出すことに対して、熟練した技量を持っていたことを示している。

126 ｜ 第3章　トルコと中央アジア

上
オスマン朝
イェニ・ヴァーリデ・モスクの鳥小屋
OTTOMAN: BIRDHOUSE, YENI VALIDE MOSQUE
トルコ　イスタンブール県ウスキュダル（1710年）

トルコでは、モスクや家屋の日の当たる面に、よく鳥小屋が置かれている。オスマン朝の人々は、伝統的にスズメ、ツバメ、ヒワなどの小鳥のためにこのような構造物を造った。鳥小屋は、モスクや宮殿のような外観をした凝った造りの多階建てに多く見られる。小動物を助けることは「セヴァブ（善行）」と考えられており、神の恩寵を得る行為とされていた。また、神の創造物に対する慈悲心を持つよう人々に促す役割も果たしていた。

左
オスマン朝
ベフラム・パシャ・モスク
OTTOMAN: BEHRAM PASHA MOSQUE
トルコ　ディヤルバキル（1572年）

偉大な宮廷建築家ミマール・スィナンによって設計されたこのモスクは、ほぼ全体が交互に積み重ねられた白と黒の切石でおおわれている。内部では、イズニクタイルが壁の下部を飾っている。中庭を取り巻く柱には、複雑な組み紐状の彫刻が施されている。入口の上には見事なムカルナス装飾があり、その表面にはすべてヘリンボーン（矢筈）模様が彫られている。このモスクは、オスマン建築デザインの最も革新的で創造的な側面を示している。

右
オスマン朝 トプカプ宮殿 ハレム 浄めの泉の間の二重扉
OTTOMAN: TOPKAPI PALACE DOUBLE SHUTTERS IN THE ABLUTION FOUNTAIN HALL, HAREM

トルコ イスタンブール（1668年）

ハレムは、スルタンとその家族が住居としていたトプカプ宮殿の一部である。400以上の部屋が中庭を囲むように配置されている。この木製扉の中央パネルは五重の構成になっており、中央には十角星形のデザイン、角には4分の1の十角星形が配されている。職人たちは中央パネル以外の部分で創造性を発揮することができた。このような装飾には、通常、真珠母貝、鼈甲、骨などが使われていた。トプカプ宮殿には、宝石細工師、製本者、武器製造者、木工職人など、ほとんどの工芸職種のための工房が置かれていた。彼らは総称して「エヘル・イ・ヒュレフ（才能ある者たちの共同体）」と呼ばれていた。

第3章 トルコと中央アジア | 129

130 | 第3章 トルコと中央アジア

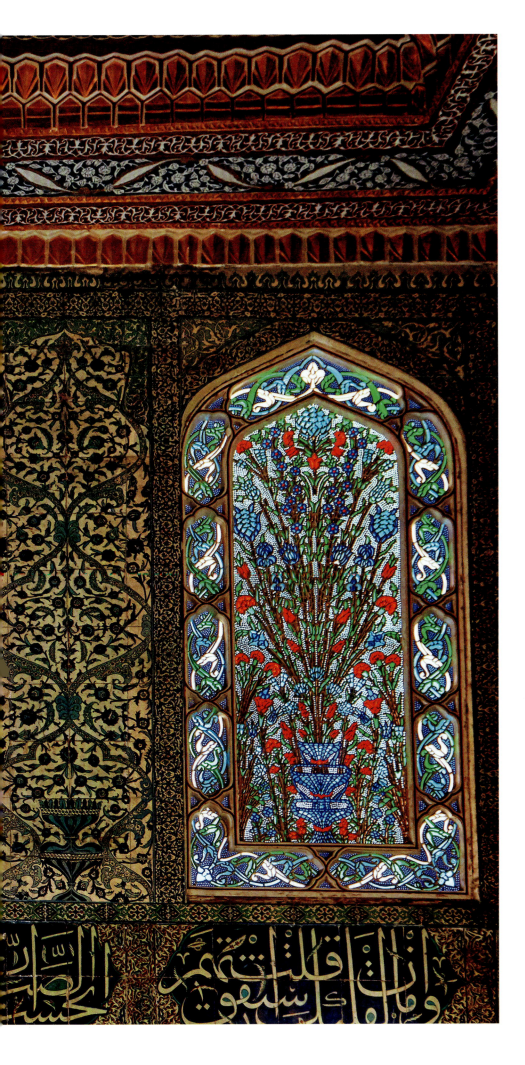

オスマン朝　トプカプ宮殿 双子のパヴィリオン／皇太子の住居
OTTOMAN: TOPKAPI PALACE TWIN KIOSKS / APARTMENT OF THE CROWN PRINCE

トルコ　イスタンブール（1600年）

トプカプ宮殿は15世紀に建てられたが、このオスマン帝国のハレムにある2つの部屋は1600年頃のものとされている。スルタンの王位継承権を争う男性親族はオスマン帝国にとって脅威であった。このような豪華な住居は「カフェス（牢）」制度の一部であり、王位を主張することを防ぐために将来の王位継承者が何年も閉じ込められた場所であった。1687年にスレイマン2世が即位したときには、彼はトプカプ宮殿のカフェスで46年間過ごしていたのである。美しい窓は、漆喰にガラス片を象嵌したものでできている。まず、木枠を作ってそこに漆喰を流し込む。そして乾いた漆喰から彫り出されたデザインに、ガラス片が後ろからはめこまれた。このような窓を作るのにはほぼ1年かかり、壊れやすい漆喰を傷つけるリスクがつねに存在した。

第3章　トルコと中央アジア | 131

左

イレミット・モスク
IREMIT MOSQUE
トルコ　アルトヴィン県マラール
（1851年）

このモスクは栗の木で建てられ、内部の装飾はおもにクルミ材が使われている。マラールはトルコとジョージアの国境に近い、人里離れたマチャヘル渓谷に位置する。渓谷にはほかにもユニークな木造モスクがいくつかある。オスマン朝時代に建てられたものだが、村の人々によって建設され装飾が施された地元ならではのデザインとなっている。内部の赤い塗料は、村の人々が伝統的な薔薇蘇芳（バラのマダー）顔料を使用して作ったものである。

右頁

シャイフ・ハムザ・ザフィールの墓
SHEIKH HAMZA ZAFIR TOMB
トルコ　イスタンブール県イルディズ
エルトゥールル・テッケ（1905年）

リビアのスーフィー指導者シャイフ・ザフィールは、30年以上にわたってオスマン朝のスルタンであるアブデュルハミト2世の精神的および政治的アドバイザーであった。彼の墓は、エルトゥールル・テッケ・モスク複合施設内にあり、スルタンの宮廷首席建築家であるレイモンド・ダロンコによって建てられた。ダロンコはイスタンブールにアール・ヌーヴォー建築を紹介し、イスラム建築と当時の流行建築様式を融合させようとした。このシャイフの墓は、ユーゲントシュティール（ドイツとオーストリアのアール・ヌーヴォー建築）の曲線的な形状と、オスマン朝の墓の伝統的な要素が組み合わされている。

p.134―135

サキリン・モスク
SAKIRIN MOSQUE
トルコ　イスタンブール（2009年）

しばしばトルコで最も現代的なモスクと呼ばれるこの建物は、内装は女性デザイナーゼイネブ・ファディッリオールによって設計された（建築家はヒュスレフ・タイラ）最初のモスクである。セミハとイブラーヒーム・サキルという名高いトルコの慈善家夫妻を偲んで、彼らの子どもたちによって建てられた。このモスクの特徴としては、女性のための礼拝スペースとして大きな目立つバルコニーがあり、異例のことに女性は男性と同じく正面玄関からモスクに入る。モスクには2つのミナレット、アルミニウム複合材で作られたドーム、アクリル製のミンバルがあり、美術展覧会のためのスペースも備えている。

上
スムンジュ・ババ廟堂 複合施設
TOMB COMPLEX OF SOMUNCU BABA

トルコ　ダレンデ（17世紀／20世紀）

東トルコにある景勝地の渓谷に位置するこの廟堂複合施設は、年間80万人以上の参拝者を集めている。シャイフ・ハミト・イ・ヴァリ、通称スムンジュ・ババは、14世紀のイスラムの教師で、聖人として崇められている。ブルサ大モスク（⇨ p.122）が完成した直後に、そこで最初の金曜説教を行った。彼の墓は17世紀のモスクの中にあり、その隣には、放射状に広がる八角星形をした巨大な木製の天井を持つ新しいモスクがある。

136 | 第3章　トルコと中央アジア

上
サンチャクラル・モスク
SANCAKLAR MOSQUE
トルコ　イスタンブール（2013年）
イスタンブールの郊外にある傾斜地に建てられたこのモスクは、見る位置によっては平らな屋根とミナレットしか見えないことがある。建築家エムレ・アロラットは、意図的に、形態ではなく宗教空間の本質に焦点を当てることを目指した。薄灰色の石材と鉄筋コンクリートで構築され、人工と自然の境界を曖昧にする。中央礼拝室は段差のある床を持ち、女性は男性とは区切られず隣り合って礼拝する。天井の形状は、礼拝室を洞窟のように見せている。トルコではとくに珍しく、モスクとしては異例なことに、ドームがない。

第3章　トルコと中央アジア　| **137**

サーマーン朝　サーマーン廟
SAMANID: TOMB OF THE SAMANIDS
ウズベキスタン　ブハラ
（9世紀後半―10世紀初頭）

サーマーン廟は、イスラム世界最古級の墓の一つであり、ゾロアスター教の火の神殿に似ている。ほぼ一辺10mのやや先細りの立方体であり、上部には半球形のドームがのっている。焼成煉瓦がバスケット織り状に見えるように積み上げられており、正方形の壁面からドームの円形基部へ移行する際に生じる問題を解決するためのスクインチという技法が用いられた初期の建築物の一つでもある。

第3章　トルコと中央アジア｜139

上
チャガタイ・ハーン国
ブヤン・クリ・ハーン霊廟
CHAGATAI-KHAN: MAUSOLEUM OF BUYAN-QULI KHAN
ウズベキスタン　ブハラ（1358年）

チャガタイ・ハーン国の支配者であったブヤン・クリの廟で、青色のさまざまな色調で釉薬をかけた最高級のテラコッタ彫刻が収められている。カリグラフィーはラベンダー色、藍色、白色、青色、マンガン（ほぼ黒に見える）で縁取られており、淡い青色の釉薬には緑がかった色合いが見られる。写真ではスパンドレル装飾の一つが示されているが、継ぎ目が見られないため、この巨大な装飾は窯で一度に焼成された可能性がある。

右頁
ティムール朝　シャーヒ・ズィンダ廟群
TIMURID: SHAH-I-ZINDA NECROPOLIS
ウズベキスタン　サマルカンド（14−15世紀）

シャーヒ・ズィンダ（「生ける王」の意）は、預言者ムハンマドの従兄弟であるクサム・ビン・アッバースを指し、彼がここに埋葬されている。この複合施設は、基本的に細長い通路で、その両側に廟が並んでいる。廟のほとんどは、1360年から1436年の間にティムール朝の支配層のために建てられた。この場所の多くはティムール朝の宮廷の女性たちと関連しており、精巧なタイル装飾が施されたこの複合施設の壮麗さと圧倒的な美しさは、おもに女性の後援者によって生み出された。ティムールの主要な妻や姉妹、乳母もここに埋葬されている。ティムールの姉妹の一人であるシーリーン・ビガ・アガの墓の入口には、愛する人との別れの苦しみについてのソクラテスの言葉が記されたカリグラフィーがある。それは重要かつ人気のある11世紀の書籍、ムバッシルの選りすぐりの格言から引用されている（偶然にも、英語で印刷された最初の本の一つである）。

140　│　第3章　トルコと中央アジア

ティムール朝　レギスタン
TIMURID: REGISTAN
ウズベキスタン　サマルカンド
（1420－1659年）

サマルカンドの中心に位置するレギスタンは、60m×110mの広場であった。14世紀にティムールは、広場の真ん中にあるレギスタンの両側に、市門から市門までの屋根付きの商店街を建設したが、数世紀にわたって変化を遂げてきた。広場に面した3つのマドラサがあり、それぞれがおもに空色と青色の釉薬タイルで華麗に装飾されている。左から順に、ウルグ・ベク・マドラサ（1420年）、ティリャ・コリ・マドラサ（1659年、⇨p.145）、そしてシェル・ドル・マドラサ（1636年）である。

第3章　トルコと中央アジア | 143

左頁
**シャイバーン朝
ティリャ・コリ・マドラサ**
SHAYBANID:
TILYA-KORI MADRASA
ウズベキスタン　サマルカンド
（1659年）

ビビ・ハヌム・モスクが倒壊し、本来の機能を果たせなくなったため、ティリャ・コリ・モスクはサマルカンドの金曜モスクとなった。広大な中庭は三方が学生のための勉強室と寝室に囲まれている。残りの一面には、金曜礼拝に充分な広さを持つ大きな礼拝堂と隣接する部屋がある。「ティリャ・コリ」は「金の作品」を意味し、その礼拝堂の金箔装飾のクンダル浮彫絵（⇨ p.111）を指す。これはレギスタン（⇨ p.143）の主要な3つの建物の一つであり、最後に建てられたものだ。

上
**シャイバーン朝
バラク・ハーン・マドラサ**
SHAYBANID: BARAK KHAN MADRASA
ウズベキスタン　タシュケント（16世紀）

ティムール朝を倒したシャイバーン朝は、タシュケントの総督にバラク・ハーンを任命した。バラク・ハーンの父親は、正体不明の聖職者の廟の隣にハーンカード（スーフィー教団の宿舎）が付設された廟に埋葬された。1550年代、バラク・ハーンはこれらの建物を連結させ、マドラサを増築した。中央には大きなピーシュターク、両脇には高い鼓胴の上に2つのドームを持つ、統一されたファサードを築いた。このマドラサは、ハスト・イマーム複合施設の一部となっている。ここには預言者ムハンマドの死後19年後である西暦651年、カリフ、ウスマーンの治世中にメディナで編纂された、世界最古のコーランを収蔵する図書館も含まれている。

第3章　トルコと中央アジア | 145

上
ジャーン朝
ナディール・ディヴァンベギ・マドラサ
JANID: MADRASA OF NADIR DIVAN-BEGI
ウズベキスタン　ブハラ（1623年）
ブハラにはかつて、街中に多くの貯水池（ハウズ）が点在していた。そのうちの一つは、ククルダーシュ・マドラサ（1569年）、ナディール・ディヴァンベギ・ハーンカー（1620年）、およびナディール・ディヴァンベギ・マドラサという3つの建物から成るリヤビ・ハウズ複合施設によって囲まれている。マドラサで最も目を引くのは、入口のアーチ上部のスパンドレルにある非常に大きなカットセラミックタイルの装飾である。それらは、顔を持つ太陽の円盤へ向いている2羽の鳥（おそらくペルシア神話の生き物であるスィームルグ）を描いている。どちらの鳥も爪で鹿を捕まえている。

右頁
ヒヴァ・ハーン国
カルタ・ミナール
KHANATE OF KHIVA: KALTA MINAR
ウズベキスタン　ヒヴァ（1855年）
この未完成のミナレットは、ヒヴァの支配者ムハンマド・アミーン・ハーンによって建設が命じられた。当初の高さは70mの予定で、400km離れたブハラが見えるほど高いと考えられていた（だが、そのためには標高1万2,000mが必要だった）。ハーンの死後、建設はわずか26mで中止された。ミナレットは、ヒヴァの特徴的な青、緑、黄、白の幾何学模様の釉薬煉瓦で飾られている。

ジャーン朝　ボロ・ハウズ・モスク
JANID: BOLO HAUZ MOSQUE
ウズベキスタン　ブハラ（1712年）

このモスクは金曜モスクとして建てられたが、実質的には支配者ハーンの私設モスクとして使われていた。ハーンは有名なアルク要塞にある自宅から広場を横切って徒歩で通っており、その通路は絨毯で完全におおわれていた。イーワーンの塗装された木製の天井とそれを支える柱は、中央アジアで最も美しいものの一つである。ブハラは極端な気温差があり、モスクはそれを考慮に入れて建てられている。中央にある冬のモスクは壁が厚く、閉め切って暖かく保つことができる。夏は非常に暑いため、東向きのイーワーンが涼しい空気を運び入れる。

第3章　トルコと中央アジア

下
グンバズ・シナゴーグ
GUMBAZ SYNAGOGUE
ウズベキスタン　サマルカンド
（1891年）

この現在も使われているシナゴーグは、ウズベクの職人によって建設された。建物の中央にある主要な空間は円形で、ドーム（グンバズ）でおおわれている。シナゴーグの奉納銘板はヘブライ語で書かれており、「シナゴーグはラビ・ラファエル・ビン・モーシェ・ノーシ・カロンタールの意志と資金によって、妻のツィポラを偲んで建立された」と記されている。サマルカンド、ブハラなどのユダヤ人コミュニティーが、古いシナゴーグを再建したり、新しいものを建てたりすることが許されたのは、19世紀後半のロシアによる中央アジア征服の後でのことであった。

グンバズ・シナゴーグ

150 ｜ 第3章　トルコと中央アジア

上

**イナーク朝／ヒヴァ・ハーン国
タシュ・ハウリ宮殿**
INAQID / KHANATE OF KHIVA: TASH HAULI PALACE
ウズベキスタン　ヒヴァ（1838年）

この広大な宮殿建築群は、ヒヴァの支配者アッラー・クリ・ハーンによって建てられた。2つの小さな中庭に加え、非常に広大なハレムの中庭がある。2階建てのイーワーンは、夏に涼しい北風を取り込むために北向きに建てられている。壁面は、ヒヴァ伝統の青、ターコイズ、白の美しいセラミックタイルで飾られている。タイル装飾は、アブダッラーとイバダッラー・ジン兄弟によって手がけられた。中庭を囲むイーワーンの木製の天井は、幾何学模様、花柄、金赤色の配色で書かれたカリグラフィーで飾られている。最高級のホラズム地方の木彫り伝統を受け継ぐ繊細な彫刻を、木の柱や扉に見ることができる。

第3章　トルコと中央アジア｜151

右
ノー・グンバド・モスク
NOH GUMBAD MOSQUE
アフガニスタン　バルフ（8－9世紀）
この小さなモスクの大きさはわずか20m×20mである。元々は9つの煉瓦のドームがあったが、現在は4本の柱と1つのアーチしか残っておらず、サーサーン朝時代の装飾様式と発展途上のイスラム様式の融合を垣間見ることができる。建物全体は、ブドウの葉、蔓草模様、松かさ、パルマ状装飾などの精巧な彫刻が施された漆喰でおおわれている。かつては鮮やかに彩られていたと考えられている。

左
ゴール朝　ジャムのミナレット
GHURID: MINARET OF JAM
アフガニスタン（12世紀後半）
アフガニスタンで最も有名なモニュメントの一つであるこの巨大なミナレットは、岩だらけの谷間にぽつんと孤立して建っている。焼成煉瓦だけで造られた高さ65mのミナレットは、カリグラフィー、煉瓦模様、スタッコ、そして釉薬煉瓦で精巧に装飾されている。外壁には、コーランの第19章「マルヤム章」の全文をはじめとするさまざまな文章が銘刻されている。一般的には、このミナレットがゴール朝の夏の首都であるフィロズコーの唯一の遺跡であるとされ、デリーのクトゥブ・ミナール（⇨ p.65）の着想源となったと言われている。

右頁
ガズナ朝
マスード3世のミナレット
GHAZNAVID: MINARET OF MASUD III
アフガニスタン　ガズニ（12世紀）
19世紀の描画によると、ミナレットは当初、現在の高さ20mの2倍以上あったことが示されており、失われた円筒状の上半分があった。写真の背景には、マスード3世の息子で後継者であるバフラム・シャーのもう一つのミナレットがあるが、これは50年後に建てられたものである。父親のミナレットの外部装飾ははるかに精巧で、ファサードにはパネルの装飾帯が8段ある。これらは、煉瓦による模様と彫刻されたテラコッタの碑文、そして花柄と絡み合った幾何学模様で満たされている。どちらのミナレットも、図面では八角星形として設計されている。

152 | 第3章　トルコと中央アジア

ゴール朝　ヘラートの金曜モスク
GHURID: FRIDAY MOSQUE OF HERAT
アフガニスタン（13世紀初頭）

ヘラートの金曜モスクは、以前のモスクの敷地に建てられ、中央の中庭には3つのイーワーンおよびミフラーブ前の広場の大きなドームがあり、すべて煉瓦造りとなっている。ティムールの妻であるガウハル・シャードが1417年に旧市街の外に新しい金曜モスクを建設したにもかかわらず、この古いモスクは700年後の今でも、依然としてヘラートの中心となっている。モスクは何度も改修されており、ティムール朝様式の豪華な釉薬タイルは、1940年代に開始された進行中の修復プロジェクトの一部である。

第3章　トルコと中央アジア | 155

左および左下
トゥラベク・ハヌム廟
TURABEK KHANUM MAUSOLEUM

トルクメニスタン　クニャ・ウルゲンチ
（14世紀後半）

全イスラム建築の中でも最も精巧に装飾された建造物の一つであるこの廟の内部は、ほかでは見られない色（赤、金、茶、黄緑、鮮やかな黄色）の何千もの釉薬付きセラミックタイルの破片でびっしりとおおわれている。ドームの内部のタイル装飾は、星や五角形などの幾何学模様と、さまざまな花や植物のモチーフで構成された、天空の象徴的な光景を表している。外観も同様に、釉薬付きセラミックタイルで完全におおわれていたと考えられる。建設時期は不明であるが、ティムール自身によって建立が命じられた可能性もある。トゥラベク・ハヌムとそれにまつわる伝説については、p.317を参照。

右頁
イル・ハーン朝　グディ・ハトゥン廟
ILKHANID: GUDI KHATUN MAUSOLEUM

アゼルバイジャン　ガラバグラル
（1338年）

この廟複合施設は、チンギス・ハーンの孫でイル・ハーン朝の創設者フレグ・ハーンの妻グディ・ハトゥンを称えて建てられた。外観は、釉薬付きと無釉薬の煉瓦の対角線模様でおおわれた12個の半円柱で構成されており、角張ったクーフィー書体の構図を作り出している。内部には2つの部屋があり、下部はアーチ型の地下室になっている。塔には当初、円錐形の屋根があり、施釉煉瓦と無釉煉瓦で装飾されていたと考えられている。

右
ホラズム朝　クトゥルグ・ティムール・ミナレット
KHWARAZMIAN: KUTLUG TIMUR MINARET

トルクメニスタン　クニャ・ウルゲンチ
（11世紀—1336年）

数km先からも見えるこのミナレットは、高さ62mで、基部の直径は12mあり、先端に向かって細くなり、上部で直径2mになる。建設は11世紀初頭に始まったが、クトゥルグ・ティムールの治世になってから300年以上経ってようやく完成した。ミナレットへの入口は、かつてそれが属していた金曜モスクの屋根経由で接続されていたため、地面から数m離れている（クトゥルグ・ティムールの妻であるトゥラベク・ハヌムによって発注され、後に破壊された）。元々は上部にプラットフォームがあり、望楼や灯台としても機能していた可能性がある。トゥラベク・ハヌムの廟は、ミナレットの近くに見える（上図参照）。

シャキ・ハーン国
シャキ・ハーン宮殿
SHAKI KHANATE: PALACE OF SHAKI KHANS

アゼルバイジャン　シャキ（1797年）

シャキ・ハーン国支配者たちの夏の離宮として、建築家ハジ・ゼイナルアブディーン・シーラーズィーによって建てられた。コーカサス山脈の麓にあるこの2階建ての宮殿は、左右対称のファサードが特徴的である。中央部分には2階にわたって大きな木製の窓が並び、フランスのステンドグラスで彩られている。木の枠組みはロシア産のもので、内部にはイラン産のムカルナス装飾が施されている。

158 ｜ 第3章　トルコと中央アジア

左
ユースフ・イブン・クサイル廟
MAUSOLEUM OF YUSUF IBN KUSAYR
アゼルバイジャン　ナヒチェヴァン
（1162年）

12世紀のアゼルバイジャンでは、イスラム建築の中で最も複雑で完成度の高い幾何学的な構図と構造がいくつか生み出された。この八角形の廟は、名だたる建築家アジャミー・イブン・アブーバクル・ナヒチェヴァニーによって設計され、焼かれた煉瓦で造られたもので、その優れた例である。アジャミーは、12世紀のアゼルバイジャンのミマール・スィナンのような存在であった。彼は宮殿、金曜モスク、マドラサ、廟、政府建造物を建設した。建物に刻まれる彼の署名は次第に大きくなり目立つようになっていった。彼はナヒチェヴァン建築学派として言及される設計の遺産を作り出した。

上

シャイフ・ムスリヒディーン複合施設
SHEIKH MUSLIHIDDIN COMPLEX
タジキスタン　フジャンド
（11－14世紀）

12世紀、シャイフ・ムスリヒディーンは、中央アジア最古の都市の一つで重要な交易拠点でもあるフジャンドを支配していた。彼は奇跡を起こす聖人としても知られていた。何世紀にもわたり、彼の廟は何度か再建された。廟はハーンカーになり、さらにモスクとミナレットが増築された。最近では、菱形の鱗が輝く青緑色のドームを有するシャイフ・ムスリヒディーン・マドラサが建設された。

下

ムハンマド・バシャラ廟
MAZAR OF MUHAMMAD BASHARA
タジキスタン　マザーリシャリーフ（1362年）

小さな川のほとりにあり、山々の斜面に切り込まれた、この小さなドーム型の墓は、中央アジアで最も繊細な彫刻のあるテラコッタ装飾を持っている。アーチ状の入口は、カリグラフィーの帯状文様を施した釉薬テラコッタと、幾何学模様やさまざまなデザイン要素を彫り込んだテラコッタの柱で縁取られている。すべてが、青とターコイズ色のマジョリカ釉薬煉瓦と釉薬のカリグラフィーで縁取られ、ちりばめられている。ムハンマド・バシャラについては何も知られていないが、彼の墓は巡礼地となっている。

第3章　トルコと中央アジア | 161

右

カラ・ハーン朝　ブラナ塔
QARAKHANID: BURANA TOWER
キルギス　チュイ渓谷（11世紀頃）

かつて高さ40mを誇っていたこの古代のミナレットは、シルクロードの重要都市バラサグンの唯一の遺構である。この都市は10世紀から14世紀にかけて強大なカラ・ハーン帝国の首都であった。ミナレットの入口が地面から数m上にあるのは、以前はバラサグンの金曜モスクに接続されていたためである。このミナレットとその煉瓦装飾のパターンは、イランや中央アジアの多くのミナレットのモデルとなった。

下

イスマーイール派 ジャマトハーナ＆センター
ISMA'ILI JAMATKHANA AND CENTRE
タジキスタン　ホログ（2018年）

パミール山脈のふもとに位置し、急流のグント川の岸に建てられたこの複合施設は、タジキスタンのイスマーイール派コミュニティー（ジャマト）のために作られた。中央の入口は、地元のパミール建築様式と周辺のポプラ並木を彷彿とさせるデザインが特徴的である。背の高い木柱が突き出した屋根を支え、巨大で開放的なファサードを作り出している。礼拝堂の木製天井は、5本の木柱で支えられており、パミールの家屋によく見られるように、サイズが次第に小さくなる正方形が正方形の中に回転するように構成されている。内外の壁や床には地元の花崗岩が使用されている。設計は、FNDAアーキテクチャ所長であるファルーク・ヌールムハンマドによって行われた。

右頁

カラ・ハーン朝 アーイシャ・ビビ廟
QARAKHANID: AISHA BIBI MAUSOLEUM
カザフスタン　タラズ（11－12世紀）

無数の模様が施されたテラコッタタイルでおおわれたこの霊廟は、カラ・ハーン朝の支配者が、結婚を望んだが両親に反対されたアーイシャ・ビビという女性を偲んで建立したものである。密かに彼に会うために旅をしていたアーイシャ・ビビは、蛇に噛まれ命を落とした。12世紀に作られた当初のテラコッタタイルは、先細りになった煉瓦の端のような形状で、厚さ80cmの壁に深く埋め込まれていたため、何世紀にもわたって外装を保つことができた。この霊廟は永遠の愛と結び付けられ、今ではウェディングフォトの撮影スポットとして人気である。

162 ｜ 第3章　トルコと中央アジア

左および上

ティムール朝
ホージャ・アフマド・ヤサウィー廟(びょう)
TIMURID: MAUSOLEUM OF KHOJA AHMED YASAWI

カザフスタン　トルキスタン（1405年）

アフマド・ヤサウィーは12世紀の詩人でありスーフィー神秘主義者であった。中央アジアにスーフィズムをテュルク語による神秘主義的な詩作を通じて人々にわかりやすく伝えた。ティムールは、12世紀に建てられた小さな廟を置き換える新しい廟の建設を命じた。建設は1389年に開始されたが、ティムールの死後1405年に未完成のまま残された。それにもかかわらず、現在ではティムール朝で最も保存状態の良い建造物の一つとなっている。

次頁

ジャルケント・モスク
ZHARKENT MOSQUE

カザフスタン　ジャルケント（1886年）

このモスクは、現地の実業家の提案により、ウイグル人コミュニティーからの寄付金で建てられた。彼は木材を使用し、釘を使わずに建物を建てることを望んでいた。建築家は中国人であり、その影響が建物全体に見られる。装飾テーマは多様で、内部の木製の梁(はり)はカラフルな中国風の雲で飾られ、鳥、魚、植物の絵が描かれている。木製のミンバルは礼拝堂の中央に独立して配置されており、巨大な中国風の天蓋(てんがい)があり、側面には流れるような中国画が描かれている。入口建物は、中央アジアの典型的なモスクやマドラサのような外観をしており、大きな中央ピーシュターク（入口）と両側にアーチが連なる壁がある。その上部には、じつはミナレットである中国風の階層状の木造パゴダが建っている。

第3章　トルコと中央アジア | 165

第4章

アフリカ

ムワッヒド朝　クトゥビーヤ・モスク

ALMOHAD: KUTUBIYYA MOSQUE

モロッコ　マラケシュ

（1147／1158年？）

12世紀末の少なくとも30年間、ほぼ同じ形の2つのクトゥビーヤ・モスクが隣り合って存在した。どちらもムワッヒド朝の君主アブド・アルムウミンによって建てられたが、なぜ2つ建てられたのかは定かではない。最初のモスクには、格納式のマクスーラ（スルタン専用の区画）とミンバル（説教壇）が備え付けられていた。どちらもマラガ出身の技師アルハージュ・ヤイーシュによって設計された。ミンバルに向かって歩くイマームの体重によって、機械仕掛けが起動し、ミンバルが礼拝堂の方向に移動する仕組みであった。同様に、スルタンが地下の専用通路を通ってモスクに入ると、体重感知の木製スクリーンが床から上昇するマクスーラが作られた。

　北アフリカのイスラム建築は、アフリカ大陸のほかの地域のものよりもはるかに有名である。北アフリカの建築の中では、モロッコはその代表格で、フェズとマラケシュにある見事なマリーン朝のマドラサは、幾何学模様のタイル、彫刻が施された漆喰と木材で装飾されている。マラケシュにあるクトゥビーヤ・モスク（⇨左）は、モスクの周辺のスーク（市場）に多くの製本業者がいたことにちなんで名付けられた。（クトゥブは「本」を意味する。）マラケシュのサアド朝の墓地（⇨p.179）は、20世紀初めに写真撮影のために市の上空を飛んでいたフランスの飛行機によって存在が明らかになるまで、何世紀にもわたって忘れ去られていた。チュニジアは、メッカ、メディナ、エルサレムに次ぐイスラムの第4の聖地であるカイラワーンの所在地である。カイラワーンの大モスク（⇨p.182−3）は、初期イスラムの歴史、バグダードとイフリーキーヤ（現在のチュニジア、アルジェリア東部、リビア西部を含む歴史的地域）とのつながりを物語っている。チュニジアはまた、14世紀の偉大な歴史家であるイブン・ハルドゥーン（1332−1406年）の出身地でもある。影響力のある彼の著作『ムカッディマ（序文）』は、世界を新たな視点で提示し、歴史、社会、政治、社会行動、神学などに考察、論評を加えた。ジェルバ島（⇨p.184）もチュニジアの一部であり、ホメロスの『オデュッセイア』に登場するハス食い人の国の島だと考えられている。ジェルバ島の要塞化されたモスクは、外部からの脅威へ適応していったことを物語っている。アルジェリアで選ばれた建造物の中には、モダニズム建築との強いつながりを持つものもある。ムザブの谷のイバード派の建築は、モダニズム建築家ル・コルビュジエに影響を与えた。小さな開口部を備えた大きな白い外壁は、近代的ではないとしても、少なくともこの地域のほかのイスラム建築とは完全に異質なものに見える。アルジェリアのイバード派は、ジェルバ島のイバード派と同様に、独自の様式を維持しようとし、このことが彼らの建築に影響を与えた（⇨p.186）。アルジェリア大統領がスペインの建築家リカルド・ボフィルに砂漠に新しい村の設計を依頼した際

第4章　アフリカ　**169**

（⇨ p.191）、大統領はイスラム建築の驚くべきミニマリスト的解釈が得られたのである（ただし、ボフィルは北アフリカ建築よりもペルシア建築から着想を得ている）。

　北アフリカの正南には、モーリタニア、マリ、ニジェールなどの国がある。北アフリカと中部・西アフリカは交易路を通じてつながっていた。9世紀と10世紀には、北アフリカのイスラム商人はすでにサハラ砂漠を越えて、ガーナ帝国（現在のモーリタニアとマリ）で交易を行っていた。モーリタニアのシンゲッティは、さまざまなサハラ横断交易路の中心に位置していた。何世紀にもわたって、それは北西アフリカで最も重要な都市の一つであり、商業だけでなく宗教においても重要であった。メッカへの巡礼に向かうムスリムにとっての中継地であり、メッカに行けない人にとっては巡礼地そのものでもあった。イスラムの学問の中心地でもあり、最盛期には30もの図書館があった。シンゲッティ・モスク（右参照）は、モーリタニアの国家シンボルと考えられている。

　西アフリカへのイスラムの伝播は、東アフリカとは大きく異なる。西アフリカでは、おもにサハラ横断交易路を通じて伝わったのに対し、東アフリカではアラブの航海貿易商人が文化や宗教習慣をスワヒリ海岸に徐々に持ち込んだのである。西アフリカのイスラム建築については、まだまだ多くの物語が語られることであろう。この章ではその一端を紹介する。ベナンにあるポルトノヴォの大モスク（⇨ p.208）の物語は特筆すべきものだ。その外観は、19世紀にブ

シンゲッティ・モスク
CHINGUETTI MOSQUE
モーリタニア（13—14世紀）
砂漠の町シンゲッティは、1,000年以上にわたって地中海とサハラ以南のアフリカを結ぶ交易路であった。全盛期には、市内を行き交うキャラヴァンのラクダが約3万頭もいたとされている。モスクとミナレットは、モルタルを使わない石造りで建てられており、礼拝室は4つの通路と、2つのアーチを持つミフラーブを備えている。

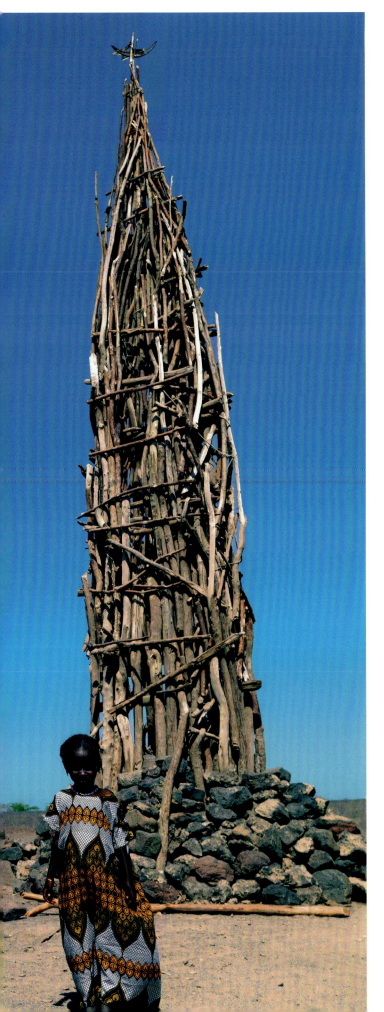

ラジルから帰還した解放奴隷の末裔によって決定づけられた。彼らがブラジルで学んだポルトガル建築様式は、その後ベナンで建てたモスクの建築様式に影響を与えた。そして100年以上経った今では、ベナンとその周辺国における典型的なモスク建築様式となっている。ほかの例としては、ブルキナファソのバニという町にある7つのモスクの不思議な物語がある（⇨ p.204）。わずか2年で建てられたこれらのモスクは、現在も同地域で特徴的なモスク建築となっている。また、コートディヴォワール北部のクート周辺にある見事なアドービ煉瓦造りのモスク（⇨ p.204）や、19世紀のナイジェリア、ソコト・カリフ制お抱えの建築家だったババン・グワニの特筆すべき物語も挙げられる。彼は夜一人でしか建築を行わないと言われており、北ナイジェリアに数多くの宮殿とモスクを建設した。多くの彼の子孫は建築家となり、ババン・グワニの子孫が建てた家でないなら、家は建てられていないも同然だとまで言われている。これほど多くの物語があるのに、学術的な研究はまだまだ少ない！

　東アフリカの海岸は数千年にわたってインド、アラビア、イラン、中国、東南アジアからの商人たちが訪れる海洋ネットワークの一部であった。タンザニアにある都市国家キルワ・キシワニは、この地域で最も重要で繁栄した都市の一つであり、モスクは珊瑚石で建てられている。19世紀には、オマーンのスルタンが宮廷をオマーンのマスカットから、タンザニアの沖合にあるザンジバルの首都ストーンタウンに移した。

　エチオピア、スーダン、ソマリアは、アラビアへの近さ（スーダンはメッカから紅海を挟んですぐの場所に位置する）により、アラビア以外で最初にイスラムを受け入れた国である。ソマリアにあるファフル・アルディーン・モスク（⇨ p.199）は、アフリカで最も初期のモスクの一つであり、イブン・バットゥータも14世紀の訪問時にそこで礼拝を行った。このモスクの写真を手に入れることは、アフリカのほかの多くの地域と同様に、大きな挑戦となっている。アフリカにおけるイスラムの豊かな歴史は、現在入手可能なテキストとヴィジュアル資料に反映されていない。本章は、この状況を改善する一助となるかもしれない。

ハジ・ハビブ・モスク
HAJI HABIB MOSQUE
エチオピア　アファル　アサイタ
（2007年）
アサイタは、エチオピア北東部の町である。モスクはアサイタへの道沿いに建てられ、ラクダとともに遊牧民が運んできた木材が使用された。この地域にはこの方法で建てられたほかのモスクの例もある。こうしたモスクは定期的なメンテナンスが不可欠で、一般的に長持ちしない。

第4章　アフリカ ｜ 173

上
ムラービト朝
バイルディーン・ドーム
ALMORAVID: BAYRUDIYYIN DOME
モロッコ　マラケシュ（1125年頃）

これは、現在は破壊されたムラービト朝のモスク複合施設の一部で、およそ80m x 120mの広大な地域を占めていた。ムワッヒド朝が権力を握ると、モスクの方向が間違っているとされ、新たに建設されたベン・ユースフ・モスクに置き換えられた。ムラービト朝のモスクの残された部分は、そのうちの一部である浄めの泉である。この小さな建物には、北アフリカにおいて最初に発見されたムカルナス装飾が見られる。

右
ムワッヒド朝　アグナウ門
ALMOHAD: BAB AGNAOU
モロッコ　マラケシュ（1147年）

巨大な馬蹄型アーチとして設計されたこの門は、マラケシュの城塞（カスバ）と王宮複合施設への公共入口となっている。マラケシュの要塞の中で最も装飾された部分である。入口アーチ周辺は、ほぼグエリズ産の青と灰色がかった石材でおおわれており、市壁の赤い石材とは対照的である。中心を同じくするアーチ彫刻の上には、繊細に彫刻された浅い曲線の葉のデザインがある。石に彫り込まれた幅広いコーラン章句の帯が、アーチを3方向から囲んでいる。

174 | 第4章　アフリカ

左
マリーン朝
彫刻され絵付けされた木製パネル
MARINID: CARVED AND PAINTED WOODEN PANEL
モロッコ（14世紀）

マリーン朝建築では、このような彫刻が施された木製パネルは、天井近くの漆喰パネルの上に置かれるのが通例であった。このパネルの繰り返し文様はアラビア語で「幸運」を意味しており、通常の方向の文字と鏡文字で書かれている。大きさは 48m x 303cm で、フェズにあるマドラサから来たものと考えられている。

第4章　アフリカ ｜ 175

下
**マリーン朝
ブー・イナーニーヤ・マドラサ**
MARINID: BOU INANIA MADRASA
モロッコ　フェズ（1355年）

マドラサの中庭は、学生の部屋、礼拝堂、および2つのドーム付きのホールに囲まれている。どこから見ても美しさが感じられる。複雑で斬新な幾何学模様の幅広いセラミック製腰壁、繊細に彫刻された柱やアーチの上の漆喰装飾、緻密に彫られ組み上げられた木製パネル、扉、天井、格子が見られる。床は幾何学模様のタイルが敷かれている。マリーン朝の建築とデザインの頂点と言える。

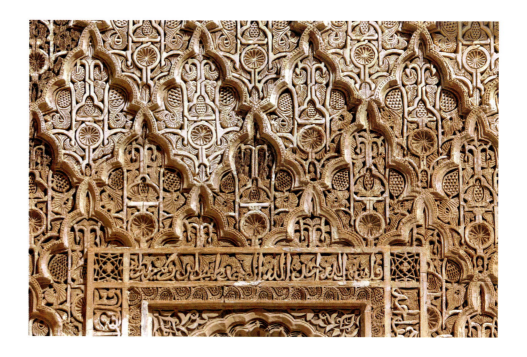

176 | 第4章　アフリカ

左頁上
サアド朝
ベン・ユースフ・マドラサ
SAADI: BEN YOUSSEF MADRASA
モロッコ　マラケシュ（1565年）

マリーン朝支配後、モロッコで建てられた数少ないマドラサの一つであり、ほぼ完全な正方形をしている（42m x 42m）。訪問者は長い屋根付き廊下を通り、中央に浅い池がある中庭へ導かれる。学生の宿泊施設は、外周廊下でつながれた7つの小さな吹き抜け中庭の周りに配置されている。この珍しい配置によって、収容能力は大幅に増加し、100もの部屋を備えたモロッコ最大のマドラサの一つとなっている。マドラサの傾斜屋根は、一部円筒形の暗緑色の釉薬(ゆうやく)セラミックタイルでおおわれている。

下
マリーン朝　シェッラ
MARINID: CHELLAH
モロッコ　ラバト（1310－39年）

この霊園には数世代にわたるマリーン朝スルタンが埋葬されている。1755年のリスボン大地震で被害を受けたが、マリーン朝がここに築き上げた壮大さを今でも感じとることができる。この場所は、最初にフェニキア人またはカルタゴ人によって占領された。その後ローマ人によって占拠され、紀元40年頃に彼らは城壁に囲まれた港湾都市サラ・コロニアを建設した。マリーン朝のシェッラは、巨大な鋸歯状(きょし)の赤い石壁と城壁で要塞化され、高さは6m～20mに及んだ。現在は手入れされていない庭園や、マリーン朝とローマ時代の遺跡がこれらの壁の中にある。コウノトリが多く生息し、ミナレットや壁に巣を作っている。

第4章　アフリカ｜177

左頁
サアド朝の墓
SAADIAN TOMBS
モロッコ　マラケシュ（初期建設 1557年／2番目の霊廟の建設 1603年）

1557年から17世紀前半までの間、サアド朝のスルタンたちの埋葬地であったこの複合施設は、壁で囲まれた庭園内に2つの霊廟があり、一つの狭い廊下を通って入ることができる。霊廟の間には大きなヤシの木、オレンジの木、芝生地、そして多くの花が咲く低木がある。内部には、モロッコ全土で見られる最高級の職人技が用いられており、複雑で美しい幾何学模様のズィッリージュと呼ばれるモザイクタイル様式と、繊細な彫刻が施された漆喰（ジブス）が組み合わされている。庭園内にはほかにも多くの墓（100基以上）があり、そのほとんどは長方形のズィッリージュで装飾されている。

右
アラウィー朝
バーブ・アルマンスール
ALAOUITE: BAB AL MANSOUR
モロッコ　メクネス（1732年）

50年以上にわたってアラウィー朝の支配者であったスルタン、ムーレイ・イスマーイールによって建てられた壮大な門で、メクネスの王宮都市への入口として威厳を示すために建設された。この門は、市の長官が地元の人々の不満や紛争を聞くために座る場所としても機能してきた。その建設は、現在のモロッコ国王がその家系を連ねる、アラウィー朝の象徴的な始まりを告げるものである。

第4章　アフリカ

上

**アラウィー朝
ムーレイ・イスマーイール廟**
ALAOUITE: MAUSOLEUM OF MOULAY ISMAIL
モロッコ　メクネス（1703年）

ムーレイ・イスマーイールは、1672年から1727年までの間、モロッコのスルタンであり、同国で最も長い治世を誇る統治者であった。廟の場所は、16世紀のモロッコ人スーフィー詩人の墓地であったことも理由の一つとして選ばれた。ムーレイ・イスマーイール自身が存命中に建設に着手したこの廟は、後に息子の手によって拡張された。廟では、モロッコ最高峰の職人技が駆使されたセラミック、漆喰彫刻、彩色木工などを目にすることができる。

右頁

ザーウィヤ・スィーディー・アフマド・アルティジャーニー
ZAWIYA OF SIDI AHMED AL-TIJANI
モロッコ　フェズ（1782年）

このザーウィヤ、つまり宗教教育施設は、ティジャーニーヤ・スーフィー教団の創始者であるシャイフ・アルティジャーニーによって設立された。ティジャーニーヤ教団は西アフリカ、とくにセネガルで強い影響力を持っている。西アフリカからの巡礼者は、しばしばメッカへの途上でフェズに立ち寄る。ザーウィヤのファサードは、彫刻が施された漆喰と精巧な木製の庇で装飾されている。また、ターコイズ色のタイルでおおわれた四角いミナレットもある。ザーウィヤの中にはシャイフ・アルティジャーニーの墓も安置されている。

上
アグラブ朝　カイラワーンの大モスク
AGHLABID: GREAT MOSQUE OF KAIROUAN
チュニジア（838年）

カイラワーンは、メッカ、メディナ、エルサレムに次ぐイスラムで4番目に聖なる都市であり、ここには670年ごろからモスクが存在していた。しかし、現在の姿になったのは856年のことである。このモスクには、イスラム世界で最古の銘文を持つミンバルと、最古のミナレットがある。段になった四角形のミナレットは、西イスラム世界のミナレットの原型となった。モスクの図書館には、おそらくイスラム世界で最も有名な書道写本「青のコーラン」が収蔵されていた。

下
アグラブ朝
カルアト・アルクッバ・フンドゥク（キャラヴァンサライ）
AGHLABID: KALAT EL-KOUBBA FUNDUQ (CARAVANSARAI)
チュニジア　スース（11世紀）

スースのメディナ（城壁に囲まれた旧市街）にあるこのキャラヴァンサライの顕著な特徴は、ジグザグ模様のリブ付きドームである。イスラム美術や建築には何世紀にもわたってジグザグ模様が現れる。メッカのカアバ神殿をおおうキスワ（布）には特徴的なジグザグ模様がある。アラビア数字の7と8は繰り返すとジグザグになる。大天使の描写では、衣服にジグザグが描かれている。イスラム建築では、垂直または水平のジグザグ模様のドームがある。ジグザグのあるミナレットも存在する。多くの場合と同様に、これらのデザイン選択の動機を理解するのに役立つ歴史的文書はない。

下
ファドルーン・モスク
FADHLOUN MOSQUE
チュニジア　ジェルバ島（11世紀？）
ジェルバ島はモスクの島として知られており、年間の日数と同じ数のモスクがあると言われていた。その大部分はイバード派のコミュニティーに属している。モスクは学校、襲撃時の避難所、旅行者の宿泊施設としての役割を果たしていた。ジェルバ島のイバード派の要塞化されたモスクは、小さく、装飾のない白壁の質素な造りである。海岸に近いモスクは、このようにミナレットがないことも多いが、ファドルーン・モスクは監視塔としても使われていた低いミナレットを持っている。このモスクは11世紀のものだと言われているが、歴史的文献には言及されていない。

左頁上
アグラブ朝　ザイトゥーナ・モスク
AGHLABID: ZAYTUNA MOSQUE
チュニジア　チュニス（863年）
このモスクの多くの柱や石は、かつては古代世界有数の富裕な都市であったカルタゴの遺跡から持ち込まれたものである。カイラワーンの大モスク（⇨ p.182）と同時期に建設され、以前のモスクに取って代わった。ミナレットの銘刻には、奴隷のファトフッラーが建設を監督したと記されている。何世紀にもわたって改修や拡張が行われてきたが、礼拝堂は9世紀に建てられた当初の姿のままだ。ザイトゥーナ・モスクは、世界最古の大学の一つであるザイトゥーナ大学の複合施設の一部となっている。

下
ムラード朝　スィーディー・マハレズ・モスク
MURADID: SIDI MAHREZ MOSQUE
チュニジア　チュニス（1692年）
このモスクは、チュニスの守護聖人であるスィーディー・マハレズを称えて、ムラード朝のチュニスのベイ（総督）によって建てられた。オスマン朝建築様式に影響を受けており、中央ドームの周りを小さなドームが囲んでいる。内部には、一部の支柱にイズニク様式の陶板パネルがある。ドームの内側とモスクの上部は、幾何学模様と植物文様を組み合わせ、繊細に彫刻され透かし彫りにされた漆喰でおおわれている。

第4章　アフリカ　185

ムザブ朝
シャイフ・スィーディー・アイサーの墓と霊廟(れいびょう)

MOZABITE: TOMB AND MAUSOLEUM OF SHEIKH SIDI AÏSSA

アルジェリア　メリカ（年代不明）

11世紀から14世紀にかけて、アルジェリアのムザブの谷で、イバード派のムスリムたちは、「ムザブのペンタポリス」として知られる5つのオアシス都市のネットワークを築いた。彼らは厳格な都市計画を施行し、孤立した生活を選択したため、1,000年以上にわたって外部の影響を受けない独自の建築様式を維持することができた。20世紀の建築家ル・コルビュジエは1930年代にこの地を訪れ、シンプルで機能的な建物は、彼のモダニズム建築の傑作であるロンシャンの礼拝堂に影響を与えた。ムザブ建築の特徴は、質素な壁、純粋な形状、そして小さな開口部である。

第4章 アフリカ | 187

上
マリーン朝
スィーディー・アブー・マドヤン複合施設
MARINID: COMPLEX OF SIDI ABU MADYAN
アルジェリア　トレムセン（1339年）
アブー・マドヤンは、セビリア周辺出身の12世紀のスーフィー聖人で、モロッコのフェズに定住した。彼がイスラム世界西部の宗教や思想に与えた影響は計り知れず、北アフリカのスーフィズムにおける最重要人物の一人とされている。マラケシュのムワッヒド朝スルタンを訪れる旅路の途中、トレムセンで没した彼のために霊廟（れいびょう）が建設された。その後マリーン朝によって、彼の墓所は、現在の複合施設へと拡張され、マドラサ、浴場、モスクが加えられた。

右頁
ムラービト朝
トレムセンの大モスク
ALMORAVID: GREAT MOSQUE OF TLEMCEN
アルジェリア（1082年）
このモスクは、ユースフ・イブン・ターシュフィーン首長によってタグラルト（現在のトレムセン）が創られたときに建てられた。彼の息子が、とくにその有名なドームを装飾し改装する責任を負った。ドームは、ミフラーブ近くのマクスーラ（イマームが率いる集団礼拝を行うための区画）の上にあり、1136年と記された銘文がある。このドームは、煉瓦（れんが）を積み上げた12本の交差したアーチでできている。アーチの間には、曲線装飾が施された多角形の漆喰（しっくい）パネルがはめ込まれている。最上部には、円形のムカルナス構造がある。このドームは、ムラービト朝建築の最も重要な例の一つであり、イスラム建築全般においても傑作の一つと言える。

上
フアーリー・ブーメディエン村
HOUARI BOUMEDIENNE VILLAGE
アルジェリア（1973年）

1970年代、アルジェリア政府は、国の農業生産高を上げるために、半乾燥地域にいくつかの農村を建設するプロジェクトを開始した。建築家リカルド・ボフィルは、伝統的な4つのイーワーンの中庭デザイン、高いアーチに側面を接するピーシュタークなどに着想を得て、これらを最も本質的な表現にまで簡略化した。この中庭は、アラブと地中海の町の伝統に従って住居に囲まれる予定であった。しかし、さまざまな理由から、このプロジェクトは完成しなかった。

左頁
アティーク・モスク
ATIQ MOSQUE
リビア　ガダメス（1258年）

リビアのベルベル人のオアシス都市ガダメスにある最古のローマ時代モスクである。ガダメスは数世紀にわたりサハラ砂漠の交易と文化の中心地であり、イエメンの商人が最初のアラブ人として定住した。モスクはアドービ煉瓦を主な材料とし、石、石膏、石灰、ヤシの木なども使われている。周囲の街並みは地下のようである。屋根とおおわれた路地を通って、女性たちは互いの家を往来する。

上
アウジラの大モスク
GREAT MOSQUE OF AWJILA
リビア（12世紀）

アティーク・モスクとも呼ばれるこのモスクは、北アフリカで最古のモスクの一つであり、さらにはサハラ砂漠でも最古のものである。面積は約400平方mで、小さな開口部がある21の円錐形ドームがある。これにより換気が行われ光が入る。壁は40cmの厚さで、泥煉瓦、石灰岩、木の幹で作られている。内部は、ドームを支える柱とアーチによって作られた礼拝空間の迷路となっている。

次頁
ジェンネの大モスク
GREAT MOSQUE OF DJENNÉ
マリ（13世紀）

これは世界最大の自立型の土木構造物である。ジェンネの泥煉瓦と粘土漆喰の建物の維持管理は、職人組合のバレイ・トンによって調整されている。毎年の洪水が、鉱物堆積物の豊かな泥を残す。これらは牛糞と藁を混ぜた漆喰の材料となり、巨大で彫刻のようなファサードを可能にしている。ジェンネの大モスクは、何世紀にもわたって拡張、解体、破壊、移転、再建など多くの変化を遂げてきた。現在の姿は1907年のものである。

第4章　アフリカ | 191

右
ダニ・サレのモスク
MOSQUE OF DANI-SARE
マリ　ドゴン地方（年代不明）

イスラムは 11 世紀にマリに伝わったが、その影響はジェンネ、ディア、ティンブクトゥ、ガオなどの都市部が主であり、支配階級と貿易従事者が信仰していた。ドゴン地方のような遠隔の農村地域にイスラムが伝わるのは 19 世紀になってからである。ダニ・サレのモスクは、地域特有の漆喰を塗った泥煉瓦様式で村の中心に建てられている。

下
中央モスク
CENTRAL MOSQUE
ニジェール　タホア　ヤーマ・ニール（1962 年）

1962 年、ヤーマ村の村長たちは金曜モスクの建設を決めた。地元の農家で時折り建設作業を請け負っていたファルケ・バルムーが建設を任された。完成したのは、日干し煉瓦と木を使ったシンプルな柱廊式モスクであった。村人全員が作業を担い、煉瓦を作る人、それを運ぶ人、木材や水を運ぶ人などさまざまであった。12 年後、平らだった屋根は、中央にドームを持つアーチで支えられたものに改修された。アーチは束ねた棒を曲げ、泥煉瓦の柱に埋め込んで作られた。1978 年には 4 本のミナレットが加えられた。このモスクは 1986 年のアガ・ハーン建築賞を受賞している。

194 ｜ 第 4 章　アフリカ

上

ヒクマ
HIKMA
ニジェール ダンダジ（2018年）

この文化的、教育的、宗教的な複合施設は、新しいモスクと図書館（以前は旧モスクであった）を含むもので、ニジェールの小さな村に建てられた。ヤサマン・エスマーイーリ（スタジオ・シャハル）とマリアム・イッスーフ・カマラ（アトリエ・マソーミー）が共同で設計したもので、とくに女性と若者の教育を支援することを目的としている。建材には、圧縮土煉瓦や、敷地から半径5km以内で調達可能なものを使用した。

次頁

ハトミーヤ・モスク
KHATMIYA MOSQUE
スーダン カッサラ（19世紀）

エリトリアとの国境近くに位置するこのモスクは、スーダン、エリトリア、エチオピアで最大のスーフィー教団であるハトミーヤ・スーフィー教団の中心である。大きなドームの墓は、教団の創設者サイイド・ムハンマド・アルミルガーニー・アルハーティムの息子サイイド・ハサン・アルミルガーニーのものであり、その家系は預言者ムハンマドにまで遡る。16世紀以来、スーダンは辺境地域にイスラムを広め、奇跡を起こす力を持つと信じられていた宗教家たちを受け入れてきた。スーフィズムはこうした聖人の一族を通じて伝えられ、アルミルガーニー家はその一つである。

第4章 アフリカ | 195

上
2つのナイル（アルニーリーン）のモスク
AL-NILIN MOSQUE
スーダン　ウンムドゥルマン（1984年）
「2つのナイルのモスク」は、青ナイルと白ナイルの合流点近くに位置している。このモスクは、建築専攻の学生であったカマール・アルダウラによって設計された。スーダンのニメイリー大統領が出席する建築展示会に急に依頼され、提出したデザインプロジェクトであったが、大統領自身が選んだものであった。そのドームは、アルミニウム製の外殻でおおわれた軽量な立体骨組として構築されている。内装のデザインテーマはモロッコ風で、アーチの窓周りには彫刻された漆喰パネルが、ドーム内部には幾何学的なデザインが描かれた木製パネルがある。

左
青ナイル・セーリングクラブの建造物
BLUE NILE SAILING CLUB STRUCTURE
スーダン　ハルトゥーム（年代不明）
イスラム社会には、モスクが建てられた土地は所有者から取り上げることができないという伝統がある。セーリングクラブのメンバーは、クラブの隣接地に目をつけていたため、所有権を主張する方法として、有名なアルニーリーン・モスクのミニチュア版をその土地に建てたのである。建築家は不明であり、モスクの機能があるというよりは、単にモスクに似せて建てられたものなのかもしれない。何年もの間、カフェテリアとして使用されてきた。

右
ディン・アゴバラ・モスク
DIN AGOBARA MOSQUE
エチオピア　ハラール（年代不明）

ハラールは「聖者の街」として知られている。ハラール・ジュゴルと呼ばれる城壁都市の中には、わずか1平方kmの面積の中に82ものモスクがひしめき合っている。ハラールはアフリカ、インド、中東を結ぶ交易の中心地であり、アフリカの角におけるイスラム伝播の玄関口でもあった。言い伝えによると、このモスクは700年前に、イスラムへの最初の改宗が行われた岩の上に建てられたものだ。

上
ファフル・アルディーン・モスク
MOSQUE OF FAKHR AL-DIN
ソマリア　モガディシュ（13世紀頃）

モガディシュ初代のスルタンの名を冠したこのモスクは、精巧に彫刻された大理石の装飾がかつては多く見られたことで知られていた。そのほとんどは、19世紀末にザンジバル（タンザニア）のスルタンによって持ち去られた。ミフラーブの大理石パネルには、鎖で吊るされたモスクのランプが描かれ、周りを花柄とカリグラフィーが飾っている。大理石は東アフリカ沿岸で入手可能な石ではない。彫刻のスタイルや品質、クリーム色の白い大理石は、それがアラビア海の向こう側3,700km離れたインドのグジャラート州で作られたことを示している。同様のスタイルと素材で作られたほかの大理石のミフラーブは、タンザニア、ケニア、さらにはイランやスマトラにも見られる。

第4章　アフリカ | 199

下

モスク管理人の家
HOUSE OF THE MOSQUE KEEPER
ケニア　ラム島シェラ（14-15世紀）
アフリカ東海岸の伝統的なスワヒリ様式の住居にはズィダカまたはヴィダカと呼ばれる壁龕がよく見られる。ズィダカは漆喰で作られた壁の窪みで、そこに住む人々の富や社会的地位を示すために、本やランプなどの装飾品が飾られていた。現存する最も古いズィダカのいくつかは、ケニアのラム島で見ることができる。モスク管理人の家の残された壁面には、石彫りで装飾された精巧なズィダカがある。

右頁

キジムカジ・モスク
KIZIMKAZI MOSQUE
タンザニア　ザンジバル島ディンバニ（1107年）
ザンジバル島の最南端に位置するこのモスクは、東アフリカで最古のイスラム建築物の一つかもしれない。イランのシーラーズからの移住者によって建てられた。写真の珍しいミフラーブは18世紀のもので、ザンジバル島のほかのモスク建築にも影響を与えたと言われている。

第4章 アフリカ | 201

上
オールド・フライデー・モスク
OLD FRIDAY MOSQUE
コモロ　モロニ（1427年）
コモロ諸島は、ザンジバル島と同様に、東アフリカの沖合に浮かぶ島々である。住民のほとんどがムスリムであり、早くも8世紀にはイスラムがこの島々に伝わっていたと考えられている。オールド・フライデー・モスクは、首都モロニにある最古のモスクで、ミナレットは1921年に加えられた。

右頁
神のモスク
MOSQUE OF THE DIVINITY
セネガル　ダカール　ウアカム
（1997年）
漁船が停泊する浜辺が、モスクと大西洋を隔てている。1973年、地元の聖人であるムハンマド・セイニ・ゲイエが、海辺にモスクが建つ夢を見た。建築家シャイフ・ンゴムによって設計されたモスクには、45mの高さの2つのミナレットがあり、一部が緑色のタイルでおおわれている。すべての建設作業は地元のコミュニティーによってなされた。

上
モスク
MOSQUE
コートディヴォワール　クート
（17－19世紀）

かつて、コートディヴォワールには数百ものスーダン様式のアドービ（日干し煉瓦）造りのモスクがあった。これは北方のマリ王国、とくに有名なジェンネの大モスク（⇨ p.191－193）の影響の証である。これらのモスクには突き出た木材があり、支柱は陶器やダチョウの卵で飾られている。これは地元の伝統と17－19世紀のサハラ越え交易によってコートディヴォワールにもたらされたイスラム文化との融合である。現在、コートディヴォワールに残っているこのようなモスクは2ダースにも満たない。

下
バニのモスク群
THE MOSQUES OF BANI
ブルキナファソ（1980年代）

1979年、ブルキナファソ北部のバニで、ある神秘主義者がモスクの夢を見た。彼は町の仲間たちと一緒に、このモスクを木材と地元の赤い粘土で建設した。これが完成すると、彼らは周囲の丘にさらに6つのモスクを建てたが、すべて最初のモスクの方向を指している（つまり、メッカの方向キブラではない）。空から見ると、7つのモスクが両手をあげて祈りを捧げる男性の姿をかたどっているとされる。

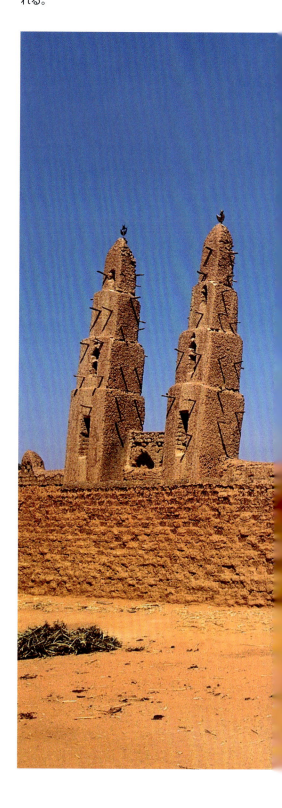

次頁

ララバンガ・モスク
LARABANGA MOSQUE
ガーナ　ララバンガ（1421年）

西アフリカで最も古いモスクの一つであるララバンガ・モスクは、木材と固められた土で建てられている。このモスクには古いコーランがあり、町の創設者であるイブラーヒーム・ブライマが礼拝への応えとして天から贈られたものと信じられている。このコーランは、ムスリムの新年を祝う時、年に一度持ち出される。ムスリムに限らず、多くの人々が訪れ、コーランの朗誦に耳を傾ける。朗誦には、これからの一年を占う印が現れると考えられている。

上
ポルトノヴォの大モスク
GREAT MOSQUE OF PORTO-NOVO
ベナン（1925年）

カラフルな装飾のファサードを持つこのモスクは、ポルトガルで見られるような建物に似ており、2つの鐘楼はむしろ教会にふさわしいように見える。伝統的な西アフリカのモスクとは大きく異なり、ブラジルの北東部のバイーア州からの奴隷の子孫たちによって導入されたアフロ・ブラジル様式の典型的なものである。バイーアの17世紀から18世紀のバロック様式の教会は、このモスクと、ベナンのポルトノヴォとナイジェリアのラゴス間の西アフリカ沿岸に点在する同様のモスクの直接のルーツとなっている。この地域からは数千人もの奴隷が大西洋を渡って輸送された。

右頁
ゴバラウ・モスク
GOBARAU MOSQUE
ナイジェリア　カツィナ（1393年）

カツィナで最初の金曜モスクは1393年に建設されたが、1世紀後に再建された。再建はアルジェリアのトレムセン出身の聖職者で、西アフリカの支配階級の多くをイスラムに改宗させたムハンマド・アルマギリによって監督された可能性がある。ティンブクトゥのサンコレ・モスクをモデルにしたこのモスクは、イスラムの知識と学問の中心となり、西アフリカ全域から学生や学者を集めた。今日、高さ15mのミナレットだけが残っている。

ギダン・ルムファ
GIDAN RUMFA
ナイジェリア　カノ（1482年）

これはカノの首長の宮殿である。16世紀には、カノはカイロとフェズに次ぐアフリカで3番目に大きな都市であった。宮殿は、15世紀の有名なカノのスルタン、ムハンマド・ルムファによって建てられ、彼の名前が付けられた。このサハラ砂漠以南のアフリカ最大の伝統的な宮殿は、敷地は13ヘクタールに及び、高さ5mの壁に囲まれている。1,000人以上がここで暮らし、働いている。宮殿の内部は精巧に装飾されており、一部の部屋は赤、緑、黄色で、写真のような部屋は濃い色合いだ。黒はイナゴマメのさやの殻から作られた顔料でできている。漆喰には雲母が加えられ、壁に銀色の光沢を与えている。漆喰は石で磨かれている。

第4章　アフリカ　| 211

第5章

アジア太平洋

アジア太平洋地域におけるイスラムの普及とそれに伴う建築物のあり方は、何世紀にもわたる多面的な物語であり、国や地域によって大きく異なるものである。イスラムとその文化や宗教的実践が、こうした地域で受容され、独自に遂げた発展は、建築に影響を与えてきた。世界最大のイスラム国であるインドネシアには、そのような例が数多くある。ジョグジャカルタの18世紀の「地下モスク」（⇨ p.218−219）は、イスラムとジャワのほかの宗教的伝統との融合が見られる。16世紀のミナレット・モスク（⇨左）はインドネシアで最も古いモスクの一つである。その敷地へは、カンディ・ベンタルと呼ばれる特別なタイプの石の門を通って入っていく。カンディ・ベンタルは、装飾された階段状の構造物の中央部がきれいに切断され、両側が離れて作られたような入口である。こうした要素はジャワ島（およびバリ島）の建築様式の特徴であるが、一般的にイスラム建築とはあまり関連づけられていない。

中国には、パゴダのような木造のミナレットを持つ、飾り立てられた大きな屋根が突き出したモスクがある。これらは、伝統的な中国建築が持つ多くの特徴をイスラム建築に利用したものである。このような利用は、外観だけでなく、場合によってはモスクの計画にも及ぶ。西安のモスク（⇨ p.242）は、非常に大きな城壁に囲まれた敷地で、5つの連続する中庭が一直線上に配置されている。このデザインは、仏教寺院の建築から借用している。中国にはカシュガルにある人気観光地の一つであるアパク・ホージャ廟もあり、同じ一族の複数の世代の墓が納められている。アパク・ホージャはスーフィーの教師の家系に生まれ、彼と彼の子孫はナクシュバンディー派のスーフィズムを中国に伝えた功績がある。彼の孫娘は、廟を訪れる多くの観光客のおもな理由とされている。香妃として知られる彼女は、数々の戯曲や文学作品で不朽の存在となっており、中国の伝説的人物となっている。また本書では、近年失われたもの、たとえば新疆ウイグル自治区のカルギリク・モスク（⇨ p.217）、あるいは危機に瀕して

ミナレット・モスク
MINARET MOSQUE
インドネシア　ジャワ　クドゥス
（1549年）
インドネシア最古のモスクの一つで、以前はアルアクサー・モスクと呼ばれていた。ジャワ島でのイスラム伝播に貢献した9人の聖者の一人であるスナン・クドゥスの墓がある。高さ20mのミナレットは、ヒンドゥー・ジャワ建築様式とモスク建築の機能が融合したものである。19世紀に追加で施された青と白の陶器の皿が埋め込まれている。モスクへは、伝統的な石造りの分割された入口（カンディ・ベンタル）を通って入っていく。

いるもの、たとえばミャンマーのパウンドクにあるロヒンギャのモスク（⇨ p.231）の美しさを記録する機会を提供する。

　この章では、マレーシア、ブルネイ、インドネシアなど、植民地となった後に独立したムスリム多数派国家における壮大な国立モスク計画について取り上げている。これらのモスクのデザインは、各国の国民アイデンティティ形成において重要な役割を果たした。クアラルンプールのマレーシア国立モスク（⇨ p.228）は、開放的なデザインとなっており、敷地や建物に道路側から簡単に歩いて入ることができる。共同体の建物として、誰でも利用できるように設計されているのである。ジャカルタのイスティクラール・モスク（⇨ p.220）は、インドネシア独立から数十年後の1978年に開かれた。「イスティクラール」はアラビア語で「独立」を意味する。ブルネイには現在2つの国立モスクがあるが、スルタン・オマル・アリー・サイフッディーン・モスク（⇨ p.236）が建設される前は、首都には仮設の施設を除いてモスクがまったくなかった。

　この地域には膨大なムスリム人口が存在するにもかかわらず、イスラム建築がほとんど文書化されていないことは奇妙である。インドネシアのバリの隣にある島、ロンボクは「千のモスクの島」として知られているが、この表現以外の情報を見つけるのは難しい。アジア太平洋地域には、地域社会によって建てられたモスクが何千もある。カンボジアのチャム民族が建てたムバーラク・モスク（⇨ p.224）のような、素朴な美しさを持つものもあるし、フィリピンのマギンダナオにある鮮やかなピンク・モスク（⇨ p.225）のように、驚くべきものもある。この章では、この地域のイスラム建築の多様性を網羅することはできない。その一端が伝わるよう、いくつかの例を紹介するだけである。

　ほかの章で見たように、19世紀から20世紀初頭にかけて、ムーア復古建築は世界中に広がった。これはアジア太平洋地域でも同様であった。とくに興味深いのは、影響力のある武士の家族が所有する東京の邸宅の葉巻室である（⇨ p.237）。床と天井にはどちらも幾何学的な星の模様があり、当時流行していたムーア復古様式を彷彿とさせる。

　建物の装飾は、アジア太平洋地域を含むイスラム建築の重要な部分である。現代建築におけるイスラム幾何学模様の最も印象的な使い方の一つは、メルボルンの主要な鉄道駅の線路沿いにある建物で見られる（⇨ p.238）。鉄道員のための食堂、更衣室、およびそのほかの施設を収容するシンプルで角張った建物は、複雑な五角形の幾何学的構成でおおわれているようであり、その線が不規則な窓の開口部を生み出している。

バヤン・ベレク・モスク
BAYAN BELEQ MOSQUE
インドネシア　ロンボク（17世紀）
バリ島の隣のロンボク島は「千のモスクの島」として知られている。バヤン・ベレク・モスクは、島で最古のモスクと考えられている。石造りの基礎の上に建てられ、木組み、竹織り、ヤシの葉でできている。大きさは9m x 9mで、現在はイスラムの祝祭にのみ使われている。

左頁

カルギリク・モスク
KARGILIK MOSQUE
中国　新疆ウイグル自治区（1540年）
この古い大きなウイグルのモスクは、イェチェンの金曜モスクとしても知られていた。かつては外装に手の込んだセラミック装飾が施されていたが、2019年頃に解体され、元の規模の約4分の1の大きさで再建された（以前は幅22mだった入口ゲートが、現在は幅6mになっている）。

次頁

スムル・グムリン地下モスク タマン・サリ複合施設
SUMUR GUMULING UNDERGROUND MOSQUE, TAMAN SARI COMPLEX
インドネシア　ジョグジャカルタ（1765年）
ジョグジャカルタ初代スルタンの治世中に建設されたタマン・サリ水宮の一部であるこのモスクは、礼拝の場であると同時に、ジャワの伝統的な宗教的慣習であるケジャウェンの瞑想の場でもあった。入口の地下通路を抜けた先に、円筒状の吹き抜け空間が現れ、2階建てになっている。4つの階段が中央で交わり、円形の台を支えており、そこからさらに別の階段で最上階に行くことができる。この台はスルタンが瞑想を行う場で、ケジャウェンの伝統に従って開放的なつくりになっていた。スムル・グムリンは、イスラムとケジャウェンの宗教施設に必要な要素が、互いに隣り合って存在している。

アジア太平洋地域には、興味深くて驚くべき建築物が数多く存在し、一冊の本をまるまる埋めてしまうほどである。それらの建築物は、ふつうイメージする「イスラム建築」とは大きく異なっており、しばしば私たちの認識を覆す。この地域には独自の幅広く多様な建築様式が存在する。時には、イスラム建築でよく見られる形式（高いミナレット、中央のドーム、アーチ型の入口であるイーワーンなど）の影響を受けつつも、より多くは地元の伝統的なデザイン様式に影響を受けている。しかし、学術研究におけるイスラム建築の規範的アプローチはアジア太平洋地域を排除してきた。そのため、16世紀のウイグル人によるカルギリク・モスク（現在は破壊されている）、ミャンマーにあるロヒンギャのモスク（これもほとんどが破壊されている）、カンボジアにあるチャムのモスクなど、文献の中でこれらに関する記述を見つけることはほとんどできない。同様に、これらの重要な建築物の写真を見つけることも非常に困難である。この章では、こうしたデザインの伝統と歴史の一部を、少しでも伝えることを試みた。この取り組みが、新しい研究と文書化を促すきっかけになれば幸いである。

上
イスティクラール・モスク
ISTIQLAL MOSQUE

インドネシア　ジャカルタ（1978年）
インドネシアの国立モスクで、国の独立を記念して建てられた。「イスティクラール」はアラビア語で「独立」を意味する。ミナレットの高さは6,666cmで、コーランの節数にちなんでいる。礼拝室の上にあるドームの直径は45mである。このモスクは、スマトラ島のキリスト教牧師の息子である建築家フリードリヒ・シラバンによって設計された。

右頁
アルアクサー・モスク
AL-AQSA MOSQUE

インドネシア　パプア州メラウケ（1983年）
メラウケ市の中心部に位置するこのモスクは、5,000人の礼拝者を収容できる。2階建てで、非常に広々とした中庭がある。中央のドームと2つの小さなドームは、角張ったクーフィー書体による文字が記された釉薬タイルで巧みにおおわれている。

前頁
西スマトラのグランド・モスク
GRAND MOSQUE OF WEST SUMATRA
インドネシア　パダン（2014年）

その特徴的な屋根形状は、ミナンカバウ族の伝統的な尖塔の屋根の家から着想を得ている。屋根の四隅が上に向かってカーブしているのは、若い頃の預言者ムハンマドが、黒い石をメッカに持ち帰る際に、メッカの氏族間の紛争をどのように解決したかというイスラムの故事にも由来している。ムハンマドは黒い石を、ほどいたターバンの真ん中に置き、4つの氏族の指導者たちが布の端を持って共同で運べるようにしたのである。モスクの外壁の模様は、スマトラ島のソンケット織り（金属糸織り込みの伝統織物）の伝統を彷彿とさせ、絹糸と金属糸を組み合わせている。このモスクは建築家リザル・ムスリミンによって設計された。

下
ムバーラク・モスク
MUBARAK MOSQUE
カンボジア　プノンペン郊外プレック・プノウ（20世紀後半）

チャム族はおもにムスリムであり、彼らの先祖は、500年前のチャンパ帝国の崩壊後、現在のヴェトナムからカンボジアに移住した。カンボジアの人口の約1％がムスリムである。ムバーラク・モスクは、カンボジアのほかのほとんどのモスクと同様に、おそらくクメール・ルージュ時代（1975―79年）の後に建てられた。伝統的なチャムのモスクは、しばしば木造で、長い切妻屋根がついていたが、ほとんどが消失している。新しいチャムのモスクは、世界中のほかの多くの新しいモスクと同様に、さまざまなイスラム建築遺産の要素を取り入れたデザインになっている。

下
ピンク・モスク
PINK MOSQUE
フィリピン　マギンダナオ（2014年）
正式には建設した町長とその家族にちなんでディマウコム・モスクと呼ばれている。ピンク色で塗装したのは、彼らの好きな色であるだけでなく、しばしば悪いニュース報道があるフィリピンの地域に、平和と愛を象徴するためである。建設にはキリスト教徒のボランティアの支援も受けた。町中にはほかにもピンク色に塗られた建物が多く見られる。

第5章　アジア太平洋 | 225

海辺の白いモスク
WHITE MOSQUE BY THE SEA
フィリピン　タウィタウィ島ボンガオ
（20世紀後半？）
異例なことに、このモスクの正面と背面のデザインは同じである。広大な緑の草地に囲まれ、数本のヤシの木が生い茂る敷地内に建てられており、タウィタウィ島で最も小さなモスクである。

第5章　アジア太平洋 | 227

マレーシア国立モスク
NATIONAL MOSQUE OF MALAYSIA
マレーシア　クアラルンプール
(1965年)

マレーシアは1957年に独立を果たしたが、その直後に国立モスク建設が決定された。20世紀に建てられたほかの多くの国立モスクと同様に、国民アイデンティティの形成に役立てる役割があった。特徴的な屋根（現在は緑青色だが、当初はピンク色だった）は、マレー王室の伝統的な象徴である傘を模してデザインされている。柱と梁で構成された大きなコンクリート製の高床ベランダは、マレーの伝統的な住居建築様式を思い起こさせる。建築家たちは、単なる国家のモニュメントではなく、貧富を問わずすべてのムスリムに開かれた共同の建物を建設するように指示を受けた。

第5章 アジア太平洋 | 229

上
クリスタル・モスク
CRYSTAL MOSQUE
マレーシア　クアラテレンガヌ
（2008年）
世界的に有名なモスクのレプリカが多数展示されている、ワン・マン島のイスラム遺産公園内にある。鋼鉄とガラスのみで作られており、夕暮れ時にはガラスを通して多彩な色が交互に放射され輝く。建設当時、マレーシア初の「インテリジェント・モスク」であり、ITシステムとモスク全体のWi-Fiが統合されており、訪問者は電子コーランを読むことができる。

左頁下

プトラジャヤ・コーポレーション複合施設
PUTRAJAYA CORPORATION COMPLEX
マレーシア（2004年）
計画都市であるプトラジャヤは、マレーシアの新政府所在地、行政・司法の中心として建設された。政府施設の多くはイスラム建築から着想を得ており、背後に見えるドームは連邦裁判所の一部である。前景の大きな織り鋼のアーチウェイ／ピーシュタークは、ソンケット織り（金属糸織り込みの伝統織物）にヒントを得た文様を持つもので、マレーシアのZDRデザインコンサルタントによって設計された。

上

パウンドク・モスク
MOSQUE OF PAUNGDOK
ミャンマー ラカイン州（年代不明）
パウンドクはミャンマーのラカイン州にあるロヒンギャの集落である。モスクはおよそ500年前のものと考えられている。ラカイン州では、損傷を受けたり、破壊されたり、閉鎖されたりしていないモスクを見つけるのは困難である。

ダールッサラーム・モスク
DARUSSALAM MOSQUE
タイ　コバンイ（年代不明）
このタイ南部のムスリム集落は、杭の上に建てられ、高さ200mの石灰岩の岩盤に守られている。18世紀後半に設立され、その後、金色のドームを持つモスクが建てられるなど、村は徐々に拡大した。集落の世帯数はおよそ200である。

第5章　アジア太平洋 | 233

下

ワーディー・フサイン・モスク
WADI HUSSEIN MOSQUE
タイ　ナラーティワート（1634年）
タイで最古のモスクで、釘を一切使わず木材で建てられた。当初の屋根は、藤で編んだサゴヤシの葉で葺かれていた。そのデザインは、タイ、中国、マレーの建築様式が融合されている。

右頁

スルタン・モスク
SULTAN MOSQUE
シンガポール　ローチョー（1932年）
以前のモスクの跡地に建てられたスルタン・モスクは、ジョホールのラジャであるスルタン、テンク・フサインにちなんで名付けられた。彼の助けを借りて、東インド会社はシンガポールに商館を設立することができた。アラブ通り地区に位置する19世紀以降中東の商人たちの住居地であったこのエリアで、モスクの大きな金色のドームがそびえている。デザインはおもにムガル様式だが、ほかの時代の要素も見られる。

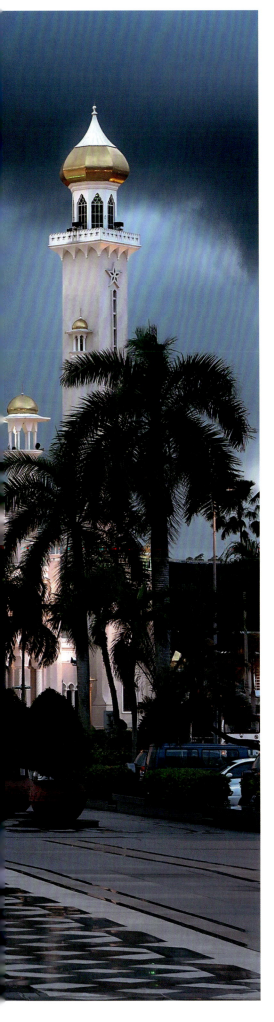

左頁

スルタン・オマル・アリー・サイフッディーン・モスク
SULTAN OMAR ALI SAIFUDDIEN MOSQUE
ブルネイ　バンダル・スリ・ブガワン
(1958年)
ブルネイ川のほとりに造られた人工のラグーン上に建つブルネイの国立モスクである。同国28代目スルタンにちなんで名付けられた。このスルタンが建立を命じ、設計にも携わった。黄金のドームと52mもの高さのミナレットを備え、首都バンダル・スリ・ブガワンの街並みを際立たせている。3,000人の礼拝者を収容できる。

上

小笠原伯爵邸
OGASAWARA PALACE
日本　東京（1927年）
この邸宅は、日本有数の影響力を持つ華族の一人であった小笠原伯爵によって建てられた。葉巻室はムーア復興様式で建てられており、床には十二角形の幾何学模様が石で象嵌細工されている。天井にも同様に幾何学的な星の模様が施されている。外観はスペイン植民地風の建物で、平らな屋根、日焼けしたような色のスタッコ壁、装飾的な金属製窓格子、そして華やかに彫刻された石造りの玄関が特徴である。現在はレストランとして利用されている。

第5章　アジア太平洋 | 237

238 | 第5章　アジア太平洋

左
ヤードマスター・ビル
YARDMASTER BUILDING
オーストラリア　メルボルン（2009 年）
メルボルンのサザンクロス駅の線路脇に押し込められるかのように建つ、オフィス、休憩室、ジムなど、さまざまな用途で利用されているビルである。通勤利用者にとって、駅の喧騒のなかの宝石箱であり、価値あるものであろう。建物の外側は成形コンクリートとなっており、レリーフ模様で仕上げられ、その五角形の幾何学形状が窓を創り出している。内側から見ると、窓の形は全く不規則でランダムに見えるが、建物の構造や規則性はすべて外側に表れている。この建物は、マクブライド・チャールズ・ライアンによって設計された。

下
パンチボウル・モスク
PUNCHBOWL MOSQUE
オーストラリア　シドニー（2018 年）
レバノンからの移民が多く住むシドニー郊外のパンチボウル地区にある。地域のコミュニティーによって資金提供され、ギリシア系オーストラリア人建築家のアンジェロ・カンダレパスが設計した。おもに成形コンクリートで建てられ、300人の礼拝者を収容できる。中央の礼拝スペースに張り出した 2 つのバルコニーの向こう側には、女性用礼拝スペースがある。中央のドームは、同心円状に重ねられた木の層によって作られている。最も注目すべき特徴は、大きなムカルナス装飾であろう。成形コンクリート製の半ドームが少しずつ角度をつけて連ねられ、それぞれの直径 3cm ほどの穴から光が差し込む。ムカルナスの半ドームには 99 のアッラーの美名が刻まれている。

第 5 章　アジア太平洋 | 239

左

懐聖寺（預言者ムハンマド記念館）
HUAISHENG MOSQUE (MEMORIAL OF THE HOLY PROPHET)
中国　広州（1350年）

中国で最初に記録されたモスクとされ、預言者ムハンマドの叔父によって627年に建立されたと伝えられている。その後、何度か再建された。独特なミナレットを持つことから「光塔寺」としても知られている。それは直径10mの円形石の台座の上に立ち、高さは約36mにもなる。中国のほとんどの宗教施設と同様に、南北に向けられている。内部の壮大な門には「西域の教えを重んじる宗教」という銘刻がある。メッカは中国の西にあるため、礼拝堂の西壁にはミフラーブが設けられている。

右頁

大拱北複合施設
DA GONGBEI COMPLEX
中国　甘粛省臨夏市（1720年頃）

中国にカーディリー・スーフィー教団を伝えた祁靜一の霊廟として建てられたこの施設には、礼拝所、客室、および訪問者エリアもある。「拱北」は、ペルシア語で「ドーム」を意味する「グンバド」が語源であり、中国北西部におけるスーフィー教団の聖廟複合施設を指す。臨夏市には80以上のモスクと20以上のスーフィー教団の聖廟があり、何世紀にもわたって中国ムスリム・コミュニティーの中心地の一つとして栄えてきた。そのため「中国の小さなメッカ」とも呼ばれている。

240 ｜ 第5章　アジア太平洋

第5章　アジア太平洋 | 241

下

阿巴和加麻札（アパク・ホージャ）
霊廟 複合施設
APAK KHOJA MAUSOLEUM COMPLEX
中国　新疆ウイグル自治区カシュガル（喀什）市（1640年）

この霊廟は、ホージャ家という宗教指導者一族の5世代の眠る場所となっている。彼らはナクシュバンディー教団のスーフィズムをこの地域に導入する上で大きな役割を果たした。建物の壁面は、おもに緑と青色の小さな釉薬タイルでおおわれ、花や幾何学模様が施されている。新疆ウイグル自治区で最も神聖なイスラム施設であり、毎年何千人もの巡礼者が訪れる。また、この霊廟は「香妃墓」としても知られている。アパク・ホージャの孫娘であるイパルハンが、あまりの美しさに心を奪われた皇帝によって、北京の宮廷に連れて行かれたという伝説に由来している。

右頁および p.244－245

西安大清真寺
GREAT MOSQUE OF XI'AN
中国　陝西省（1392年）

中国で最大のモスクの一つで、面積は1万2,000平方mに及ぶ。7世紀から存在していたと考えられているが、現在のモスクは明代に建てられた。まるで仏教寺院のように、一直線上に中庭とパヴィリオンが並んでいる。3つの中庭をくぐり抜けて奥へ行くと、礼拝堂のある最後の中庭に至る。それぞれの中庭には、パヴィリオン、スクリーン、塔などの記念碑的な建造物が中央に建てられている。3番目の清修殿（瞑想の場所）という中庭には、施設内で最も高い建造物である八角形の省心楼がある。今日では、参拝者よりも観光客が多く訪れるモスクとなっている。

242 | 第5章　アジア太平洋

第5章　アジア太平洋 | 243

第6章

ヨーロッパと
アメリカ

この章でのイスラム建築の物語は、おもに影響とインスピレーションの物語である。コルドバの大モスク（⇨ p.246）が西地中海のイスラム建築に与えた影響、西地中海のイスラム建築がヨーロッパの建築に与えた影響（たとえば、サンタンドレア大聖堂（⇨ p.274）やヴェネツィアのサン・マルコ大聖堂とドージェ宮殿（⇨ p.274－275）で見ることができる）である。また、この物語は、ある地域から別の地域へ、ある社会から別の社会へ、そしてある集団から別の集団へと、アイデアや視覚的伝統が移り変わっていく過程でもある。

イスラム文化と非イスラム文化の間は、アイデアのやりとりや相互の影響が盛んであったことから、「イスラム建築」というラベルを使うことは、理解を助けず、むしろそれを妨げる場合がある。たとえば、およそ20あるスペイン北部の10世紀頃のセラブロと呼ばれる教会群（⇨ p.261）を考えてみよう。スペインの大部分は、首都コルドバを拠点とするウマイヤ朝から支配を受けていた。北部のいくつかのキリスト教王国は、南から流入してきたキリスト教徒のおかげで勢力を維持し、人口を増やすことができたのである。セラブロ教会群は短期間に建てられ、どれも大きさやデザインが似ている。馬蹄形のアーチ窓とミナレットのように見える細長い鐘楼を持っている。現在では馬蹄形アーチはイスラム建築と強く結びつけられているが、南スペインを離れて北方に新しい住処を築いたキリスト教徒たちにとっては、そのような強い結びつきはなかったのかもしれない。単に礼拝所一般にふさわしい建築要素だと考えられていたか、あるいは見た目の良さだけで採用されたのではないかと思われる。アメリカ合衆国テキサス州ダラスにある1976年に建てられた感謝祭チャペル（⇨ p.304）も見てみよう。この螺旋状のデザインは、イラクにあるアッバース朝のアブー・ドゥラフ・モスクとサーマッラーの大モスクのミナレットを思わせる。北スペインの教会群とダラスのチャペルに共通しているのは、設計者の意図を知りえないにもかかわらず、明らかにイスラム建築の影響を受けている

**スペインのウマイヤ朝
コルドバの大モスク**
UMAYYADS IN SPAIN: GREAT
MOSQUE OF CÓRDOBA
スペイン（推定786年頃）
礼拝ホールは、まるで無限の柱とアーチの森である。二重アーチはホールの高さを強調しており、赤と白の交互に配された迫石（アーチを作る模形の石材）は、エルサレムの岩のドーム（⇨ p.12, 47）やダマスカスにあるウマイヤ朝モスク（⇨ p.10, 40）を想起させる。これらはダマスカスのウマイヤ朝における不朽の傑作である。スペインのウマイヤ朝はこのような祖先とのつながりを示したかったのである。（⇨ p.250－252）

という点だ。アメリカ合衆国には、フランク・ロイド・ライトによるマリン郡公民センターもある（⇨ p.303）。巨大なドームと、外観にある無数のアーチ、そして非常に細長い塔といったイスラム建築の最も特徴的な要素を組み合わせていると言える。ライトの場合、このプロジェクトの設計当時、バグダードでの大規模な設計プロジェクト（実現しなかったが）にも取り組んでいたことがわかっている。

　ヨーロッパにおけるイスラム建築を考えた時、まず思い浮かぶのはグラナダのアルハンブラ宮殿（⇨ p.256−259）かコルドバの大モスクであろう。どちらも非常に興味深く、美しい建物であり、研究に生涯を捧げる人もいるほどだ。こうした建物を簡潔に説明するのは難しい。コルドバの大モスクの建築様式はモスク建築に多大な影響を与えた。建築において、内部や外観だけでなく、建物の平面図を見ることも重要である。コルドバの大モスクの場合、多くの増築部分が、円を描いたり、線を伸ばしたりといった単純な幾何学を用いて設計されたことがわかる。建設者たちは、わかりやすく、エレガントな幾何学の特性を利用して増築計画を立てたのである。

　エクアドルのキトにあるサント・ドミンゴ教会（⇨ p.310）には、スペインやポルトガルで見られるような際立って見事な格子天井（アルテソナド）がある。スペインがこの地域を植民地化し始めた頃、スペインのキリスト教徒だけが移住することを奨励された。スペインに住むムスリム（ムデーハルと呼ばれる）は、通常密航者として南アメリカに密かに移住し、ムデーハル職人はアンダルシアの建築伝統をこの地域に導入した。中南米には数十のムデーハル様式の建築や意匠が施された建物がある。メキシコのプエブラ州にあるチグナウアパンのムデーハル・キオスク（⇨ p.249）も、同様にこうしたムデーハル移民の技術に負うところが大きい。

　19世紀から20世紀初頭のイスラム建築の解釈の例は、一冊の本を埋めるほどである。フランスのダンケルクにある公衆浴場の大きく目立たせた、セラミック製の釉薬をかけた馬蹄形アーチ開口部（⇨ p.284）から、シカゴにあったブルーミングデールズ百貨店の入口まわりの「ラー・ガーリバ・イッラ・アッラー」（⇨ p.304）にまで及ぶ。19世紀のヨーロッパの貴族には、とくにムーア人の建築から借用した特徴を持つ宮殿を建てることが流行していた。ロシアのある公爵は「クリミアのアルハンブラ宮殿」（⇨ p.283）を、バイエルンのルートヴィヒ2世は「ムーア式のキオスク」をリンダーホーフ城の敷地内に建てさせた（⇨ p.290）。成功した19世紀の作家たちは、「東洋」に刺激を受けた想像力豊かな内装にお金をかけた。フランス人作家ピエール・ロティは、幼少期の家にトルコサロン、アラブサロン、モスクを作った。アレクサンドル・デュマ

チグナウアパンの ムデーハル・キオスク
MUDEJAR KIOSK OF CHIGNAHUAPAN
メキシコ　プエブラ（20世紀初頭）

ムデーハル美術は、ラテンアメリカでは典型的にスペインのキリスト教徒によるレコンキスタ（再征服）の勝利の産物と見なされていた。また、それはスペインの典型的な国家様式とも考えられていた。さらに、スペインの偉業である、最後のイスラム勢力であったグラナダ（スペインの最後のムスリムの飛び地）陥落と「アメリカ大陸の発見」が同じ1492年に起きたことで、神話的、歴史的にこの2つの出来事は結びつけられた。こうした要素がすべて、たとえばこの木造キオスクのデザインに影響を与えている。アンダルシアと北アフリカで見られる、豊かに装飾された彩色模様や、漆喰細工のデザインが施されているが、同時にメキシコ固有のパターンも取り入れられている。そしてキオスクの台の下には噴水がある。

の自宅、モンテ・クリスト城にはムーア風の部屋があった。そしてナポレオン3世と皇后ウージェニーは、モロッコの幾何学模様とタイルで飾られた帝国礼拝堂を建設した。

　ヨーロッパやアメリカには何千ものモスクがあり、そのほとんどは比較的最近に建てられた。これらのモスクの多くは、イスラム建築の遺産、とくにオスマン朝時代の様式や北アフリカのデザイン要素から明らかなインスピレーションを得ている。また、モスクの建つヨーロッパやアメリカの環境と、イスラムの伝統との調和を図ろうとしているものも少なくない。

第6章　ヨーロッパとアメリカ｜249

前頁
スペインのウマイヤ朝
コルドバの大モスク
UMAYYADS IN SPAIN:
GREAT MOSQUE OF CÓRDOBA
スペイン（推定 786 年）

カリフ、アブド・アルラフマーンの下で、コルドバのモスクは、ウマイヤ朝の自負心と、科学・芸術への傾倒を究極的な形で表現する場となった。しかし、ウマイヤ朝崩壊後は放置され、1162 年にムワッヒド朝がコルドバをアンダルシアの首都と宣言するまで、修復が行われることはなかった。1236年、レコンキスタ（キリスト教徒による再征服）の結果、モスクはカトリック教会の大聖堂に改築され、聖母マリアに捧げられた。さらに 16 世紀には、モスクの中央部分に大規模な大聖堂が建設されたが、当時でもこれは議論を呼ぶものであった。

下
スペインのウマイヤ朝
コルドバ大モスクの洗礼堂門
UMAYYADS IN SPAIN: GREAT MOSQUE OF CÓRDOBA, BAPTISTERY GATE
スペイン（推定 786 年）

この門は東側に位置し、10 世紀末、マンスール朝の拡大事業の一環として建設された。ベルベル人が北アフリカから流入してきたため、モスクの規模をほぼ倍増させる拡張が必要だったと考えられている。コルドバ大モスクには、さまざまな時代から残る 20 ほどの外に面する門がある。その多くは、アーチや漆喰、煉瓦の組み合わせで精巧に装飾が施されている。

252 | 第 6 章　ヨーロッパとアメリカ

左頁上
**スペインのウマイヤ朝
コルドバ大モスクの彫刻された石窓**
UMAYYADS IN SPAIN: GREAT
MOSQUE OF CÓRDOBA,
CARVED STONE WINDOW
スペイン（推定 786 年）

このユニークで革新的な四重の構成は、職人たちの想像力と技術の高さを物語っている。使用されているのは、大きな正方形、小さな正方形（回転したもの）、五角形のわずか 3 種類の形状だけである。

下
**スペインのウマイヤ朝
サロン・リコ**
UMAYYADS IN SPAIN:
SALÓN RICO
スペイン　コルドバ　マディーナト・アルザフラー（936 年）

サロン・リコは宮殿都市マディーナト・アルザフラーの中で最も壮麗な内部空間である。ウマイヤ朝のカリフ、アブド・アルラフマーン 3 世のために建てられた。この広間は 20m x 17.5m の大きさで、正面には大きな開口部があり、段々になった庭園とグアダルキビル川を見渡すことができる。内部には多くの彫刻された大理石と石灰岩のパネルがあり、植物が表現されている。カリフの宦官であるスナイフがその精巧な装飾を任されたことが記録されている。

次頁
スペインのウマイヤ朝　ゴルマス城
UMAYYADS IN SPAIN: GORMAZ
CASTLE
スペイン　カスティーリャとレオン
（965 年）

この城の丘は、ウマイヤ朝がスペインに到来する前から要塞があった場所であり、ムスリムとキリスト教徒の土地の境界に位置する自然の橋頭堡（きょうとうほ）であった。そのため、この城は長年にわたって幾度も所有者が変わった。965 年、アルハカム 2 世の治世中に、コルドバのカリフ国境を守るために奪取された。防御施設のほとんどはこの時期に遡る。何世紀にもわたってヨーロッパ最大の城であり、最も広い部分で 380m x 63m あり、27 の塔がある。当時の要塞建築の特徴として、塔は基部のみで壁に接続されており、攻撃を受けた場合、塔が破壊されても壁は残るようになっていた。

第 6 章　ヨーロッパとアメリカ　253

左
ナスル朝　アルハンブラ宮殿
NASRID: ALHAMBRA
スペイン　グラナダ（推定 1238 年）
アルハンブラ宮殿はナスル朝によって建設され、下記のグラナダとは別の、都市要塞を形成していた。（写真に見える）宮殿群は、おもに要塞の北側にあり、グラナダのアルバイシン地区を見下ろしている。北アフリカ建築によく見られる様式で設計されており、中央にプールや噴水のあるパティオを囲んで部屋やホールが配されている。ここで見られるアルハンブラの景色は、有名なサン・ニコラスの展望台から撮影された。

下
ナスル朝 アルハンブラ宮殿　獅子宮
NASRID: ALHAMBRA, PALACE OF THE LIONS
スペイン　グラナダ（推定 1238 年）
獅子宮には 35m x 24m の中庭がある。中央にある有名な噴水は、十二角形の大理石の水盆が 12 頭の石造りの獅子に支えられている構造である。噴水の中央には 4 つの水路があり、天国の 4 つの川を表しており、中庭を 4 つに分断している。各水路は、4 つの独立した空間へと導かれている。水盆にはイブン・ザムラクによる詩が刻まれており、以下の一節が含まれている。

　果たしてこの庭園には神が比類なき美しさで創った驚異が存在しないであろうか。透き通る光を放つ真珠の彫刻、その縁は真珠玉で飾られている。溶けた銀が真珠の中を流れるように、その純粋な美しさを持つ明け方に似ている。水と大理石は一体のようであり、どちらが流れているのかわからない。水が盆に溢れる様子を見よ、しかしその注ぎ口はすぐにそれを隠してしまう。それは涙であふれる恋人のようだが、裏切られることを恐れて涙を隠しているかのようだ。

第 6 章　ヨーロッパとアメリカ | 257

上
**ナスル朝
アルハンブラ宮殿
アベンセラヘスの間**
NASRID: ALHAMBRA,
HALL OF THE ABENCERRAJES
スペイン　グラナダ（1377－1390年）
アベンセラヘスの間は獅子宮の一部であり、アルハンブラ宮殿の中でも最も畏敬の念を抱かせる美しい部分と考えられている。この間の天井は、何千もの漆喰ムカルナス装飾によって形作られており、それらが一体となって重力に抗い、無限に近づいているかのような繊細で密な立体的な構図を生み出している。獅子宮は、2つの見事な漆喰によるムカルナス装飾のドームを備えている。八角星形をしたこのドームと、2姉妹の間にある八角形のドームである。

右頁
**ナスル朝　アルハンブラ宮殿
リンダラハの展望台と2姉妹の間**
NASRID: ALHAMBRA, MIRADOR
DE LINDARAJA, HALL OF
THE TWO SISTERS
スペイン　グラナダ（1354－58年）
ナスル朝時代、アーチの向こうには田園が広がっており、展望台は望楼として機能していた。現在ではダラークサ庭園を見渡している。展望台で用いられている幾何学模様の装飾は、切り出したタイル（ズィッリージュ）で作られており、アルハンブラ宮殿にあるナスル朝の宮殿の中でも最高級のものである。アーチの上にある彫刻されたスタッコも同じく見事だ。「リンダラハ」という名前は、アラビア語の「アイン・ダール・アーイシャ」（「アーイシャの家の目」）に由来する。

258 ｜ 第6章　ヨーロッパとアメリカ

左

モサラベ
スサンのサンタ・エウラリア教会
MOZARAB: CHURCH OF SANTA EULALIA DE SUSÍN
スペイン　アラゴン州（950－1024年）
スペイン北部のピレネー山脈の麓には、ウマイヤ朝の征服後も残ったキリスト教徒が建てた、セラブロと呼ばれる約20の小さな教会群がある。どれも規模、形状、特徴が似ており、細長い身廊、アプス（後陣）、そしてミナレットに似た細身の鐘楼を備えている。これらの教会は、ロマネスク様式の特徴と、アルフィズ（長方形の枠組）に収められた馬蹄形アーチの窓のようなモサラベ様式の特徴を併せ持つ。レコンキスタ後、人々は山岳地帯を離れるようになり、村々は過疎化したため、これらの教会は数世紀にわたってほとんど変化していない。

下

ムデーハル
泉の聖母エルミタージュ（隠者の庵）
MUDEJAR: HERMITAGE OF OUR LADY OF THE FOUNTAINS
スペイン　アムスコ（13世紀中頃）
このエルミタージュは半円と尖頭のアーチを持つことから、ロマネスクからゴシックへの移行期の建築物であるといえる。下の写真の説教壇は、ムデーハル様式の石彫りの傑作である。欄干パネルには、4つの刻み目による正方形が組み合わされた文様が認められる。

左頁

モサラベ　サン・バウデリオ・デ・ベルランガの隠修士院
MOZARAB: HERMITAGE OF SAN BAUDELIO DE BERLANGA
スペイン　カルトハル（11世紀初頭）
なだらかな丘陵地帯の奥まった場所にあるこの隠修士院は、外観は質素だが、内部はモサラベ建築の驚異と言える。ほぼすべての表面が絵で彩られ、主要な空間の中央には8つの細い馬蹄形アーチが伸びる柱がある。それは、建物が捧げられている聖バウデリオのシンボルの一つであるヤシの木を彷彿とさせる。壁にはセッコ技法（乾いた漆喰の上に描く技法）で聖書からの場面、イスラム美術の影響を受けた狩猟風景や動物などが描かれている。装飾要素の多くは、イスラムの視覚モチーフの影響を受けている。壁画の大部分は20世紀初めに取り外され、現在ではいくつかの主要な美術館で見ることができる。

第6章　ヨーロッパとアメリカ | 261

左
ムデーハル　レアル・アルカサル
MUDEJAR: REAL ALCÁZAR
スペイン　セビリア（1366年）

10世紀のムスリムによる要塞宮殿は現存せず、最も重要な増築や改修は14世紀に2人の異なるキリスト教徒の王の下、ムデーハル職人によって行われた。カスティーリャのアルフォンソ11世は、1340年にナスル朝とマリーン朝に対する勝利によってイスラムの領土を支配したのと同じように、イスラムの視覚文化を取り入れようとした。一方、アルフォンソ11世の息子であるペドロ王は、セビリアで育ち、イスラム芸術に囲まれて育った。彼は亡命中のグラナダのナスル朝スルタン、ムハンマド5世から助言を受けていた。このことが、アルカサルがアルハンブラと非常によく似ている背景となっている（⇨ p.256－259）。

下
ムデーハル　サヴィオール大聖堂
MUDEJAR: CATHEDRAL OF THE SAVIOUR
スペイン　サラゴサ（1318年）

1318年、サラゴサ大司教区が設置され、新しいゴシック様式の教会が建てられた。そこには「ラ・パロキエタ」と呼ばれる礼拝堂が加えられ、その外観は現在、ムデーハルの煉瓦積み装飾の傑作と見なされている。教皇ベネディクト13世（ローマではなくアヴィニョンから統治し、歴史的には「対立教皇」であった）は、大聖堂のほかの改修にも深く関与していた。このムデーハル様式大聖堂の正面上部には、ムワッヒド様式の胸壁が設置され、その部分を城のように見せるほどである。教皇はムデーハル建築を好み、アラゴン地方で彼によって発注された多くの建物からもそのことがうかがえる。

第6章　ヨーロッパとアメリカ

下

ムデーハル　サン・ロマン教会
MUDEJAR: CHURCH OF SAN ROMÁN
スペイン　トレド（13世紀）

教会内部には13世紀のトレドに存在したさまざまな様式と影響の融合が見られる。モサラベ様式の馬蹄形アーチと多葉形アーチ、一部のアーチを囲む長方形のアルフィズ枠、幾何学模様が見られる。アーチの内側には、翼を持つ天使や聖人を描いたビザンチン様式の絵画がある。アーチの上には、擬似アラビア書道とラテン語の銘刻文で縁取られた窓がある。壁画は、マタイによる福音書27章52節の場面を描いており、イエス・キリストが十字架上で亡くなった瞬間、聖人たちが墓から蘇った様子が示される。

右頁

ムデーハル　シナゴーグ・サンタ・マリア・ラ・ブランカ
MUDEJAR: SYNAGOGUE SANTA MARIA LA BLANCA
スペイン　トレド（1205年）

元々はイブン・シューシャーンのシナゴーグと呼ばれており、ヨーロッパ最古のシナゴーグの一つである。彼はカスティーリャのアルフォンソ8世の財務大臣を務めており、このシナゴーグ（あるいはシナゴーグ修復）の後援者として記録に残っている。トレドは「共存」と呼ばれる時代、ムスリム、ユダヤ教徒、キリスト教徒が互いに尊重しあって共存していたことで有名であった。柱頭部の装飾には松笠型デザインが施されており、ムワッヒド朝の建築装飾の影響が見られる。

ムデーハル　サン・ロマン教会
MUDEJAR: CHURCH OF SAN ROMÁN

左
サン・フアン・デ・ドゥエロ修道院
MONASTERY OF SAN JUAN DE DUERO
スペイン　ソリア（13世紀）

この修道院は、エルサレムの聖ヨハネ病院騎士団によって建てられた。回廊に見られる異なる種類のアーチ（尖頭のアーチ、交差したアーチ、尖った馬蹄形のアーチ）のユニークな組み合わせは、イスラム建築を想起させるため、設計にムデーハル建築家や石工が関わったことを示すものである。回廊よりも前に建てられた小さな教会には、騎士団が内部に2つの小さな小神殿（イディキュラ）を加えた。これらもムデーハル様式の影響を強く受けている。修道院は18世紀半ばに使われなくなった。

右
建築模型
ARCHITECTURAL MAQUETTE
スペイン（19世紀後半）

スペインのグラナダにあるアルハンブラ宮殿で最も重要な宮殿の一つであるコマレス宮のハンマーム（浴場）の一部、「バイト・アルマスラジュ（寝室）」の立体模型である。キャビネットに入ったこの木製模型は、グラナダにある彫刻家ディエゴ・フェルナンデス・カストロの工房で作られた。浅い浮き彫りの模型の方がより一般的であった。この立体模型に見られる細部にこだわった正確さは、おそらくアルハンブラ宮殿のこの部分の修復作業に携わった職人が関与したことを示唆する。19世紀のヨーロッパでは、有名な観光地からの高品質の土産への需要があった。

左頁
ムデーハル
サンタ・マリア・デ・グアダルーペ王立修道院
MUDEJAR: ROYAL MONASTERY OF SANTA MARÍA DE GUADALUPE
スペイン　エストレマドゥーラ（14世紀）

スペインで最も重要な修道院の一つであり、13世紀末の礼拝堂が起源である。1340年にマリーン朝に勝利したアルフォンソ11世が王室の聖域とした。1492年にはローマカトリックの王たちがグラナダのレコンキスタとアメリカ大陸「発見」の後に巡礼し、1496年にコロンブスが訪れ、メキシコ人2人に洗礼を受けさせた。サンタ・マリア・デ・グアダルーペは、スペインの新大陸領土の守護聖人とされた。2階建ての回廊はムデーハル様式、バラ窓は伝統的なゴシック様式の要素と十二角形のイスラム幾何学模様の星形が組み合わされている。

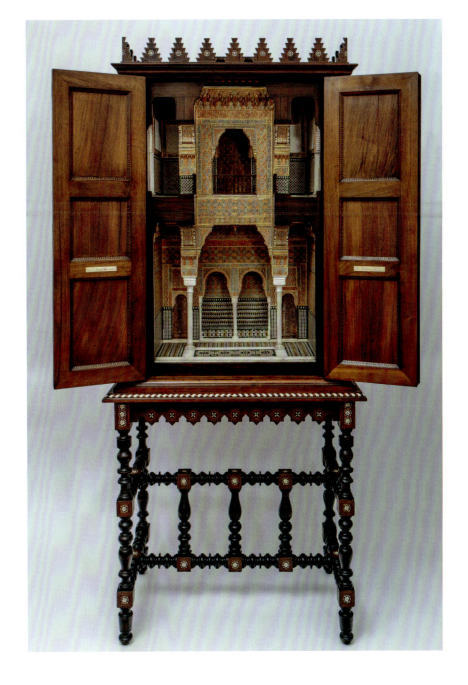

第6章　ヨーロッパとアメリカ | 267

上

カサ・ビセンス
CASA VICENS
スペイン　バルセロナ（1883年）

アントニ・ガウディが設計した邸宅で、彼が建築学校卒業後5年で初めて本格的に手がけた建築物である。内装外装ともに、ガウディの奔放な創造的才能を存分に示している。スペインのさまざまな建築様式、とくにイスラム建築の影響が混ざり合っている。また、アール・ヌーヴォーの影響も受け、スペインにおける最初期のモダニズム建築の傑作の一つとされている。外装はムーア様式のアーチとタイル模様で飾られ、内装にはムカルナスと呼ばれる装飾技法が用いられている。

右頁

グラナダの大モスク
GRAND MOSQUE OF GRANADA
スペイン（2003年）

1492年のレコンキスタ以来、グラナダに建てられた初のモスクである。旧アラブ人居住区アルバイシンに位置し、モスクの向かいの丘にあるアルハンブラ宮殿を望む絶景の庭園を備えている（p.256-257の景色に類似）。建築家スィーディー・カリーム・ビューデスが設計した、漆喰でおおわれた壮麗で革新的な木製の立方体ムカルナス装飾が入口ホールを飾る。ムカルナスの各面（7cm x 7cm）は芸術家のダウード・アルムルスィーによって彩られた。モスクの立地と特徴は、モスクを建設したムスリム改宗者コミュニティーにとって大切な問題である、非ムスリムへのなじみやすさを重視して計画された。

右
宮殿礼拝堂
PALACE CHAPEL
ポルトガル　シントラ（14 世紀頃）
リスボン近くのシントラ宮殿は、リスボンのムーア人支配者によって建てられた城の跡地に位置している。その時代からのものは何も残っておらず、礼拝堂は現存する宮殿の最古の部分であり、宮殿はおもに 15 世紀から 16 世紀にかけて建てられた。礼拝堂のムデーハル様式の天井は、ポルトガルで最も保存状態の良いものの一つである。壁画には（20 世紀に修復された）鳩が描かれており、聖霊を象徴している。

左
モサラベ　サン・ペドロ教会
MOZARAB: CHURCH OF SÃO PEDRO
ポルトガル　ロウロザ（912 年）
この小さなバシリカは、ポルトガルで最も重要なモサラベ建築物の一つとされている。中央身廊は、柱廊の上にかかる馬蹄形アーチによって、両側の側廊と隔てられている。ほかにも、アンダルシア建築の影響を示す細部がいくつか見られる。

270 ｜ 第 6 章　ヨーロッパとアメリカ

上および右
ノルマン・シチリア王国
ジーザ宮殿
NORMAN SICILY: ZISA PALACE
イタリア　パレルモ（1189年）

緑豊かな庭園公園の中に佇むジーザ宮殿は、アラブの職人や建設工によってファーティマ朝様式で建てられた宮殿兼城塞である。建物の前にある長方形の貯水池の水は、温かい空気を冷却し、上の階にある噴水の間へと導かれる。大理石でおおわれた噴水の間では、奥の壁にある噴水から水が流れ落ち、波形の大理石の斜面を伝い、床に設けられたいくつもの小さな水路と水盤へと流れ込み、地下通路を通って外の貯水池へとつながる。噴水の上には、孔雀、射手、ナツメヤシの木が描かれたモザイク装飾が施されている。その上部には、現地の砂岩を彫った複雑なムカルナス装飾がある。ジーザ宮殿全体には、植物や狩猟の場面を描いたモザイク装飾があり、ビザンチン美術とイスラム美術の影響が見られる。

第6章　ヨーロッパとアメリカ ｜ 271

上および右
**ノルマン・シチリア王国
パラティーナ礼拝堂**
**NORMAN SICILY:
PALATINE CHAPEL**
イタリア　パレルモ（1140年）
シチリアとアフリカのノルマン王である
ルッジェーロ2世の命により建設が開
始され、後継者たちによって継続された。
壁やアーチはビザンチン様式のモザイク
でおおわれている。中央の天井は木製の
ムカルナスで装飾されており、八角星が
2列に連なっている。ムカルナス表面に
は、人物、動物、植物、葉、蔓草など、
細部まで驚くほど緻密に絵画が描かれて
いる。

右頁
**サンタ・マリア・デル・
アミラリオ教会**
**CHURCH OF SANTA MARIA
DELL'AMMIRAGLIO**
イタリア　パレルモ（1143年）
教会の創設者であるアンティオキアのジ
ョルジョは、シチリアのルッジェーロ2
世の海軍司令官だった。内部にはシチリ
アでも有数の金モザイクがあり、ルッジ
ェーロ2世が（ローマ教皇からではなく）
キリストから冠を授けられている様子が
描かれている。大理石の柱には、ビスミ
ッラーというアラビア語クーフィー書体
による銘刻が、ドームの周りには、キリ
スト教の聖歌がアラビア語で書かれたフ
リーズがある。鐘楼は後から加えられた
もので、イスラム建築の要素を多く取り
入れた非常に精巧な装飾が施されている。

272 ｜ 第6章　ヨーロッパとアメリカ

上
サンタンドレア大聖堂
CATHEDRAL OF ST ANDREW
イタリア　アマルフィ（13世紀）

アマルフィは一時期、西地中海地域で最も重要な商業中心地であった。大聖堂は、1204年のコンスタンティノープルの陥落後にアマルフィに持ち込まれた使徒アンデレの遺骨を安置するために建てられた。大聖堂の白黒（アブラク）の外観と尖頭アーチは、シリアからの輸入品である。

右
サン・マルコ大聖堂とドージェ宮殿
ST MARK'S BASILICA AND DOGE'S PALACE
イタリア　ヴェネツィア（1063年着工／1340年着工）

1100年から1500年にかけて、ヴェネツィアは東西交易の中心地として、またエルサレムへの巡礼路の中継地点として、最盛期を迎えていた。ヴェネツィア人は、カイロ、アレクサンドリア、ダマスカス、アレッポといったほかの交易都市で目にした建築様式を取り入れた。サン・マルコ大聖堂は、ヴェネツィアの権力と壮麗さを、この街のほかのどの建物よりもよく表している。高いドームは、二重ドーム構造（内部ドームと高い外部ドーム）の採用によって可能になった。ドージェ宮殿は、当時ソロモンの宮殿と誤解されていたアルアクサー・モスク（⇨ p.47）をうっかりモデルにしてしまったと考えられている。白いイストリア石と赤いヴェローナ大理石のファサードは、菱形のデザインが施され、アナトリアやイランの煉瓦造りを彷彿とさせる。しかし、最も特徴的なのは、ファサード全体に連なる34のオジー（涙滴型）アーチであろう。これが最初に見られたのはアレッポのミナレット大モスク（⇨ p.41）であった。

次頁
サメッザーノ城
CASTELLO DI SAMMEZZANO
イタリア　レッチョ（1605年頃および1840年代―1889年）

元々17世紀初頭に建てられ、19世紀にフェルディナンド・パンチャティーキ・シメネスによって改装された。彼はイスラム建築からヒントを得て応用した。アルハンブラ宮殿、タージ・マハル、アルカサル、ペルシア建築、カイロのモスク建築から視覚的な要素を取り入れている。1840年代後半に着手し、彼の生涯のプロジェクトとなった。彼の死後、彼の娘が計画を成し遂げた。このパラッツォには365の部屋があり、それぞれが異なるスタイルで装飾されている。

上
ローマのモスク
MOSQUE OF ROME
イタリア（1995年）

3万平方mの敷地に、図書館と文化センターが併設されている。ヨーロッパ最大のモスク複合施設の一つである。淡い赤煉瓦と茶色のトラヴァーチン、緑のペペリーノ石でおおわれ、地元のローマ建築の伝統を取り入れている。礼拝堂は40m×40mで、32本の円柱があり、4本の軸が先細りになり上部に向かって開いている。建築家はパオロ・ポルトゲッシ、ヴィットリオ・ジリオッティ、サミ・ムーサウィーである。

上
カースィム・ハーン国 ハーンのモスク
QASIM KHANATE: KHAN'S MOSQUE
ロシア　カシモフ（16世紀中頃／18世紀後半）

カシモフは1452年から1681年までカースィム・ハーン国の首都であった。1702年にピョートル大帝によって大部分が取り壊されたこのモスクは、ミナレットを残すのみとなった。1773年、エカチェリーナ大帝が諸宗教寛容令を発布し、モスクは復活、再建された。このモスクは、何世紀にもわたり、ロシアの社会的、政治的激変とともに栄枯盛衰を繰り返してきた。

右
サンクトペテルブルク・モスク
ST PETERSBURG MOSQUE
ロシア（1921年）

このモスクは、革命前のロシア帝国で精神的中心地と見なされていたサマルカンドにあるグル・アミール（ティムール朝の墓）をモデルにしている。モスクの外壁の多くは黒い花崗岩でおおわれている。最も特徴的なのは、（グル・アミールのような）リブ付きドーム、入口の扉、脇の女性用入口で、すべてがほぼ青とターコイズのセラミックタイルでおおわれている。これらのタイルは、（ロシアにマジョリカを再導入した）ピョートル・クズミチ・ヴァウリンの工房で作られた。

第6章　ヨーロッパとアメリカ | 279

下
タウバ・モスク
TAUBA MOSQUE
ロシア　タタールスタン　ナベレジニェ・チェルニー（1992年）

鋭い角のある近代的な建物で、モスクというより教会のように見えるかもしれない。完成したのはソヴィエト連邦崩壊直後で、タタールスタンはイスラムの国々や教育機関から大きな関心を集めるようになった。外壁は灰色の石灰岩でおおわれ、屋根は銅製である。このモスクには当初、十字架やダヴィデの星をあしらったステンドグラスが組み込まれていたが、これはソヴィエト社会主義共和国連邦時代のイスラム最高指導者の意向によるものだった。

右
ムフタロフ・モスク
MUKHTAROV MOSQUE
ロシア　ウラジカフカス（1908年）

モスクを建てたポーランドの建築家ユゼフ・プロシュコは、カイロの建築、とくにアルアズハル・モスクからインスピレーションを得た（⇨p.29, 32）。1863年、タタール人兵士たちによって、この街にモスクを建てるという願いが初めて表明された。その後数十年にわたり、許可を得る努力と資金集めが行われた。モスクの名は、建設資金を寄進したアゼルバイジャンの石油王ムルトゥザ・ムフタロフにちなんで付けられた。内装は非常にカラフルで、華やかで個性的なデザインである。

280 ｜ 第6章　ヨーロッパとアメリカ

第6章 ヨーロッパとアメリカ

左頁
スペインのシナゴーグ
SPANISH SYNAGOGUE
チェコ　プラハ（1868年）

おそらくプラハ最古のシナゴーグに代わるものとして建てられたもので、ムーア復興様式の建物である。素晴らしい内装はアントニン・バウムとベドジフ・ミュンツベルガーによって設計された。19世紀後半には、世界中で何百ものシナゴーグがムーア復興様式で建てられた。興味深いことに、これらは（1492年にスペインから追放された）セファルディ系ユダヤ人のコミュニティーではなく、東欧や中欧のアシュケナージ系ユダヤ人のコミュニティーのために建てられた。このスタイルは、ユダヤ人が中世のアルアンダルスで主流社会の一部を成した時代を想起させるものであった。

下
ヴォロンツォフ宮殿
VORONTSOV PALACE
ウクライナ　クリミア（1837年）

イギリス人建築家エドワード・ブロアによって建てられたこの宮殿は、クリミアのアルハンブラ宮殿と呼ばれることもある。ムーア復興様式、ネオ・ムガル様式、およびゴシック復興様式の建築要素と装飾のハイブリッドである。ニコライ1世を含むロシアの貴族たちはヴォロンツォフ宮殿を訪れ、同じようなスタイルの夏の宮殿をクリミアに建設したいと考えた。ニコライ1世は、さらにサンクトペテルブルクの冬の宮殿にアルハンブラ宮殿風の浴室を設計させた。この皇后のための新たな浴室は、ロシアにムーア復興様式の普及をもたらした。設計は、ロシアにおけるムーア復興様式の建築をほぼ一手に担っていた建築家アレクサンドル・ブリウロフであった。

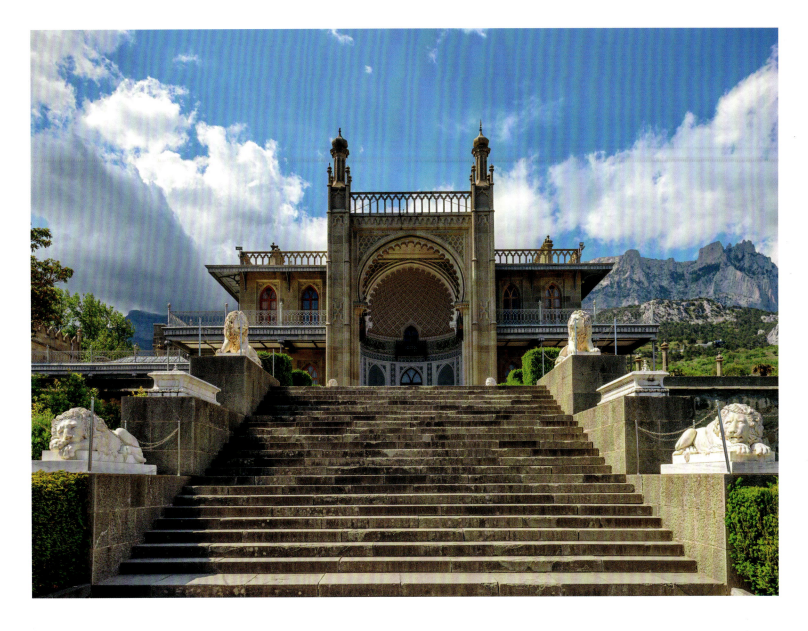

左

ダンケルクの公衆浴場
DUNKIRK BATHS BUILDING
フランス　ダンケルク（1897 年）
19 世紀のダンケルク市民の健康増進のため、地元市長は、市民の衛生状態を改善するいくつかの公共事業を認可した。ダンケルクの公衆浴場もそのようなプロジェクトの一つだった。リールの建築家アルベール・ベール、ルイ・ジルカン、ジョルジュ・ボワダンは、ムーア復興様式の建物を提案した。地元の人々にシャワー、公共洗濯場、プールを提供した。ミナレットのような外観の大きな煙突、小さな玉ねぎドーム、半月でおおわれた 2 本の円柱はその後、姿を消した。

上
ミッシリ
MISSIRI
フランス フレジュス（1930年）
フランス軍がセネガルの植民地軍、ティライユールの士気を高めるために建てたミッシリ（西アフリカのバンバラ語で「モスク」）は、ジェンネの大モスク（⇨p.191）を模したものだが、コミュニティー・センターとして機能し、宗教的な目的はなかった。キブラ壁もミフラーブもなく、屋根のある礼拝所もない。フレジュスに駐留していたアフリカ系植民地兵士や、戦地へ向かう途中で通りかかった兵士にとって、ミッシリは厳粛な存在だった。戦死したアフリカ人兵士はミッシリを通り抜け、周囲を回り、礼拝は建物の外のオープンエリア（ムサッラー）で捧げられた。建物の周りには、フランス軍がコンクリートで流し込んで赤く塗った偽シロアリ塚を作り、ミッシリの西アフリカの雰囲気を高めた。

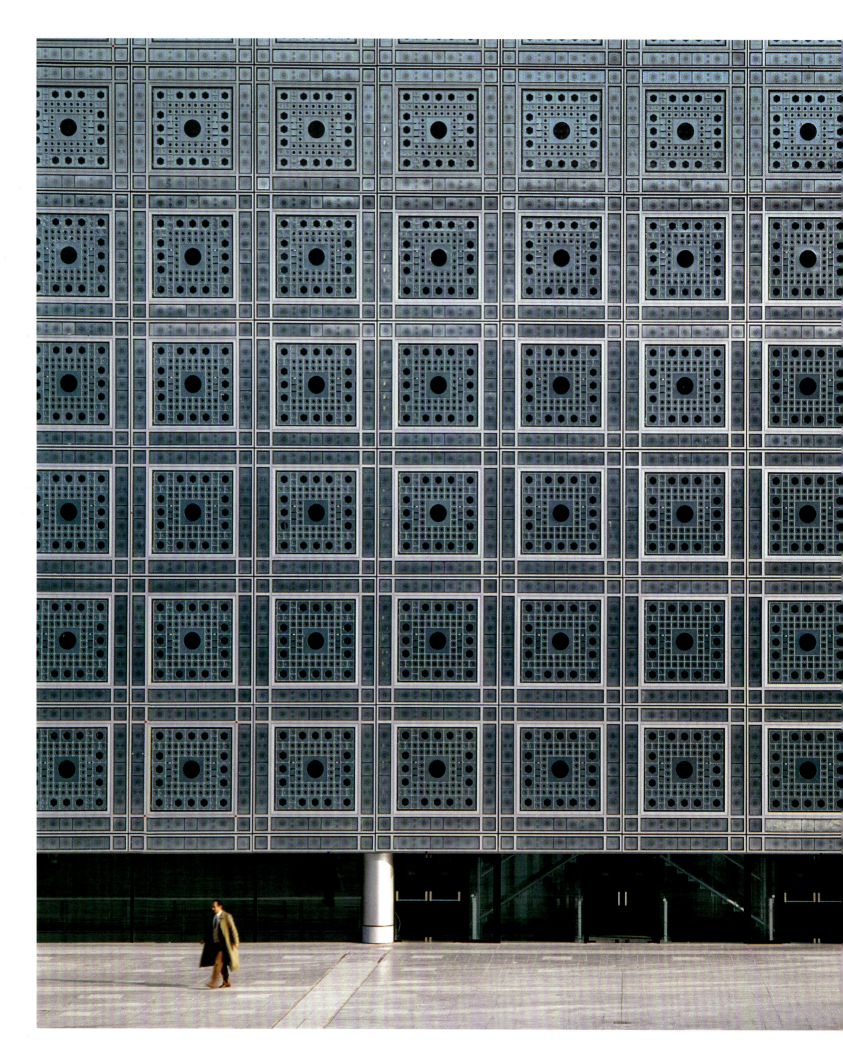

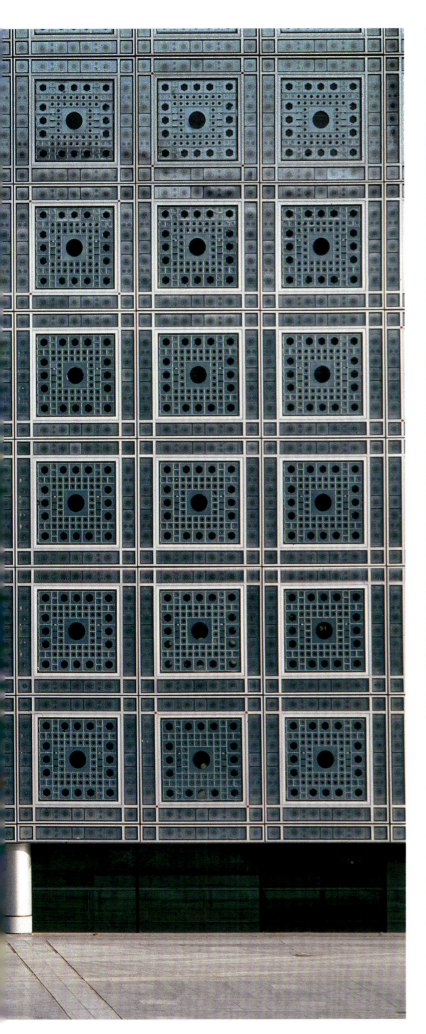

アラブ世界研究所
INSTITUT DU MONDE ARABE（ARAB WORLD INSTITUTE）
フランス　パリ（1987年）
パリの中心部、左岸に位置して目立つこの建物は、西洋文化とアラブ世界の対話を示す意図がある。外観は、幾何学的な構成を思わせる大小の正方形が合理的に配置された金属構造でおおわれている。これらの正方形の内部には（カメラの絞りのような）電気機械装置があり、建物への採光を調節している。外が明るいほど、それらは閉まる。ファサードには大小約3,000個の絞り機構がある。この建物は、ジャン・ヌーヴェル、ピエール・ソリア、ジルベール・レゼネスの建築スタジオが設計した。

右
クリュニー修道院の大翼廊
CLUNY ABBEY, GREAT TRANSEPT
フランス　ブルゴーニュ（1120年）
1088年から1120年にかけて建設されたこの教会は、この地で3番目に建てられたもので、通称クリュニー3世と呼ばれている。かつてはキリスト教世界最大の教会で、強力なベネディクト修道会の本部だった。基本的にはロマネスク様式だが、ヨーロッパで最も早い時期に出現した尖頭アーチが特徴で、おそらくサンタンドレア大聖堂を経由してシリアから輸入されたものだろう（⇨ p.274）。クリュニー修道院の権力とヨーロッパ全土への影響力は、キリスト教建築に尖頭アーチをとりいれるきっかけとなり、ゴシック様式の中心的な特徴となった。

左
ピエール・ロティの邸宅
PIERRE LOTI'S HOUSE
フランス　ロシュフォール（19世紀）
ピエール・ロティは、海軍士官であり、19世紀フランスで最も有名で成功した作家の一人であった。彼は旅先で集めた品々を使い、自宅の中に訪れた国や作品にちなんだ部屋を作った。その中の一つには、モスク霊廟を模した部屋で、イズニクタイル製のミフラーブ、馬蹄形のアーチ、儀式用の布がかけられた5つの棺が置かれている。ロティの最初の小説「アジヤデ」はイスタンブールが舞台となっており、同市のエユップ地区にはピエール・ロティの丘がある。

右
アムステルダム市立墓地 イスラム葬儀用パヴィリオン
AMSTERDAM MUNICIPAL CEMETERY, ISLAMIC FUNERAL PAVILION
オランダ（2012年）
この質素な平屋建ての葬儀ホールは、オランダで最大規模のムスリム墓地の隣に位置する。この墓地は、アムステルダムにあるさまざまなムスリム・コミュニティーの人々が利用している。建物正面の入口には、レム・ポストゥーマによってデザインされた、高さを最大限に利用した幾何学模様構成が施されている。この作品は、個々の打ち込みコンクリート製の要素をはめ込んで作られており、角を巻き込むようにデザインされているため、驚くほど触感のある立体感を持つ。建物の後方には、メッカの方向に向かって軸が設けられた墓地庭園に面する大きなガラスのドアが設置されている。建物全体はアトリエPUUURの設計による。

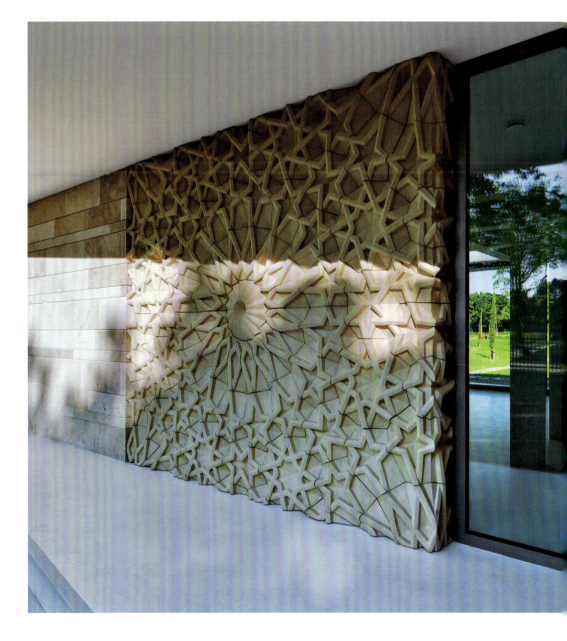

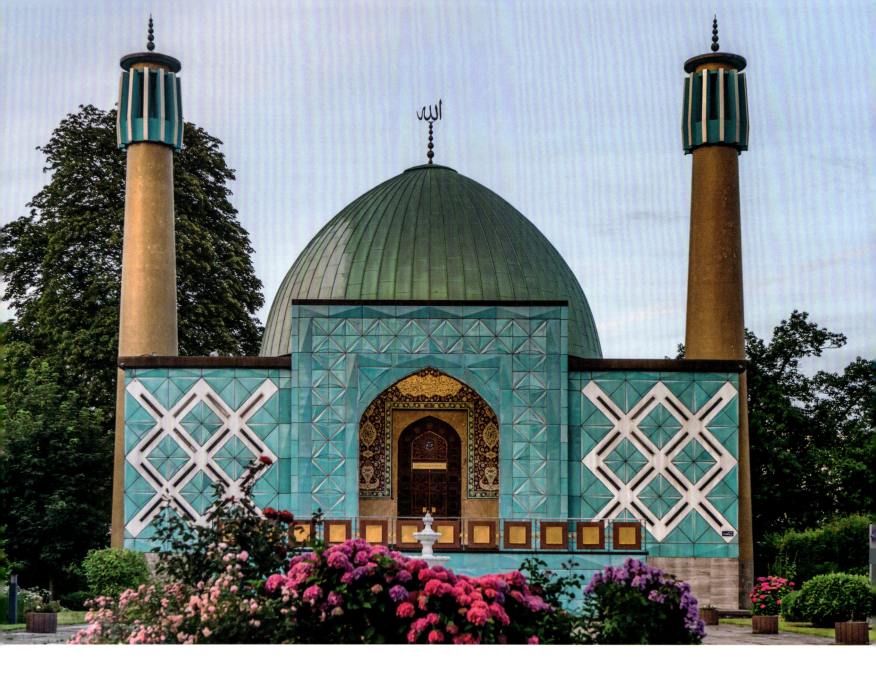

上
イマーム・アリー・モスク
IMAM ALI MOSQUE
ドイツ　ハンブルク（1965年）
ドイツで最も古いモスクの一つであり、1953年にハンブルクのイラン人実業家グループによって練られた構想から始まった。イランから資金を調達し、1961年にモスクの建設が始まったが、現在のような完成形になるまでには20年近くかかった。後にイラン大統領となったイマーム（導師）を含め、多くのイランの高位聖職者や政治家がこのモスクで学び働いてきた。

左
リンダーホーフ城
ムーア式キオスク
SCHLOSS LINDERHOF,
MOORISH KIOSK
ドイツ　バイエルン州（1867年）
リンダーホーフ城は、19世紀後半にバイエルン王ルートヴィヒ2世によって建てられた3つの城の一つであった。ムーア式キオスクは、元々カール・フォン・ディービチュが1867年のパリ万国博覧会のために設計したものだった。ルートヴィヒは、大理石の噴水や、バイエルン・ガラスで作られた羽を持つ、3羽の実物大の金メッキ鋳造ブロンズ孔雀を特徴とする玉座など、多くの装飾的要素を内部に加えた。ルートヴィヒは、「ムスリムに扮した」使用人たちと一緒に、トルコ風の衣装を着て玉座に座り、お茶を飲むのが好きだったという。

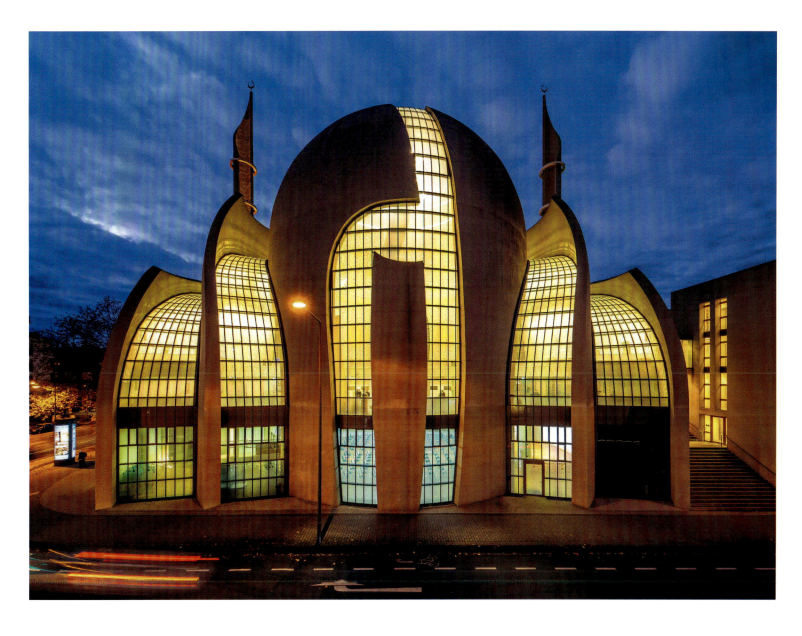

上
ケルン中央モスク
CENTRAL MOSQUE, COLOGNE
ドイツ（2017年）

このモスクの特徴は、周辺地域に対する開放性を強調していることである。大きなガラス張りの壁により、通行人はムスリムが礼拝する様子を観察することができる。レストラン、ショップ、イベントスペースなど、誰もが利用できる施設は、非ムスリムに建物やそれを利用するムスリム・コミュニティーと関わる機会を提供している。メインドームは直径26m、高さ34.5mで、軽量コンクリート製である。モスクは教会建築を専門とするゴットフリート・ベームと息子のパウル・ベームによって設計された。

右
グロッセス・シャウスピールハウス
GROSSES SCHAUSPIELHAUS
ドイツ　ベルリン（1919年）

3,500人収容のこの劇場は、建築家ハンス・ポエルツィヒが興行主マックス・ラインハルトのために建物を再利用して建設した。洞窟のような内部空間は赤く塗られた。柱とドームは何千ものムカルナス装飾でおおわれていた。ナチスはこの空間と公演を不服とし、劇場を占拠してムカルナスを隠すため吊り天井を設置した。この建物は1988年に取り壊された。

下
イエニッツェ煙草葉巻工場
YENIDZE TOBACCO AND CIGARETTE FACTORY
ドイツ　ドレスデン（1909 年）

20世紀初頭、ドレスデン中心部では、工場のような外観の工場を建てることは禁じられていた。ユダヤ人企業家フーゴ・ツィーツは、製品に含まれるトルコタバコの起源を反映させるため、モスク風の外観を持つ工場を建てるというアイデアを思いついた。20世紀初頭、ドレスデンに入った列車旅行者が最初に目にしたのは、工場の側面に大きく書かれた「サラーム　アライクム」（「あなたがたの上に平安あれ」の意）の文字だっただろう。建築家マルティン・ハミッチュの設計によるこの建物は、新しい鉄筋コンクリートの骨組み工法をヨーロッパで最初に採用した建物の一つである。ミナレットは実際には工場の煙突である。ドームの高さは20mで、全体が色付きガラスでできている。

イエニッツェ煙草葉巻工場

下
リエカ・イスラム・センター
RIJEKA ISLAMIC CENTRE
クロアチア（2013年）
このセンターはクロアチアのリエカ港を見下ろす大きなプラットフォームに設置されている。ドームは、鋼板でおおわれた6つのコンクリート区分で構成され、統一された構造を作り出している。ドームのあるプラットホームの下は2階建てになっており、レストランを含むセンターのほとんどの施設がここにある。このセンターは、ムスリム、非ムスリムを問わず、地元の人々に人気がある。クロアチアの著名な彫刻家ドゥシャン・ジャモニャの構想によるもので、彼の目標は彫刻のように見えるモスクを設計することだった。

第6章　ヨーロッパとアメリカ | 293

下
クシュラト・モスク
KUŠLAT MOSQUE
ボスニア・ヘルツェゴヴィナ　ズヴォルニク（1451–81年）

スルタン・メフメト2世の統治時代に建てられ、ボスニア・ヘルツェゴヴィナで最も古いモスクの一つである。オスマン朝時代以前からこの場所には要塞があり、モスクはそこに駐屯していたオスマン軍のために建てられた。木造のミナレットだけが宗教的な目的を示している。1993年の戦争で被害を受けたが、その後修復された。

左
カースィム・カーティブ・モスク
KASIM-KATIB MOSQUE
ボスニア・ヘルツェゴヴィナ　サラエヴォ（1546年）

一般的に木造のミナレットは珍しいが、ボスニア・ヘルツェゴヴィナでは異なる。1933年の調査によると、1,120のモスクのうち、786に木造のミナレットがあった。ミナレットのほとんどは、屋根の下の天井の梁（はり）から始まり、地面から約10mから15mの高さに達する。カースィム・カーティブ・モスクは、サラエヴォで最も美しい木造のミナレットを持つモスクの一つと考えられている。モスクの歴史については何もわかっていない。1697年のハプスブルク帝国軍によるサラエヴォ略奪の際に破壊され、18世紀初頭に再建された。

下
クルシニヤニ・モスク
KRUSZYNIANY MOSQUE
ポーランド　ポドラスキエ・ヴォイヴォデシップ（18世紀後半）

ポーランドのムスリムは、一般的に14世紀に中央アジアからやってきたタタール人にその起源を遡る。何世紀にもわたってポーランドにおけるリプカ・タタール人口は増加し、16世紀後半には約400のモスクがあったと推定されている。第2次世界大戦後、2つのタタール人の村だけが残った（ボホニキとクルシニヤニ）。クルシニヤニ・モスクは木造で2つの塔があり、地元の教会の様式で建てられている。イスラムと関連づけられている色である緑色に塗られている。この村のモスクは1717年に初めて言及された。現在のモスクはその後、同じ場所に建てられた。

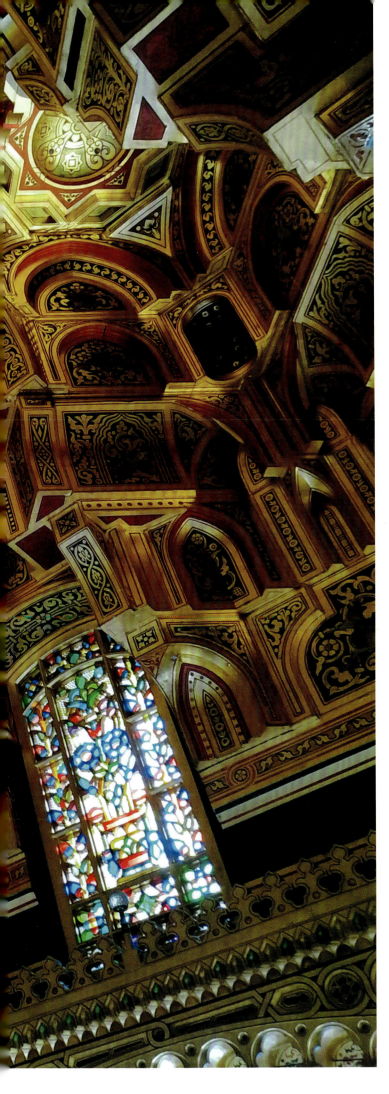
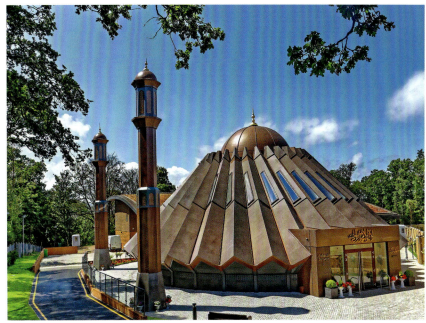

左
カーディフ城　アラブの間
CARDIFF CASTLE, ARAB ROOM
ウェールズ（1881年）

カーディフ城は、所有者である第3代ビュート侯爵のために、建築家で中世復興主義者のウィリアム・バージェスによって改築された。壮麗なアラブの間は、必要な高さを確保するために2階分の床が取り払われた。最も目を奪われるのは、巨大なムカルナス天井である。この天井は金箔でおおわれており、単なる金色の塗装ではない。

上
ムバーラク・モスク
MUBARAK MOSQUE
イングランド　ティルフォード
（2019年）

アフマディーヤ・ムスリム・コミュニティーの国際本部の敷地内にあり、500人の礼拝者を収容できる。モスクの特徴的な銅板屋根は、すべて同じ方向に傾斜する32本の折り目で形作られている。この折り目は内部でも同じように見ることができる。そのほか、馬術センター、スポーツホール、管理棟、33軒の住居などがある。

第6章　ヨーロッパとアメリカ | 297

上
ケンブリッジ中央モスク
CAMBRIDGE CENTRAL MOSQUE
イングランド（2019年）

2019年に開設されたケンブリッジ初の専用モスクである。その特徴的な木製の柱が交差するヴォールト構造で屋根を支えている。合板のトウヒ材で作られており、近くのキングス・カレッジ礼拝堂にある有名なゴシック様式の扇形ヴォールトを視覚的に反映している。外壁と内壁に部分的な煉瓦造りの模様が施され、アッラーの名やほかの宗教的な章句が表現されており、中央アジアの煉瓦造りのデザインを彷彿とさせる。建築設計はマークス・バーフィールド建築家事務所によるものである。

右
エディンバラ中央モスク
EDINBURGH CENTRAL MOSQUE
スコットランド（1998年）

このモスクはイスラム建築とスコティッシュ・バロニアル様式建築の要素を組み合わせたものである。英国で初めて、イスラム建築とモスクが立地する都市の歴史的文脈の双方を意識して設計されたモスクの一つだ。そのため、英国モスク建築の先駆者と見なすことができる。建築家バースィル・アルバヤーティーによる設計。

下
マルメ・モスク
MALMÖ MOSQUE
スウェーデン（1984年）
スカンディナヴィアで最初のモスクの一つである。1960年代に現在のマケドニアからスウェーデンに移り住んだ語学教師が建設に乗り出した。彼は30年以上にわたってモスクとその学校の指導者であり続けた。1960年代から70年代にかけて、ユーゴスラヴィアやトルコからの移民が政府や企業の招きで西欧や北欧に移住し、礼拝施設の必要性が高まった。モスクは拡張されたが、それでも現在のマルメのムスリム・コミュニティーにとっては手狭になっている。建築を手がけたのはイェンス・ダンストルプ・ヨーゲンセンであった。

上
ヌスラト・ジャハーン・モスク
NUSRAT DJAHAN MOSQUE
デンマーク　コペンハーゲン（1967年）
世界的なアフマディーヤ・ムスリム・コミュニティーの女性会員の全額出資によって建てられ、デンマーク初のモスクとなった。ジョン・サカリーアセンの設計で、ヴァルター・グロピウスがバグダード大学のために設計したものの建てられなかったモスク案から着想を得ている。ドームは当初、紺碧色のセラミックタイルでおおわれていたが、後に銅板の被覆に変更された。ミナレットもあるはずだったが、建築家は後に、このモスクが位置する郊外の地域には釣り合わないと考えた。

ニューヨーク・イスラム文化センター
ISLAMIC CULTURAL CENTER OF NEW YORK
アメリカ合衆国　ニューヨーク市
(1991年)

ニューヨークのムスリム・コミュニティーのために建てられた最初のモスクである。その大きな正方形の礼拝堂は、明るく簡素で静寂さに満ちている。モスク全体は、大きな架空の立方体に収められ、5 x 5 x 5mの格子状の小さな立方体に細分化されている。内部と外部は、頑丈で力強い正方形の形状と、パターンが刻まれた透明なガラス要素に特徴づけられている。ミフラーブなどの部分には、このパターンが刻まれている。このモスクは、ミフラーブがメッカへ向くように、マンハッタンの主要通りの碁盤目に対して29度の角度がつけられている。設計はモダニズム建築家スキッドモア・オーウィングス＆メリルによる。

第6章　ヨーロッパとアメリカ | 301

左頁
フェアモント・ホテルの
ペントハウス・スイート
FAIRMONT HOTEL, PENTHOUSE SUITE
アメリカ合衆国　カリフォルニア州
サンフランシスコ（1926年）

サンフランシスコで最も高級なホテルの一つフェアモント・ホテルの8階全体を占めるこの豪華なスイートは、ジョン・F・ケネディ、アルフレッド・ヒッチコック、ミック・ジャガーなど、多くの政治家や有名人に利用されてきた。ここには60席のダイニングルーム、3つの巨大なベッドルーム、2階建ての書庫兼書斎、グランドピアノのあるリビングルームが含まれる。有名なのがペルシア芸術の専門家アーサー・アップハム・ポープが設計したペルシア風のビリヤードルーム（左）。

右上
ダール・アルイスラム・モスク
DAR AL-ISLAM MOSQUE
アメリカ合衆国　ニューメキシコ州アビキュー（1981年）

この建物は、1970年代に計画された約50世帯からなるイスラム共同体の一部であった。現在はモスクとマドラサが残り、ダール・アルイスラムはムスリムと非ムスリムのための教育センターとなっている。どちらの建物もアドービ日干し煉瓦（れんが）で建てられており、かまぼこ型天井、半ドーム、日干し煉瓦による非耐力間仕切壁、尖頭アーチといった同じ建築様式が用いられている。建物を設計したのはエジプトの建築家ハサン・ファトヒーで、エジプトの適切な材料、とくに日干し煉瓦の使用の先駆者として知られている。ニューメキシコの気候はエジプトに似ており、エジプトのルクソール周辺と同じように、土を使った建築が地元の建築伝統となっている。

下
マリン郡公民センター
MARIN COUNTY CIVIC CENTER
アメリカ合衆国　カリフォルニア州
サンラファエル（1962年）

フランク・ロイド・ライトの最大の公共事業で、死後に建設が始まった。彼は1950年代後半にこの事業のデザインに取り組んでいた間、バグダードのプロジェクトにも関わった（建設されず）。マリン郡図書館や隣接する尖塔には、モスクのドームやミナレット風の多くのアーチやドーム状の構造があり、イスラム建築の影響が明らかに見られる。

右
メディナ・テンプル
MEDINAH TEMPLE
アメリカ合衆国　イリノイ州シカゴ
（1912年）

シュライナーズ（アメリカ合衆国のメイソン協会）によって建てられたメディナ・テンプルは、おもに4,000席以上の講堂であり、アメリカ合衆国で最も素晴らしいムーア復興様式のシュライナー・テンプルの一つと考えられている。その特徴的な玉ねぎドーム、馬蹄形アーチ、セラミックやテラコッタの装飾により、シカゴ市の公式ランドマーク（保存建造物）に指定されている。正面玄関の周りには、アラビア語のカリグラフィーで「ラー・ガーリバ・イッラ・アッラー」（勝者はアッラー以外にあらず）と繰り返し書かれている。2003年にデパートとして再開業したが、2020年に売却された。設計はシカゴの建築家ヒュールとシュミットによる。

上および右頁
感謝祭チャペル
THANKS-GIVING CHAPEL
アメリカ合衆国　テキサス州ダラス
（1976年）

ダラス中心部にある感謝祭（サンクスギヴィング）スクエアの中心的存在である。モダニズム建築家フィリップ・ジョンソンによって設計されたこの広場は、普遍的な精神的価値を大切にした公共空間を作ろうとした地元の実業家たちの発案によるものだった。チャペルは、サーマッラーの大モスク（⇒p.66）やアブー・ドゥラフ・モスクの螺旋状のアッバース朝ミナレットに似ている。螺旋を描く壁には、フランスの有名な芸術家、ガブリエル・ロワールによる大規模な横長のステンドグラス作品がある。

304 ｜ 第6章　ヨーロッパとアメリカ

オーパ・ロッカ
OPA-LOCKA
アメリカ合衆国　フロリダ州（1926年）
オーパ・ロッカ市は、千夜一夜物語のテーマを好んだ航空に関するパイオニアのグレン・カーティスによって創設された（1924年にはハリウッド無声映画「バグダードの盗賊」が公開されていた）。通りの名前には、アリババ通り、ハレム通り、アラジン通りなどがある。この街は、西半球最大のムーア復興様式建築の集積地である。街並みは、ミナレット、ドーム、銃眼付き胸壁によって特徴づけられていた。中東や北アフリカの国を訪れたことのなかった建築家バーンハート・ミュラーは、オーパ・ロッカで105棟の建物を設計した。ピンクの二重ドーム、ピンクと白の「アブラク」と呼ばれる縞模様の装飾、そしてミナレットを持つ市庁舎は、ここに見られる最も優れたものだ。

下
バイトゥル・イスラム・モスク
BAITUL ISLAM MOSQUE
カナダ　オンタリオ州ヴォーン
（1992年）

アフマディーヤ・ムスリム・コミュニティーが運営するこのモスクは、トロント北部の人里離れた野原にぽつんと建っており、建設当初の6年間、信者を集めるのに苦労していた。しかし現在は、ピース・ヴィレッジと呼ばれるこのコミュニティーのために、数百戸の住宅が建設され、住民はモスクから徒歩圏内に住んでいる。ガルザール・ハイダー博士が設計したこのモスクは、カナダ最大級のモスクの一つである。

308 | 第6章　ヨーロッパとアメリカ

下
ウルスリーヌ宮殿
URSULINE PALACE
キューバ ハバナ（1913年）
建築家ホセ・トラヤによってネオ・ムデーハル様式で建てられたこの建物は、とくにスペインのコルドバの大モスク（⇨ p.247, 250−52）から視覚的な要素を取り入れており、交差するアーチや馬蹄形のアーチが特徴である。ウルスリーヌ修道女会は19世紀初頭にスペインがルイジアナをフランスに割譲した後、ニューオーリンズからキューバにやってきた。ハバナのその繁栄する修道院は、若者の教育に捧げられていた。

第6章 ヨーロッパとアメリカ | 309

上
ムハンマド6世文明対話センター
MOHAMMED VI CENTER FOR THE DIALOGUE OF CIVILIZATIONS
チリ　コキンボ（2007年）

周囲を見下ろすように高くそびえる特徴的なミナレットは、マラケシュにある有名なクトゥビーヤ・モスクのミナレット（⇨ p.169）を模倣したものである。このセンターは、地元自治体とモロッコ王国の共同プロジェクトである。図書館とモスクがあり、イスラムとモロッコ文化に関する情報を提供している。フェズの職人が3ヶ月かけて、繊細な彫刻が施された漆喰の内装を作り上げた。彩色された木製の天井と扉が特徴で、すべてモロッコから輸入された。

右頁
サント・ドミンゴ教会
CHURCH OF SANTO DOMINGO
エクアドル　キト（1650年）

複雑に細工された木製の幾何学模様の天井は、スペイン語でアルテソナドと呼ばれる。キトには、南アメリカで最も見事なアルテソナドが2つある（もう一つはサン・フランシスコ教会にある）。どちらも17世紀に完成した。このような天井の設計図や模型はさまざまな情報源からもたらされたが、作業は地元の職人によって行われたようだ。かつてアメリカ大陸各地の教会や修道院には、何十ものアルテソナドがあったと考えられている。

ヤズドの金曜モスク
FRIDAY MOSQUE OF YAZD
イラン（1324年）

こちらに写っている女性は、グダルと呼ばれる窪みの中に跪いて祈りを捧げている。グダルはサファヴィー朝時代のシーア派モスクの特徴的な要素で、礼拝堂の中でイマームが信者よりも高くないように立つための、浅くくぼんだスペースのことである。

イスラム建築における女性

　女性が建物を発注する場合、一般的には支配階級の一員であり、モスク、マドラサ、霊廟(れいびょう)、ハーンカー（スーフィーの隠遁(いんとん)場所）といった宗教的建築物を依頼した。多くの場合、権力、影響力、資金、自由を持っていたのはスルタンの母親だった。スルタンの娘たちもまた、建物を発注することで知られていた。彼女たちはしばしば、スルタンが同盟関係を築きたいと考えていた総督や宰相と結婚し、結婚時に持参金を受け取っており、そのお金を自分たちで管理していたようだ。通常、建築物の献納銘刻には父親の名が記されているが、夫の名は記されていない。

　オスマン朝以前のアナトリアでは、葬祭建造物のおよそ20％が女性に捧げられたものだった。12世紀から15世紀にかけてアナトリアに建てられた約100のマドラサのうち、5つが女性の名前を冠しており、そのうち3人はスルタンの母親であった。イスタンブールとその周辺にあるオスマン朝のモスクの約7％は、女性のために、あるいは女性によって建てられた。オスマン朝の偉大な建築家ミマール・スィナン（1490－1588年頃）が設計または改築した建物の9％は、女性の依頼によるもの、または女性に捧げられたものだった。この割合はそれほど大きくないように思えるかもしれないが、女性には公的な役割がなかったこと、これらの建築事業には多額の資金が必要であり、その性質上

政治的なものであることが多かったことを考慮すると、重要な意味を持つ。1930年代のトルコで監査された3万件のワクフ（慈善寄付 ⇨ p.320－321）文書のうち、2,300件が女性に属する機関に登録されていた。1930年代にイスタンブールに残っていたオスマン朝の水飲み場の約500カ所のうち、30%近くが女性によって設立されたワクフのもとに登録されていた。

イエメンでは、ラスール朝が1229年から1454年まで支配した。ラスール朝の歴史を見ると、支配者一族の女性がしばしば舞台裏で大きな政治力を行使する立場にあったことがわかる。また、彼女らは経済的にも自立していた。ラスール朝時代には、150の宗教施設が建設され、そのほとんどがタイズとザビードの2つの主要都市にあった。そのうちの3分の1が女性の依頼によるものだった。これらはモスク、サビール（公共の水飲み場）、マドラサ、ハーンカーなどであった。女性の後援者は、事業の完成や公道建設の監督を可能にするために資金面で援助したと記録されている。

ラスール朝のスルタンたちは、スーフィーの首長や学者の娘たちとも結婚した。そのような娘の一人がジハト・サラーで、3つのマドラサ、モスク、ハーンカーを建てた。彼女の側近の女性たちも宗教施設の建設を発注しており、ザビードには、奴隷の女性たちによって建てられた3つの小さなモスクがある。

ズバイダ女王　Queen Zubaydah（762－831年　アッバース朝）

ズバイダは、イラクのクーファからメッカに向かう巡礼者の福祉に熱心だった。全長1,400kmの道沿いに井戸、貯水槽、舗装道路、宮殿、休憩所を建設した。この道はやがてダルブ・ズバイダ（ダルブは「道」の意）として知られるようになった。さらに、メッカに27kmの水道橋を作った。メッカに水を運ぶために莫大な財産を費やしたと伝えられている。彼女はアッバース朝のカリフ、ハールーン・アルラシードの妃であった。

ファーティマとマルヤム・アルフィフリーヤ・アルクラシーヤ　Fatima and Maryam al-Fihriya al-Qurashiya（800－880年　イドリース朝）

現在のチュニジアにあるカイラワーンの裕福な商人の娘たちであり、一家でモロッコの新興都市フェズに移住した。彼女たちが50代後半に父親を亡くした後、姉妹は相続財産によって2つのモスクを建てたと言われている。ファーティマはアルカラウィーイーン、マルヤムはアルアンダルスをそれぞれ川の両岸に建てた。アルカラウィーイーンは学問の中心地として発展し、世界最古の大学の一つとみなされることも多かった。

アルワー・ビント・アフマド・アルスライヒー女王　Queen Arwa bint Ahmad al-Sulayhi（1048－1138年頃　スライフ朝）

アルワーは、歴史上のイエメンのスライフ朝を50年以上統治した。首都をサナアからジブラに移し、新しい宮殿を建設した。ジブラの古い宮殿は、最終的に彼女が埋葬されるモスクへと姿を変えた（⇨ p.59）。アルワーはジブラで、浴場、橋、道路、水道橋、モスクなど、さまざまな事業を命じた。イエメンの人々に、ビルキース・アルスグラー、すなわち「シバの小さな女王」として親しまれている。

アルワー女王は多くの点で例外的な存在であった。とりわけその治世の間、イエメンのモスクで彼女の名によって金曜日の礼拝（フトゥバ）が捧げられた。以後、アラブ世界でこのような栄誉に浴した女性はいない。また、治世中、イスマーイール派の伝道者がインド西部に派遣され、グジャラート州にイスマーイール派の一大中心地が築かれた（現在もイスマーイール派ボフラ信仰の拠点となっている）。スライフ朝には2人の女王がおり、アルワー以前に統治していた義母のアスマーがその一人である。

トゥルカン・ハトゥン　Terkan Khatun（1053－1094年、セルジューク朝）

トゥルカン・ハトゥンは、イスファハーンの金曜モスクの、有名で建築的に重要な北ドームの後援者であった（⇨ p.72－73）。14世紀の学者であり探検家であったイブン・バットゥータは、モンゴル帝国を旅し、セルジューク朝などのテュルク系宮廷を訪れたとき、公的生活や政治における女性の役割に驚いた。それは彼がアラブ社会で慣れ親しんできたものとは異なっていた。トゥルカン・ハトゥンはセルジューク朝のスルタン、マリク・シャーの妻だった。1092年に夫が死去した後、彼女は事実上、巨大な帝国の統治を引き継いだのである。

ゲヴヘル・ネシベ　Gevher Nesibe（1206年没　アナトリア・セルジューク朝）

トルコのカイセリにあるセルジューク朝初の医療施設は、ゲヴヘル・ネシベの死を前にした最後の願いを尊重して、彼女の兄であるスルタン、カイホスロー1世がゲヴヘル・ネシベに敬意を表して建てたものである。伝説によると、彼女は騎兵将校と恋に落ちていたが、兄は反対し、その将

上
ミフリマーフ・スルタン
ミフリマーフ・スルタンは、16世紀の画家たちに人気の題材だった。この作品はクリストファーノ・デルアルティッシモ（1530－1605年頃）の作品を模している。タイトルは「カメリア、皇帝スレイマンの娘」である。ミフリマーフとはペルシア語で「太陽と月」を意味する。西洋では、彼女はカメリア（カマリーヤ「月の」の変形）として知られていた。

次頁
ヌール・ジャハーン
ヌール・ジャハーンを描いた絵画は数多くあり、真珠などの宝石をつけた姿が一般的である。この絵は18世紀後半、ラージャスターン地方のビカネルで制作されたもので、指先はヘナで染められ、金製のカップとフラスクを持っている。

イスラム建築における女性 | 315

316 | イスラム建築における女性

校を危険な任務に就かせて死期を早めたという。悲しみに打ちひしがれたゲヴヘル・ネシベは病に倒れ、医師は彼女を癒すことができなかった。1210年に完成したゲヴヘル・ネシベ病院は、当時としては最も近代的な医療施設の一つで、病院と医学校を兼ね備えていた。この病院は、19世紀後半まで教育病院としての役割を果たし続けた。

ダイファ・ハトゥン　Dhayfa Khatun（1185－1242年　アイユーブ朝）

　ダイファは著名な建築の後援者で、シリアのアレッポに多くの優れた建築物を建てた。父はサラディンの兄弟で、彼女はサラディンの息子と結婚した。彼女がアレッポの女王となったのは、息子が亡くなり、孫がまだ幼かったためである。アレッポに、アルフィルダウス・マドラサ（楽園学校）とハーンカー学校という2つの優れたマドラサを建立した。

メリケ・ママ・ハトゥン　Melike Mama Hatun（12－13世紀　サルトゥク朝）

　1191年から1200年までサルトゥク朝の統治者であったママ・ハトゥンは、トルコ東部アナトリア地方の都市テルジャンに、キャラヴァンサライ、モスク、橋、ハンマームなど、多くの重要な建築物を建設した。地元の人々は今でもこの街をママ・ハトゥンと呼んでいる（⇨p.114）。

シャジャル・アルドゥッル　Shajar al-Durr（1257年没　マムルーク朝）

　シャジャル・アルドゥッルは、1250年の夏だけではあったが、マムルーク帝国の最初の支配者であった。2代続いたスルタンの妻として、数十年にわたりカイロで力強い存在感を示した。建築の分野では、マドラサと霊廟を合体させた初の建築を建て、新たな伝統を築いた。マドラサ、モスク、ハーンカーに霊廟を併設することは、マムルーク建築の特徴となった。彼女はほかのマムルーク朝の女性後援者たちにも同様の建築物を建てるよう促した。また、伝統にとらわれず、カイロ市外ではなくカイロ市内に初の王室霊廟を建設した。1257年、後継者アリーの母の指示で彼女は殺され、亡くなった（「アリーの母」を意味するウンム・アリーは、エジプトで最も人気のあるデザートの名前でもある。伝説によると、彼女はシャジャル・アルドゥッルの死を祝うためにこのデザートを作ったと言われている）。

トゥラン・マリク　Turan Malik（13世紀　メンギュジュク）

　彼女は寛大さと慈善活動で有名で、ディヴリイの大モスクと病院の複合体の一部である傑作ダルッシファ（病院）の建設に全財産を費やした（⇨p.117）。彼女の父は、トルコ東部エルズィンジャンのメンギュジュク支配者ファクル・アルディーン・バフラムシャー（1162－1225年）であった。

マハペリ・フアンド・ハトゥン　Mahperi Huand Hatun（13世紀　セルジューク朝）

　マハペリ・フアンド・ハトゥンは、トルコのカイセリにフナト・ハトゥン複合施設を建設した（1238年）。これはハンマーム、モスク、マドラサ、霊廟を含む、アナトリア・セルジューク朝が建設した最初の多目的複合施設である。一群のキャラヴァンサライも建設した。セルジューク朝が1221年に占領した都市カロノロスの統治者の娘で、ギリシア人あるいはアルメニア人であったと考えられている。セルジューク朝の支配者アラーウッディーン・カイクバード1世の最初の妻となった。彼女の建築の要請はすべて、夫ではなく息子の治世に行われた。

トゥラベク・ハヌム　Turabek Khanum（14世紀　ジョチ・ウルス）

　トゥラベク・ハヌムは、現存しないトルクメニスタンのクニャ・ウルゲンチ金曜モスクの建築を指揮した（彼女の霊廟について⇨p.156）。生前は建築者として、また芸術やイスラムとその施設の後援者として知られた。道でトゥラベクに出会ったイブン・バットゥータは、彼女だと気づかなかった。中央アジアにイスラムをもたらしたウズベク・ハーン（在位1313－41年）の娘であった。中央アジアには、王女と建築者（または奴隷）という彼女の伝説のさまざまな類話がある。ある類話では、首長（シャイフ）がロバに乗り、トゥラベクが自分のために建てている霊廟の前を通りかかるところから始まる。首長は彼女にそれを売ってくれないかと頼む。彼女は冗談めかして、黄金で満たされるなら、と答えた！　首長の友人がドームに登り、天井の穴の上で右袖を振ると、霊廟が埋まるまで黄金が溢れ出した。トゥラベクは自分の霊廟を売らなければならなくなり、これで自分を思い出すものは何もなくなった、と嘆く。彼女は泣きながら眠りにつき、夢の中で天上の楽園に素晴らしい建物を見る。そして黄金を使って、夢で見た建物を7年かけて作った。建築業者の一人、クリ・ガルダンは黄金で

イスラム建築における女性｜**317**

の支払いを拒否し、代わりにトゥラベクの愛を求めた。彼女は、もし本当に自分を愛しているのなら、高い建物から飛び降りて、と答える。彼は飛び降り、そして亡くなる。トゥラベクはクリの頭を膝の上に置き、「来世で会いましょう」と言った。ティムールの妻であるビビ・ハヌムにも同様の伝説がある。この伝説は、おそらく自分たちの都市が征服された後に、サマルカンドのティムールの記念碑建造物で労働を強制されたクニャ・ウルゲンチの建築労働者たちを介して伝わったものであろう。

ガウハル・シャード女王　Queen Gawhar Shad（1457年没　ティムール朝）

ガウハル・シャードは、60年間連れ添った夫シャー・ルフ（ティムールの息子）が1447年に死去すると、ティムール帝国の事実上の支配者となった。彼女は、男性統治者だけが権威ある金曜モスクの建設を依頼できるという伝統を無視し、ヘラートの金曜モスク（アフガニスタン ⇨p.154－155）とマシュハドのガウハル・シャード・モスク（イラン ⇨p.319）を建設したことで有名である。ガウハル・シャードはこれらのモスクの建設費を私財で賄った。これらは現在、ティムール朝建築で最も見事で壮麗なものであると考えられている。どちらも、当時最もよく名を知られた建築家であったカワーム・アルディーン・シーラーズィーによって建てられた。

ヒュッレム・スルタン　Hürrem Sultan（1500－1558年　オスマン朝）

彼女は、ミマール・スィナンの宮廷建築家としての最初のプロジェクトであるイスタンブールのヒュッレム・スルタン複合施設のほか、メッカの4つの学校、エルサレムのハセキ・スルタン複合施設を後援した。スレイマン大帝の妻であり、ミフリマーフ・スルタン（右段参照）の母でもあった彼女は、西洋ではロクセラナとして知られていた。

ベガ・ベガム　Bega Begum（1511－1582年頃　ムガル帝国）

彼女は、夫であるフマユーン皇帝の死後、1556年にインド亜大陸で最初のムガル式庭園墓を建立するよう命じた。フマユーンが書斎から本の山を抱えたまま階段から落ちて亡くなったとき、彼女は悲しみに暮れ、この堂々たる霊廟の建設に身を捧げることしかできなかった。ムガル建築の初期の傑作とされ、後の設計、とくにタージ・マハルの設計に多大な影響を与えた。ベガ・ベガムはまた、墓の近くにマドラサを建てた。

ミフリマーフ・スルタン　Mihrimah Sultan（1522－1578年　オスマン朝）

イスタンブールのウスキュダルにあるミフリマーフ・スルタン・モスクの寄進証書には、彼女の地位が示されており、「スルタンの寵愛を受けた娘」であり、「無垢なるファーティマ、貞淑なハディージャ、知性あふれるアーイシャ、天性のビルキース、時代のラービア」（ファーティマは預言者の娘、ハディージャは預言者の最初の妻、アーイシャは預言者の最も愛した妻、ビルキースはシバの女王、ラービアは8世紀のスーフィズム神秘主義者）と記されていた。ミフリマーフはヒュッレム・スルタン（左段参照）とスレイマン大帝の娘である。彼女は、父親の大宰相であった、莫大な富を持つリュステム・パシャと結婚した。彼の死後に建てられたリュステム・パシャのモスクの建設の大部分は、ミフリマーフによって監督された。

ヌール・ジャハーン女帝　Empress Nur Jahan（1577－1645年　ムガル帝国）

芸術、宝石、ドレスへの情熱で有名な彼女は、夫のジャハーンギール帝がさまざまな依存症に苦しんでいた間、実質的に帝国を治めていた。ムガル帝国の宮廷の繁栄は、ペルシア、中央アジア、南アジアから職人を惹きつけ、彼らは最高品質の作品を作るために芸術的自由を与えられた。この芸術の開花は一般的にはジャハーンギールの功績とされているが、ペルシア生まれの妃ヌール・ジャハーンの役割が重要だったと考えられている。彼女はジャランドハルにサライ（休憩所や宿屋）を建設したが、その規模と壮麗さから、その地域の威風堂々とした建物は以後すべて「サライ・ヌール・マハル」と呼ばれるようになった。

**ティムール朝
ガウハル・シャード・モスク**
**TIMURID:
MOSQUE OF GAWHAR SHAD**
イラン　マシュハド（1418年）
イマーム・レザー廟の複合施設の一部で、年間2,500万人以上のシーア派巡礼者が訪れる。手前に見える、「岩のドーム」の縮尺モデル建造物（後に加えられた）は、浄めの泉の役割を果たしている。モスクは最も偉大なティムール朝建造物の一つとされている。

イスラム建築における女性 | 319

ワクフ

　ワクフはイスラム法に基づく慈善寄付である。一般に、建物や土地とその資産を慈善目的のために寄付する。ワクフが生み出す収入は、慈善団体や教育機関の支援に使われ、多くの場合非課税となる。これは永続的なものである。この制度のおかげで、宗教施設や教育施設が建設され、精巧に装飾され、確実な収入源を得ることができる。ワクフ制度はイスラム世界全体で中心的な役割を果たしている。ワクフの文書にはふつう、詳細な情報が含まれており、歴史家にとって非常に貴重なものである。

　サマルカンドとヘラートにおけるティムール朝建築の傑作の多くは、ワクフ制度の恩恵によって実現した。この制度への理解を深める手助けとなるのが、ティムール帝国の首都ヘラートで 1441 年に生まれた詩人、政治家、学者のミール・アリー・シール・ナヴァーイーである。チョーサーが英語で、ダンテがイタリア語でしたように、彼は（ペルシア語ではなく）テュルク語による文学を普及させた。ヘラートでの生涯を通じて、ナヴァーイーはティムール朝宮廷の役人として働き、スルタンと親交を深めた。彼はその影響力と富を利用して、ホラーサーン州にモスク、学校、図書館、キャラヴァンサライを建設した。彼の最も有名な事業は、13 世紀の詩人ファラド・アルディーン・アッタール（『鳥の会議』の著者）のためのニーシャープールの霊廟と、ヘラートのイルフラースィーヤ複合施設である。ナヴァーイーは 1481 年、後者について短編『ヴァクフィーヤ（またはワクフィーヤ）』を書いた。その中で、複合施設のための土地をどのように取得したか、そしていくつかの建物の配置と位置を説明し、彼がワクフに転換した不動産を列挙しつつ、それらの運営と維持のための条件を示している。これは法的な文書ではなく（公式なワクフの文書も建物も現存していない）、ナヴァーイー自身が記録を残し、内容をまとめるための手段であった（この文書が現存している理由の一つは、この偉大な作家による文学的業績と見なされ、たびたび写本が作られたからである）。建設の実際的な過程とワクフ制度を理解する上で貴重な資料となっている。

　アリー・シール・ナヴァーイーは、彼の友人であるティムール朝のスルタン、フサイン・バイカラ（在位 1469–1506 年）から 1476 年／ 1477 年にクシュク・イ・マルガーニーと呼ばれる場所の近くで土地を譲渡され、自身の住居を建てることを許されたと書いている。いくつかの建物を建て、彼はそれを「クスール（宮殿）」と呼んだ。30 ジャリーブ（約 7.5 ヘクタール）を塀で囲み、土地を耕作した。彼はこうも記している。「私はそのバーグチャ（果樹園／庭園）をあらゆる種類の木で美しくし、そのチャマン（牧草地）をあらゆる種類の植物で飾った」（どうやら「首長や王侯の息子たち」もこの地域で同じことを試みたが、成功しなかったようだ）。クシュク・イ・マルガーニーは、石と焼成されていない煉瓦で造られた 2 階建ての古い構造物だ。ナヴァーイーはそれを、修道院のような建物で土台が教会に似ていると述べている（おそらくはネストリウス派キリスト教の教会と修道院だった）。彼はそれを解体して自身のモスク（彼はそれをクドスィーヤ・モスクと呼ぶ）とマドラサ（彼はそれをイルフラースィーヤ・マドラサと呼ぶ、なぜなら「純粋な誠実さ」フルース・イ・イルクラスディンから建てられたから）を建設した。またインジル運河沿いにあるマドラサの向かいに、ハーンカーを建てた。これはガウハル・シャード霊廟まで続く運河であり、彼はそのハーンカーをハラースィーヤと名付けた。なぜなら、飾り気や見せかけがなく、心を悩みから解放する（ハラース・ベルディ）建物であったからである。彼はこれらの建造物を私有財産として建てたが、後にその存続が保証されるよう、慈善ワクフに譲渡した。

　ワクフ文書によると、寄進者は寄進財の収益の使いみちを指定する権利を持つ。アリー・シール・ナヴァーイーは全財産を列挙し、その収益の大部分を自分のマドラサとハーンカーに充てるよう指定した。彼は財産をヘラートにあるものとそれ以外に分けた。財産に商業施設は 26 あり、その中には「頭蓋帽市場」や「水差し屋」と呼ばれる店も含まれる。財産のほとんどはヘラートの外にあり、果樹園、

ブドウ園、小麦畑、灌漑用水路、村、いくつかの集落からなる。

アリー・シール・ナヴァーイーは、「美声の」イマームと「甘美な声の」ムクリイ（コーラン読誦者）を任命するよう規定した。マドラサには、フィクフ（イスラム法）とハディース（預言者の言行に関する伝承）を講義する学者それぞれ1人を任命し、生徒11人ずつのハルカ（学習グループ）を2つ設けることとした。また、コーラン暗唱者（ハーフィズ）6人を任命し、マドラサ内に特別に建設されたドーム型の部屋であるダール・アルフッファーズでコーランを読誦させることにした。ハーンカーと呼ばれるスーフィーのダルウィーシュ（修行僧）の住居があり、そこでは毎日貧者に食物が分配された。ナヴァーイーは、ハーンカーにタッバーフ（料理人）、タバクチ（配膳係）、ファッラーシュ（世話人）、そして2人のハーディム（召使）をおくことを定めた。彼はさらに、通常提供すべき食物の量と料理の種類、そして特別な機会（新学期の初日、預言者の誕生記念日、ラマダーンの各夜など）に提供する料理についても具体的に指示している。『ヴァクフィーヤ』には、貧しい人々のために毎年衣服を購入することも規定されており、100の毛皮裏地の衣服、そしてそれぞれ同数のウールの外套、羊毛の帽子、靴、シャツ、ズボンが含まれていた。これらはマドラサの2人の学者と相談の上で配布されることになっていた。くわえて、ハーンカーには説教師、イマーム、コーラン読誦者が任命された。地元の人々は、モスクまで出かけていかずにすむよう、あらゆる言い訳をしていたようだが、これによって近所のハーンカーで礼拝できるようになったのである。

慣習に従って、ワクフ全体の管理はムタヴァッリ（管財人）が行い、財務責任者と主任監督官が補佐することになっていた。ムタヴァッリは、農業経営を手伝う「頑強な補佐人」を2人雇わなければならなかった。ほとんどの場合、ワクフの管理は世襲制であるため、最初のムタヴァッリの子孫は何世代にもわたって同じ責任と利益を持つ。給与は現金と現物で支払われた。最も高給取りだったのはムタヴァッリで、2,000アルティン（金貨）と20荷の穀物を受け取っていた。最も給料が低かったのは、ハーンカー給仕、

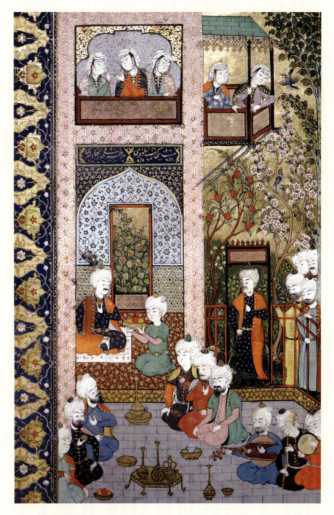

統治者が宮廷で催しを開く（16世紀）
ミール・アリー・シール・ナヴァーイーによるディーワーン（詩集）からの挿絵。彼の4つのディーワーンはそれぞれ人生の異なる段階を扱っている。

守衛、2人の使用人、そしてコーランの読誦者で、200アルティンと5杯の小麦を受け取っていた。彼らはまた、冬の除雪と運河の浚渫の責任者でもあった。ムタヴァッリは、毎年400アルティンを使って絨毯、照明器具、葦のマットを購入していた。30年ごとに、ムタヴァッリはワクフ文書の新しい写しを作らなければならなかった。ワクフ文書によくあるように、定められた条件が満たされている限り、政府の役人や管財人は財団の運営に干渉したり、正当な権利のない財産を取得したりしてはならないことが明記されている。ワクフ財団は財政的に大きな免責特権を持っていたのである。

用語解説

アーイナ・カーリー（*aina-kari*）
小さな鏡片で作られた幾何学模様。イランとイラクで見られることが多いが、インドでも見られる。

アドービ（adobe）
砂と粘土を藁などの有機物と混ぜ合わせて日干しにした建築材料。煉瓦や建物はこの素材で作られることもあった。

アフマディーヤ（Ahmadiyya）
19世紀にインドのパンジャーブ地方（現在の東西パンジャーブ）で起こったイスラム復興運動。

アブラク（ablaq）
交互に並ぶ淡色と濃色の石を使用した建築様式。

アルアンダルス（al-Andalus）
711年から1492年までムスリムの支配下にあったイベリア半島（現在のポルトガルとスペイン）の地域。

イズニクタイル／陶磁器（Iznik ceramics）
オスマン朝時代のタイルで、1550年代以降トルコのイズニクという町で生産された。施釉前に素地に施した特徴的な青色と赤色、そして花のデザインで知られている。

イスマーイール派（Isma'ilism）
シーア派の一派。

イバード派（Ibadism）
イスラムの一派。

イマーム（imam）
モスクの礼拝指導者。

イーワーン（iwan）
片側が完全に開放されたアーチ型天井を持つホールなどの長方形の空間。

ウィンドキャッチャー（windcatcher）
（ペルシア語バードギール／アラビ
ア語マルカフ）昼間に暖かい空気を排出し、夕方に涼しい空気をとらえる高い煙突のような構造。

カスル（qasr）
ムスリムによる城塞、宮殿、または邸宅。

キオスク（kiosk）
トルコ語で「小さなパヴィリオン」を意味する言葉。

キブラ（qibla）
ムスリムが礼拝を行うメッカの方向。

キャラヴァンサライ（caravanserai）
旅行者と彼らの荷物や動物のための宿屋。おもにシルクロードやアジア・アフリカを横断する交易路沿いに見られた。隊商（旅行者一行）とサライ（宮殿）を組み合わせたトルコ語とペルシア語の複合語。

キュリイエ（külliye）
モスクの周りや隣に建てられた複合施設で、マドラサ、図書館、浴場、貧しい人々のための調理場、ハーンカーなどさまざまな建物が含まれる。

金曜モスク／集会モスク（Friday mosque/congregational mosque）（*jami masjid*）
ムスリム・コミュニティーにとって最も重要な毎週の儀式である金曜礼拝を行うために、コミュニティー全体が利用するモスクのこと。

グンバド（*gunbad*）
ペルシア語で「ドーム」を意味する言葉。

コプト（Coptic）
北アフリカに起源を持ち、おもにエジプトとスーダンに住む正教会キリスト教共同体であるコプト教徒を指す言葉。

サーサーン朝（Sasanian〔Sassanid〕）（224－651年）
イランにおける最後のイスラム以前の帝国であり、イランで最も長く存続した帝国王朝。

サビール（sabil）
公共の飲泉。

サビール・クッターブ（*sabil-kuttab*）
1階に公共の水飲み場、上階にクッターブ（子どものコーラン学校）がある建物。

サフン（sahn）
モスクの中庭。

シーア派（Shia）
イスラムの2大宗派のうち、小さい方の宗派。

シャベスターン（*shabestan*）
地下空間。イランのモスクでは、とくに暑い環境で夏の礼拝ホールとして使用されることがある。

ジャーリー（*jali*）
ムガル帝国時代の透かし石スクリーンまたは格子細工で、通常は幾何学模様が施されている。

集会モスク（congregational mosque）
→金曜モスク。

十字軍王国／国家（Crusader kingdoms/states）（1098－1291年）
十字軍が中東で獲得した領土に建国された4つの国家。

ズィヤーダ（*ziyada*）
モスクとその周囲の壁の間にあるオープンスペース。

スクインチ（squinch）
建物の一角にある小さなアーチで、八角形のドームの基部への移行部を

形成する。

スタッコ（stucco）
建築における装飾用の漆喰。

スポーリア（spolia）
新しい構造物で再利用される建築物の破片（ラテン語で「戦利品」）。

スーラ（surah）
コーランの「章」で、全部で114ある。

スンナ派（Sunni）
イスラムの2大宗派のうち、大きい方の宗派。

チャハール・バーグ（chahar bagh）
コーランで言及されている楽園の4つの庭園に基づいた形式の庭園。庭園は4つの軸線路または水路で区切られ、4つの区画が同じ形と大きさになるように造られている。

柱廊式モスク（hypostyle mosque）
列柱で支えられた平らな屋根を持つ伝統的なモスクのデザイン。

トロン（toron）
西アフリカの泥建築における突き出た木の梁。

バイト／ベイト（bayt／beit）
アラビア語で「家」を意味する言葉。

ハザルバフ（hazarbaf）
装飾的な煉瓦組みを表すペルシア語。

ハッジ（Hajj）
メッカのカアバ神殿への巡礼。ムスリムにとっての義務であり、身体的および経済的に可能であれば行わなければならない。

ハラム（haram）
家の中の私的な区画、またはモスクの聖域。

ハーンカー（khanqah）
スーフィーの隠遁場所。

ハンマーム（hammam）
個人または公共の浴場。トルコの浴場とも呼ばれる。

ビザンチン帝国（Byzantine Empire）（395–1453年）
ローマ帝国の東半分が存続したもの。西半分が分裂した後も存続し、東ローマ帝国とも呼ばれる。首都はコンスタンティノープル（イスタンブール）。

ピーシュターク（pishtaq）
ペルシア語で、建物のファサードから張り出したアーチ型の門を意味する。

ビスミッラー（bismillah）
コーランのほぼ全章の最初の言葉で、祝福としてよく使われる（アラビア語で「アッラーの御名において」）。

マクスーラ（maqsura）
ミフラーブとミンバルの前にある仕切られた区域。初期のモスクによく見られ、スルタンのプライバシーを確保するために使われることが多かった。

マシュラビーヤ（mashrabiyya）
おもに短いつき棒を組み合わせて作られた、バルコニーや窓をおおう木製の格子。

マドラサ（madrasa）
おもにイスラム科学を教育する場所としての機能を持つ建物。

マーリスターン／ビーマーリスターン（maristan/bimaristan）
病院。広範囲の医療サービスを提供しており、教育機関も併設され、医学研究も行われていた。

マルウィーヤ（malwiya）
螺旋状の塔。

ミナレット（minaret）
モスクに付随する塔で、ここからムスリムに礼拝への呼びかけが行われる。

ミフラーブ（mihrab）
キブラ（礼拝の方向）を示す窪み。通常はモスク内にある。

ミマール（mimar）
トルコ語で「建築家」を意味する言葉。

ミンバル（minbar）
モスクにある説教壇で、イマームがここから説教を行う。

ムカルナス（muqarnas）
小さな連結された窪みのことで、入口の装飾や、ドームの基部とそれをのせる壁との間のスムーズな移り変わりを創出するために使われる。

ムサッラー（musalla）
礼拝を行う場所。

ムデーハル（Mudejar）
アルアンダルスでキリスト教君主の支配下にあったムスリム、およびこの時代に発達した芸術様式と建築様式を指す。

メディナ（medina）
北アフリカでよく使われる言葉で、旧市街を指す。

モサラベ（Mozarabic）
アルアンダルスでムスリムの支配下にあったキリスト教徒を指す。

リワーク（riwaq）
少なくとも片側が開いているアーケードまたはポルチコ。

イスラム王朝

読者が世界中の王朝時代の建物を特定するのに役立つよう、選択して作成したリスト。期間年は、本書のほかの箇所と同様、グレゴリオ暦の西暦。

ウマイヤ朝 Umayyad（660－750）首都 ダマスカス／ハッラーン

アッバース朝 Abbasid（750－1258）首都 クーファ／アンバル／バグダード／ラッカ／サーマッラー（1261－1517）首都 カイロ

スペインのウマイヤ朝 Umayyads in Spain（756－1031）首都 コルドバ／マディーナト・アル・ザハラー

アグラブ朝 Aghlabid（800－909）首都 カイラワーン

サーマーン朝 Samanid（819－999）首都 サマルカンド／ブハラ

ターヒル朝 Taharid（821－873）首都 メルヴ／ニーシャープール

カラ・ハーン朝 Qarakhanid（840－1212）首都 バラサグン／カシュガル／サマルカンド

トゥールーン朝 Tulunid（868－905）首都 アルカタイ

ゴール朝 Ghurid（879－1215）首都 フィロズコー／ヘラート／ガズナ

ファーティマ朝 Fatimid（909－1171）首都 ラッカード／マフディーヤ／アルマンスーリーヤ／カイロ

ズィヤール朝 Ziyarid（931－1090）首都 イスファハーン／レイ／ゴルガン／アモール

ガズナ朝 Ghaznavid（977－1186）首都 ガズニ／ラホール

セルジューク朝 Great Seljuk（1037－1194）首都 ニーシャープール／レイ／イスファハーン／メルヴ／ハマダーン

スライフ朝 Sulayhid（1047－1138）首都 サヌア／ジブラ

ムラービト朝 Almoravid（1050－1147）首都 アズーグイ／アグマート／マラケシュ

サルトゥク朝 Saltukid（1071－1202）首都 エルゼルム

ホラズム朝 Khwarazmian（1077－1231）首都 グルガンジ／サマルカンド／ガズナ／タブリーズ

アナトリア・セルジューク朝 Anatolian Seljuk（1081－1307）首都 イズニク／コンヤ／シヴァス

アルトゥク朝 Artuqid（1101－1409）首都 ハサンケーフ／ディヤルバクル／ハルプト／マルディン

ムワッヒド朝 Almohad（1121－1269）首都 ティンメル／マラケシュ／セビリア／コルドバ

ザンギー朝 Zengid（1127－1250）首都 ダマスカス

ノルマン・シチリア王国 Norman Sicily（1130－1194）首都 パレルモ

デリー・スルタン朝 Delhi Sultanate（1206－1526）首都 ラホール／バダユーン／デリー／ダウラターバード／デリー／アグラ

モンゴル帝国 Mongol（1206－1638）首都 アヴァルガ／カラコルム／大都

チャガタイ・ハーン国 Chagatai-Khan（1226－1347）首都 アルマリク／カルシュ

ジョチ・ウルス Golden Horde（1227－1502）首都 サライ

ラスール朝 Rasulid（1229－1454）首都 ザビード

ナスル朝 Nasrid（1230－1492）首都 グラナダ

マリーン朝 Marinid（1244－1465）首都 フェズ

カラマン侯国 Karamanid（1250－1487）首都 ラレンデ／エルメネク／コンヤ／ムト／エレグリ

マムルーク朝 Mamluk（1250－1517）首都 カイロ

イル・ハーン朝 Ilkhanid（1256－1335）首都 マーグ／タブリーズ／スルターニーヤ

エシュレフ朝 Eshrefid（1280－1326）首都 ベイシェヒル

オスマン朝 Ottoman（1299－1922）首都 ソグト／イズニク／ブルサ／エディルネ／イスタンブール

トゥグルク朝 Tughluqid（1320－1414）首都 デリー

シャー・ミール Shah Mir（1339－1561）首都 スリナガル

バフマニー朝 Bahmanid（1347－1527）首都 グルバルガ／ビダル

ベンガル・スルタン朝 Bengal Sultanate（1352－1576）首都 パーンドゥアー／ガウル／タンダ

ティムール朝 Timurid（1370－1507）首都 サマルカンド／ヘラート

グジャラート・スルタン朝 Gujarat Sultanate（1407－1573）首都 アニルワド・パタン／アフマダーバード／ムハンマダーバード

ローディー朝 Lodi dynasty（1451－1526）首都 デリー

アーディル・シャーヒー朝 Adil Shahi（1489－1686）首都 ビージャプール

サファヴィー朝 Safavid（1501－1736）首都 タブリーズ／カズヴィン／イスファハーン

サアド朝 Saadi（1510－1659）首都 ティドシ／アフガン／マラケシュ／フェズ

ヒヴァ・ハーン国 Khiva Khanate（1511－1920）首都 ヒヴァ

ムガル帝国 Mughal（1526－1857）首都 アグラ／デリー／ラホール／ダッカ

ジャーン朝 Janid（1599－1747）首都 ハラ

アラウィー朝 Alaouite（1631－現在）首都 フェズ／メクネス

シャキ・ハーン国 Shaki Khanate（1743－1819）首都 シャキ

ザンド朝 Zand（1751－1794）首都 シーラーズ

タルプール朝 Talpur dynasty（1783－1843）首都 ハイデラバード／ハイルプール／ミールプル・カース

カージャール朝 Qajar（1789－1925）首都 テヘラン

ソコト・カリフ国 Sokoto Caliphate（1804－1903）首都 グドゥ／ソコト／ビルニン・コンニ／ブルミ

参考文献

Agnello, Fabrizio, 'The Painted Ceiling of the Nave of the Capella Palatina in Palermo: An Essay on Its Geometric and Constructive Features', *Muqarnas*, vol. 27, 2010, pp. 407–47

Almagro, Antonio, 'La Puerta Califal del Castillo de Gormaz', *Arqueología de la Arquitectura*, 5, 2008, pp. 55–77

Angulo, Diego, and Helen B. Hall, 'The Mudejar Style in Mexican Architecture', *Ars Islamica*, vol. 2, no. 2, 1935, pp. 225–30

Apotsos, Michelle, 'New Meanings and Historical Messages in the Larabanga Mosque', *African Arts*, vol. 49, no. 4, 2016, pp. 8–23

Arbabzadah, Nushin, 'Women and Religious Patronage in the Timurid Empire' in *Afghanistan's Islam: From Conversion to the Taliban*, Nile Green (ed.), Oakland: University of California Press, 2017, pp. 56–70

Asher, Catherine Blanshard, *Architecture of Mughal India*, vol. 4, Cambridge; New York: Cambridge University Press, 1992

Badran, Rasem, 'A Trinity of Values in Architecture for Muslim Societies', *International Journal of Islamic Architecture*, vol. 10, no. 1, 2021, pp. 247–56

Bates, Ülkü, 'Women as Patrons of Architecture in Turkey', *Women in the Muslim World*, Cambridge, MA: Harvard University Press, 1978, pp. 245–60

Behrens-Abouseif, Doris, *Islamic Architecture in Cairo: An Introduction*, Cairo: AUC Press, 1989

Behrens-Abouseif, Doris, 'The Mahmal Legend and the Pilgrimage of the Ladies of the Mamluk Court', *Mamluk Studies Review 1*, 1997, pp. 87–96

Berlekamp, Persis, 'Symmetry, Sympathy, and Sensation: Talismanic Efficacy and Slippery Iconographies in Early Thirteenth-Century Iraq, Syria, and Anatolia', *Representations*, no. 133, 2016, pp. 59–109

Bierschenk, Thomas, 'Religion and Political Structure: Remarks on Ibadism in Oman and the Mzab (Algeria)', *Studia Islamica*, no. 68, 1988, pp. 107–27

Blair, Sheila S., 'The Mongol Capital of Sultāniyya, "The Imperial"', *Iran*, vol. 24, 1986, pp. 139–51

Blair, Sheila S., 'Muslim-style Mausolea across Mongol Eurasia: Religious Syncretism, Architectural Mobility and Cultural Transformation', *Journal of the Economic and Social History of the Orient*, vol. 62, nos 2–3, 2019, pp. 318–55

Blair, Sheila S., and Jonathan Bloom, 'From Iran to the Deccan: Architectural Transmission and the Madrasa Mahmud Gawan at Bidar' in K. Overton (ed.), *Iran and the Deccan: Persianate Art, Culture, and Talent in Circulation, Bloomington*: Indiana Universty Press, 2020, p. 175

Brooks, Jeffery R., 'From Azulejos to Zaguanes: The Islamic Legacy in the Built Environment of Hispano-America', *Journal of the Southwest*, vol. 45, no. 1/2, 2003, pp. 289–327

Bush, Olga, 'The Writing on the Wall: Reading the Decoration of the Alhambra', *Muqarnas*, vol. 26, 2009, pp. 119–47

Busquets, Eduardo Lopez, 'Andalusi and Mudejar art in its international scope: legacy and modernity', *Casa Arabe*, 2015

Capilla, Susana C., 'The Visual Construction of the Umayyad Caliphate in al-Andalus through the Great Mosque of Córdoba', *Arts*, vol. 7, no. 3, 2018, p. 36

Cataldi, Giancarlo, et al., 'The Town of Ghardaïa in M'zab, Algeria: Between Tradition and Modernity', *Traditional Dwellings and Settlements Review*, vol. 7, no. 2, 1996, pp. 63–74

Chida-Razvi, Mehreen, 'From Function to Form: Chini-khana in Safavid and Mughal Architecture', *South Asian Studies*, vol. 35, no. 1, 2019, pp. 82–106

Chmelnizkij, Sergei, 'The Mausoleum of Muhammad Boshoro', *Muqarnas*, vol. 7, no. 1, 1989, pp. 23–34

Çinar, Hande Sanem, and Funda Yirmibeşoğlu, 'The Architecture of Fauna in Turkey: Birdhouses', *Current Urban Studies*, vol. 7, no. 4, 2019, pp. 551–61

Citarella, Armand O., 'The Relations of Amalfi with the Arab World before the Crusades', *Speculum*, vol. 42, no. 2, 1967, pp. 299–312

Corsi, Andrea Luigi, and Martina Massullo, by email, unpublished research presented at the conference 'Dans l'objectif d'Henry Viollet: Les monuments islamiques à travers un fonds d'archives inexploré (1904–1913)', organized by Martina Massullo and Sandra Aube, Paris, 23 June 2022 (publication forthcoming)

Cousens, Henry, 'Bījāpūr and Its Architectural Remains: With an Historical Outline of the 'Ādil Shāhi Dynasty', Bombay: Government Central Press, 1916

Daftary, Farhad, and Sayyida Hurra, 'The Isma'ili Sulayhid Queen of Yemen', in *Women in the Medieval Islamic World: Power, Patronage and Piety*, Gavin R. G. Hambly (ed.), London: St Martin's Press, 1998

Dale, Stephen Frederic, 'The Legacy of the Timurids', *Journal of the Royal Asiatic Society*, vol. 8, no. 1, 1998, pp. 43–58

Darke, Diana, *Stealing from the Saracens: How Islamic Architecture Shaped Europe*, London: Hurst & Company, 2020

De Montéquin, François-Auguste, 'Arches in the Architecture of Muslim Spain: Typology and Evolution', *Islamic Studies*, vol. 30, no. 1/2, 1991, pp. 67–82

Di Liberto, Rosa, 'Norman Palermo: Architecture between the 11th and 12th Century', in A. Nef, *A Companion to Medieval Palermo*, Leiden; Boston: Brill, 2013, pp. 139–94

Dodds, Jerrilynn D., 'Mudejar tradition and the Synagogues of Medieval Spain: Cultural Identity and Cultural Hegemony', in V. B. Mann, T. F. Glick and J. D. Dodds (eds), *Convivencia: Jews, Muslims and Christians in Medieval Spain*, New York: Jewish Museum, 1992

El-Shorbagy, Abdel-Moniem (2020) 'Women in Islamic Architecture: Towards Acknowledging their Role in the Development of Islamic Civilization', *Cogent Arts & Humanities*, vol. 7, no. 1, article: 1741984

Fisher, Alan W., 'Enlightened Despotism and Islam Under Catherine II', *Slavic Review*, vol. 27, no. 4, 1968, pp. 542–53

Flood, Finbarr B., *The Great Mosque of Damascus: Studies on the Makings of an Umayyad Visual Culture*, Leiden: Brill, 2001

Frinta, Mojmir S., 'The Frescoes from San Baudelio De Berlanga', *Gesta*, vol. 1/2, 1964, pp. 9–13

Garofalo, Vincenza, 'A Methodology for Studying Muqarnas: The Extant Examplesin Palermo', *Muqarnas,* vol. 27, 2010, pp. 357–406

Ghazarian, Armen, and Robert Ousterhout, 'A Muqarnas Drawing from

Thirteenth-Century Armenia and the Use of Architectural Drawings during the Middle Ages', *Muqarnas*, vol. 18, 2001, pp. 141–154

Giyasi, Jafar, 'Momina Khatun and Gudi Khatun Mausoleums in Nakhchivan', IRS *Heritage Journal*, vol. 3, no. 8, 2012

Golombek, Lisa, 'The So-Called "Turabeg Khanom" Mausoleum in Kunya Urgench: Problems of Attribution', *Muqarnas*, vol. 28, 2011, pp. 133–56

Gonella, Julia, 'Columns and Hieroglyphs: Magic "Spolia" in Medieval Islamic Architecture of Northern Syria', *Muqarnas*, vol. 27, 2010, pp. 103–20

González Pérez, Asunción, 'Las maquetas de la Alhambra en el siglo XIX: una Fuente de difusión y de información acerca del conjunto Nazarí', PhD thesis, Universidad Autónoma de Madrid, 2017

Grabar, Oleg, 'From Dome of Heaven to Pleasure Dome', *Journal of the Society of Architectural Historians*, vol. 49, no. 1, 1990, pp. 15–21

Grabar, Oleg, and Renata Holod, 'A Tenth-Century Source for Architecture', *Harvard Ukrainian Studies*, vol. 3, no. 4, 1979, pp. 310–19

Gross, Jo-Ann, 'The Biographical Tradition of Muḥammad Bashārā: Sanctification and Legitimation in Tajikistan', in D. DeWeese and J. Gross, Sufism in Central Asia, Leiden; Boston: Brill, 2018, pp. 299–331

Gruber, C., 'The Missiri of Fréjus as healing memorial: mosque metaphors and the French colonial army (1928–64)', *International Journal of Islamic Architecture*, vol. 1, no. 1, 2012, pp. 25–60

Haddad, Elie, 'Between Myth and Reality: the "Tuscan influence" on the architecture of Mount Lebanon in the Emirate period', *Journal of Design History*, vol. 20, no. 2, 2007, pp. 161–71

Hallen, Barry, 'Afro-Brazilian Mosques in West Africa', *Mimar* 29, 1988, pp. 16–23

Harvey, L. P., 'The Mudejars', *The Legacy of Muslim Spain, Handbook of Oriental Studies* (2 vols), 2012, pp. 176–87

Herzfeld, Ernst, 'Damascus: Studies in Architecture: I', *Ars Islamica*, vol. 9, 1942, pp. 1–53

Hillenbrand, Robert, 'Turco-Iranian Elements in the Medieval Architecture of Pakistan: The Case of the Tomb of

Rukn-I 'Alam at Multan', *Muqarnas*, vol. 9, no. 1, 1992, pp. 148–74

Holod, Renata, 'Text, Plan, and Building: On the Transmission of Architectural Knowledge' in Margaret Ševčenko (ed.), *Theories and Principles of Design in the Architecture of Islamic Societies*, Cambridge, MA: Aga Khan Program for Islamic Architecture, 1988, pp. 1–12

Isom-Verhaaren, Christine, 'Mihrimah Sultan: A Princess Constructs Ottoman Dynastic Identity' in K. F. Schull and C. Isom-Verhaaren, *Living in the Ottoman Realm: Empire and Identity, 13th to 20th Centuries*, Bloomington: Indiana University Press, 2016, pp. 152–53

Iwatake, Akio, 'The Waqf of a Timurid Amir', in N. Kondo, *Persian Documents: Social History of Iran and Turan in the 15th–19th Centuries*, Abingdon; New York: Routledge, 2004

Kana'an, R., 'Architectural Decoration in Islam: History and Techniques', in H. Selin, *Encyclopaedia of the History of Science, Technology, and Medicine in Non-Western Cultures*, Berlin; New York: Springer, 2008

Kaufmann, Katrin, 'The "Splendor of the Caliph's Dwellings" in Saint Petersburg. Aleksandr Briullov as a Pioneer of Neo-Moorish Style in Russia', *Art in Translation*, vol. 11, no. 2, 2019, pp. 181–99

Kaufmann, Thomas DaCosta, 'Islam, Art, and Architecture in the Americas: Some Considerations of Colonial Latin America', RES: *Anthropology and Aesthetics*, no. 43, 2003, pp. 42–50

Kaye, Maïra, 'The Material Culture and Architecture of the Jews of Central Asia. 1800–1920', *MA thesis*, University of Leiden, 2021

Koch, Ebba, *Mughal Architecture: An Outline of its History and Development (1526–1858)*, Munich: Prestel, 1991

Koch, Ebba, 'The Taj Mahal: Architecture, Symbolism, and Urban Significance', *Muqarnas*, vol. 22, 2005, pp. 128–49

Kościelniak, Krzysztof, 'The Afaq (Apak) Khoja Mausoleum in Kashgar as a Symbol of Uyghur's Identity (ca 1640–2015)', *Analecta Cracoviensia* 49, 2017, pp. 249–81

Kösebay, Yonca, 'An Interpretive Analysis of Matrakçı Nasuh's Beyan-ı Menazil: Translating Text into Image', *MS thesis*,

Massachusetts Institute of Technology, 1998

Ksiazek, Sarah, 'Architectural Culture in the Fifties: Louis Kahn and the National Assembly Complex in Dhaka', *Journal of the Society of Architectural Historians*, vol. 52, no. 4, 1993, pp. 416–35

Kuehn, S., 'The Dragon in Transcultural Skies: Its Celestial Aspect in the Medieval Islamic World', in N. Gutschow and K. Weiler (eds), *Spirits in Transcultural Skies*, Cham: Springer, 2015

Lambourn, Elizabeth, 'The Decoration of the Fakhr al-dīn Mosque in Mogadishu and Other Pieces of Gujarati Marble Carving on the East African Coast', AZANIA: *Journal of the British Institute in Eastern Africa*, vol. 34, no. 1, 1999, pp. 61–86

Lopez Gomez, Margarita, 'The Mozarabs: Worthy Bearers of Islamic Culture', *The Legacy of Muslim Spain, Handbook of Oriental Studies* (2 vols), 2012, pp. 171–75

López-Guzmán, Rafael, 'The Legacy of al-Andalus in Mexico: Mudejar Architecture', *Arts*, vol. 7, no. 30, 2018

Majeed, Tehnyat, 'The Role of the Qur'anic and Religious Inscriptions in the Buq'a Pīr-i Bakrān, Isfahan: The Shī'ī Reign of Öljeytü Khudābande in Īlkhānid Iran', *Journal of Qur'anic Studies*, vol. 10, no. 2, 2008, pp. 111–23

Markowitz, Fran, 'Tales of Two Buildings: National Entanglements in Sarajevo's Pasts, Presents and Futures', *Ethnologie Française*, vol. 42, no. 4, 2012, pp. 797–809

Mateo, Matilde, 'Breaking the Myth: Toledo Cathedral on the International Stage', *Journal of Art Historiography*, no. 17, 2017, pp. 1–30

Melville, C., 'New Light on Shah 'Abbas and the Construction of Isfahan', *Muqarnas*, vol. 33, 2016, pp. 155–76

Menocal, Maria Rosa, *The Ornament of the World: How Muslims, Jews and Christians Created a Culture of Tolerance in Medieval Spain*, New York: Little, Brown, 2003

Mernissi, Fatima, *The Forgotten Queens of Islam*, Cambridge: Polity Press, 1994

Michailidis, Melanie, 'Dynastic Politics and the Samanid Mausoleum', *Ars Orientalis* 44, pp. 20–39

Michelsen, Leslee and Stefan Masarovic, 'Collaborative Investigations of a Seljuq Stucco Panel', in S. Canby et al., *The Seljuqs and their Successors: Art, Culture and History*, Edinburgh: Edinburgh University Press, 2020

Morton, A. H., 'The Ardabīl Shrine in the Reign of Shāh Tahmāsp I', *Iran*, vol. 12, 1974, pp. 31–64

Mulder, Stephennie, 'The Mausoleum of Imam al-Shafi'i', *Muqarnas*, vol. 23, 2006, pp. 15–46

Njoto-Feillard, Hélène, 'Notes sur l'Identité des Modèles Architecturaux du Taman Sari de Yogyakarta (1758–1765)', 1st Congress of Réseau Asie-Asia Network, 24–25 September 2003, Paris, France

Northedge, Alastair, 'Creswell, Herzfeld, and Samarra', *Muqarnas*, vol. 8, 1991, pp. 74–93

O'Kane, Bernard, 'The Madrasa al-Ghiyāsīyya at Khargird', *Iran*, vol. 14, 1976, pp. 79–92

Özdural, Alpay, 'Omar Khayyam, Mathematicians, and "Conversazioni" with Artisans', *Journal of the Society of Architectural Historians*, vol. 54, no. 1, 1995, pp. 54–71

Özdural, Alpay, 'A Mathematical Sonata for Architecture: Omar Khayyam and the Friday Mosque of Isfahan', *Technology and Culture*, vol. 39, no. 4, 1998, pp. 699–715

Pancaroğlu, Oya, 'Devotion, Hospitality and Architecture in Medieval Anatolia', *Studia Islamica*, vol. 108, no. 1, 2013, pp. 48–81

Parodi, Laura E., '"The Distilled Essence of the Timurid Spirit": Some Observations on the Taj Mahal', *East and West*, vol. 50, no. 1/4, 2000, pp. 535–42

Paskaleva, Elena, 'The Bibi Khanum Mosque in Samarqand: Its Mongol and Timurid Architecture', *The Silk Road* 10, 2012, pp. 81–98

Pinder-Wilson, Ralph, 'Ghaznavid and Ghūrid Minarets', *Iran*, vol. 39, 2001, pp. 155–86

Polimeni, Beniamino, 'Describing a Unique Urban Culture: Ibadi Settlements of North Africa', in F. Calabrò, L. Della Spina, C. Bevilacqua (eds), *International Symposium on New Metropolitan Perspectives*, Cham: Springer, 2018

Porter, Venetia Ann, 'The History and Monuments of the Tahirid dynasty of the Yemen, 858–923/1454–1517', PhD thesis, Durham University, 1992

Prevost, Virginie, 'Les mosquées ibadites du Maghreb', *Revue des mondes musulmans et de la Méditerranée* 125, 2009, pp. 217–32

Puertas, Antonio Fernández, 'I. Mezquita de Córdoba. Trazado Proporcional de su Planta General (Siglos VII–X)', *Archivo español de arte*, vol. 73, no. 291, 2000, pp. 217–47

Rabbat, Nasser, 'The Dome of the Rock Revisited: Some Remarks on al-Wasiti's Accounts', *Muqarnas*, vol. 10, 1993, pp. 67–75

Rabbat, Nasser, 'Al-Azhar Mosque: An Architectural Chronicle of Cairo's History', *Muqarnas*, vol. 13, 1996, pp. 45–67

Rabbat, Nasser, 'Design Without Representation in Medieval Egypt', *Muqarnas*, vol. 25, 2008, pp. 147–54

Rabbat, Nasser, 'The Pedigreed Domain of Architecture: A View from the Cultural Margin', *Perspecta*, vol. 44, 2011, pp. 6–11, 190–92

Raizman, David, 'The Church of Santa Cruz and the Beginnings of Mudejar Architecture in Toledo', *Gesta*, vol. 38, no. 2, 1999, pp. 128–41

Redford, Scott, 'The Seljuqs of Rum and the Antique', *Muqarnas*, vol. 10, 1993, pp. 148–56

Rogers, J. M., 'The Çifte Minare Medrese at Erzurum and the Gök Medrese at Sivas: A Contribution to the History of Style in the Seljuk Architecture of 13th Century Turkey', *Anatolian Studies*, vol. 15, 1965, pp. 63–85

Roxburgh, D. J., 'Ruy González De Clavijo's Narrative Of Courtly Life And Ceremony In Timur's Samarqand, 1404', in P. J. Brummett, *The 'Book' of Travels: Genre, Ethnology, and Pilgrimage, 1250–1700*, Leiden; Boston: Brill, 2009

Ruggles, D. Fairchild, 'The Alcazar of Seville and Mudejar Architecture', *Gesta*, vol. 43, no. 2, 2004, pp. 87–98

Ruggles, D. Fairchild, and Amita Sinha, 'Preserving the Cultural Landscape Heritage of Champaner-Pavagadh, Gujarat, India', in D. F. Ruggles and H. Silverman, *Intangible Heritage Embodied*, New York: Springer, 2009, pp. 79–100

Sadek, Noha, 'In the Queen of Sheba's Footsteps: Women Patrons in Rasulid

Yemen', *Asian Art*, vol. 6, no. 2, 1993

Savitri, Pradianti, Yohanes Purbadi and B. Sumardiyanto, 'Architectural Acculturation: Islamic and Javanese Spiritual Elements in Sumur Gumuling Design at Tamansari, Yogyakarta', *Jurnal Arsitektur Komposisi*, vol. 13, no. 2, 2020, pp. 73–85

Scherpe K. R., 'Reklame für Salem Aleikum', in A. Honold and K. R. Scherpe (eds), *Mit Deutschland um die Welt*, Stuttgart: J. B. Metzler, 2004, pp. 381–88

Sheren, I. N., 'Transcultured Architecture: Mudéjar's Epic Journey Reinterpreted', *Contemporaneity: Historical Presence in Visual Culture* 1, 2011, pp. 137–51

Sinclair, T. A., *Eastern Turkey: An Architectural and Archaeological Survey*, Volume IV, London: Pindar Press, 1990

Siry, Joseph M., 'Building as Bridge: Frank Lloyd Wright's Marin County Civic Center', *The Art Bulletin*, vol. 101, no. 3, 2019, pp. 115–45

Soucek, S., 'Timur and the Timurids' in S. Soucek, *A History of Inner Asia*, Cambridge: Cambridge University Press, 2000, pp. 123–43

Stegers, Rudolf, *Sacred Buildings: A Design Manual*, Basel; Boston; Berlin: Birkhäuser, 2008

Steinhardt, Nancy Shatzman, 'China's Earliest Mosques', *Journal of the Society of Architectural Historians*, vol. 67, no. 3, 2008, pp. 330–61

Subtelny, M. E., 'A Timurid Educational and Charitable Foundation: The Ikhlāsiyya Complex of 'Alī Shīr Navā'ī in 15th-Century Herat and Its Endowment', *Journal of the American Oriental Society*, vol. 111, no. 1, 1991, p. 38

Tabbaa, Yasser, *Constructions of Power and Piety in Medieval Aleppo*, University Park: Pennsylvania State Press, 2010

Wakelnig, Elvira, 'Socrates in the Arabic Tradition: An Esteemed Monotheist with Moist Blue Eyes', in C. Moore, *Brill's Companion to the Reception of Socrates*, Leiden; Boston: Brill, 2019

Waldron, Lawrence, 'Ephemeral Architecture: The Fleeting Forms of West African Adobe Mosques', *Architecture Caribbean* online, 2011

図版出典

a = above（上）, b = below（下）, c = centre（中央）, l = left（左）, r = right（右）

123superstar/123RF.COM 31a; A. Tamboly/Westend61 GmbH/Alamy Stock Photo 292; AFP via Getty Images 59; Ahmet Kuş/Alamy Stock Photo 160; Albaraa Mansoor 57; Aleksandar Pavlovic/Dreamstime.com 96a, 98a; Alexander Moskovskiy/Alamy Stock Photo 279b; Aliraza Khatri's Photography/Moment/Getty Images 96b; Allison Bailey/Alamy Stock Photo 44–45; Amir Mohtasemi Ltd 267b; Amitabha Gupta 91a; Amors photos/Shutterstock 128a; Andreas Zerndl/Shutterstock 271a; Antoine Boureau/Photononstop/Getty Images 163; Anton Ivanov/Alamy Stock Photo 76–77; Anton_Ivanov/Shutterstock 78b; Antonella865/Dreamstime.com 156b; Arlo K. Abrahamson/PJF Military Collection/Alamy Stock Photo 69a; Avishek Das/SOPA Images/LightRocket via Getty Images 95b; Ayhan Iscen/Anadolu Agency/Getty Images 136; Azim Khan Ronnie/awl-images.com 108–109; B.O'Kane/Alamy Stock Photo 13, 17, 18, 32a, 32b, 34, 72a, 72b, 79, 81, 82–83, 84b, 116, 121al, 133, 140, 157, 189, 212, 298b, 311; Bashar Shglila/Moment/Getty Images 191b; Bashar Tabbah 47b, 48–49, 184a; Bashir Osman's Photography/Moment Unreleased/Getty Images 101; BE&W agencja; fotograficzna Sp. z o.o./Alamy Stock Photo 295; Ben Johnson/Arcaid Images/Alamy Stock Photo 286; Bertrand Rieger/Hemis/Alamy Stock Photo 285, 300–301; Bjorn Holland/Photodisc/Getty Images 156a; bokehcambodia/Alamy Stock Photo 224; Boris Kester/traveladventures.org 199a; Brasilnut/Dreamstime.com 73; Brian Overcast/Alamy Stock Photo 249; Britta Franke/Dreamstime.com 208; C. Sappa/DeAgostini/Getty Images 69b; Catharina Lux/mauritius images GmbH/Alamy Stock Photo 177; Cheryl Rinzler/Alamy Stock Photo 176b; Christian Heeb/awl-images.com 168; Christophe Boisvieux/agefotostock 98b, 100; Christophe Boisvieux/Corbis/Getty Images 110; Chrysovalantis Lamprianidis/The Museum of Islamic Art, Doha 65; Cihan Demirci/Anadolu Agency/Getty Images 126–127;

Clive Gracey/clivegracey.net 54; Cortyn/Shutterstock 188; Courtesy Ogasawara Hakushaku Tei, Tokyo 237; Dallet-Alba/Alamy Stock Photo 4l, 20b, 42; Dani Friedman/vario Images RM/agefotostock 308; Daniel Prudek/Alamy Stock Photo 162a; Danko Stjepanovic, courtesy Sharjah Art Foundation 22; Dave Stamboulis/Alamy Stock Photo 104a; Davor Curic/Moment Open/Getty Images 293; dbtravel/Alamy Stock Photo 75b; Dick Osseman 122a; Dinodia Photos/Alamy Stock Photo 92; Dr Ajay Kumar Singh/Shutterstock 93a; Eddie Gerald/Alamy Stock Photo 46b, 158–159; Edmund Sumner 55a; Education Images/Universal Images Group North America LLC/Alamy Stock Photo 303a; Emad Aljumah/Getty Images 252b; Emanuele Vidal/ClickAlps/awl-images.com 256; EmmePi Travel/Alamy Stock Photo 272a; Eric Lafforgue/Alamy Stock Photo 172–173, 190, 199b, 200, 204; Estan Cabigas/Alamy Stock Photo 5c, 225, 226–227; Evgeniy Fesenko/Dreamstime.com 29a, 36–37, 87b, 183; Fabio Lamanna/Dreamstime.com 88b; Falkensteinfoto/Alamy Stock Photo 121b; Fatima Muhammad-Amusa 209; Fatma Jamal 33; FB-Fischer/imageBROKER/Alamy Stock Photo 4c, 103; Felix Lipov/Alamy Stock Photo 4r; Fine Art Images/Heritage Image Partnership Ltd/Alamy Stock Photo 315; Focus and Blur/Shutterstock 68b; Fotystory/Shutterstock 82; Franck Guiziou/Hemis/Alamy Stock Photo 90; Frans Sellies/Moment/Getty Images 63; funkyfood London - Paul Williams/Alamy Stock Photo 129, 180, 273; Gary Otte 162b; Gavin Hellier/awl-images.com 21; Gerard Degeorge/akg-images 89b, 93b; Ghigo Roli/Bridgeman Images 272b; Giuseppe Spartà/Alamy Stock Photo 250–251; Gordon Sinclair/Alamy Stock Photo 184b; Grant Rooney Premium/Alamy Stock Photo 145; Hakan Can Yalcin/Dreamstime.com 78a; Hasan Zaidi/Dreamstime.com 51; Hervé Lenain/Alamy Stock Photo 288; Hikrcn/Dreamstime.com 27; Hoberman Collection/Hoberman Publishing/Alamy Stock Photo 12;

Hufton+Crow/View Pictures/Universal Images Group via Getty Images 14; Huib Blom/Alamy Stock Photo 194a; Ildar Davletshin/Dreamstime.com 280; Images & Stories/Alamy Stock Photo 5l, 70–71, 170–171; Isa Özdere/Alamy Stock Photo 137; iStock.com/Drazen_ 228–229; iStock.com/EgyptianStudio 30b; iStock.com/fokkebok 232–233; iStock.com/LeoPatrizi 125a; iStock.com/mazzzur 80; iStock.com/Mediattivo265; iStock.com/mtcurado 156c, 198a, 198b, 202; iStock.com/Nikada 220; iStock.com/okanmetin 124a; iStock.com/serkansenturk 40b; iStock.com/Thomas Markert 196–197; iStock.com/usas 119c; iStock.com/Vladimir Zapletin 281; iStock.com/vuk8691 107; iStock.com/Zastavkin 130–131; Ivan Sebborn/Alamy Stock Photo 31b; Ivan Vdovin/Alamy Stock Photo 19, 216; Ivan Vdovin/Jon Arnold Images Ltd/Alamy Stock Photo 28, 147, 161b; Iwan Baan 106; Izzet Keribar/Getty Images 120a; J.D. Dallet/agefotostock/Alamy Stock Photo 38; James Wang, courtesy studio chahar 195; Javier Ayarza 261b; Jean-Pierre Degas/Hemis/Alamy Stock Photo 266; Jess Kraft/Shutterstock 310; jessmine/123RF.COM 24–25; Joe Daniel Price/Moment Open/Getty Images 304a; John Copland/Shutterstock 179; John Gollings 238; Jon Chica/Shutterstock 178; Jonathan Wilson/Dreamstime.com 152b; Jono Photography/Shutterstock 152a, 153; José Antonio Sanz Martín/Dreamstime.com 261a; Juanma Aparicio/Alamy Stock Photo 262; Juergen Ritterbach/Alamy Stock Photo 2, 30a, 141; Kadagan/Shutterstock 138–139; Karen Brodie/Moment Mobile/Getty Images 309; Karl F. Schöfmann/imageBROKER/Alamy Stock Photo 124b; Karol Kozlowski/robertharding/Alamy Stock Photo 23a; Keren Su/China Span/Alamy Stock Photo 165; Kerstin Bittner/Westend61 GmbH/Alamy Stock Photo 290a; Khaled ElAdawy/Alamy Stock Photo 125b; Khaled Fazaa/AFP via Getty Images 56; L. Romano/Universal Images Group North America LLC/DeAgostini/Alamy Stock Photo 271b; Len4foto/Dreamstime.com 236; Library of Congress, Washington, D.C., Prints &

Photographs Division, photograph by Carol M. Highsmith [Reproduction No. LC-DIGhighsm-28791] 305; Lindman Photography 278; Lisa S. Engelbrecht/Danita Delimont/Alamy Stock Photo 270a; Liz Coughlan/Alamy Stock Photo 275; Luc Boegly/Artedia/Bridgeman Images 5r, 303b; Lucas Vallecillos/Alamy Stock Photo 181, 185; Maleficeliya/Dreamstime.com 296; Mapache/Shutterstock 113; Mark Luscombe-Whyte 132; Mark Sykes/awl-images.com 282; Martin Sasse/DuMont Bildarchiv/dpa picture alliance/Alamy Stock Photo 20a; Martin Siepmann/imageBROKER/Alamy Stock Photo 134–135; Martin Siepmann/Westend61 GmbH/Alamy Stock Photo 119b; Mary F. Calvert/ZUMA Press, Inc./Alamy Stock Photo 210–211; Matthew Millman 302; Matyas Rehak/Dreamstime.com 164; Mauricio Abreu/awl-images.com 150; Max Milligan/awlimages.com 206–207; MehmetO/Alamy Stock Photo 117a, 122b; Metropolitan Museum of Art, New York. Mr. and Mrs. Isaac D. Fletcher Collection, Bequest of Isaac D. Fletcher and Rogers Fund, by exchange, 1985, Accession No. 1985.241 174b; Michael Runkel/imageBROKER/Alamy Stock Photo 68a, 194b; Michael Runkel/robertharding/Alamy Stock Photo 67; Michael von Aichberger/Alamy Stock Photo 291a; Michael Wald/Alamy Stock Photo 304b; Michele Falzone/Alamy Stock Photo 43a; Mobeen Ansari 97; Mohammed Younos/Shutterstock 26; Mr NongKhai/Shutterstock 234; Muhammad Mostafigur Rahman/Alamy Stock Photo 104b; Muhammed Kösen 114–115; Murat Taner/Photodisc/Getty Images 123; Nadeem Khawar/Moment Open/Getty Images 99; Nadeem Khawar/Moment/Getty Images 102; Naquib Hossain/dotproduct.ca 105; Niels Poulsen/Alamy Stock Photo 299b; Nigel Pavitt/John Warburton-Lee Photography/Alamy Stock Photo 192–193; Nik Wheeler/Alamy Stock Photo 240; Nikolai Sorokin/Dreamstime.com 119a; Nizar Kauzar/Shutterstock 222–223; Nöstler Photo 299a; Oliver Gerhard/imageBROKER/Alamy Stock Photo 39, 41;

Olivier Bourgeois/Alamy Stock Photo 40a; Omair Aleem/Makhzan-e-Tasaweer Image Library 297; Orhan Durgut/Alamy Stock Photo 47a; Oronoz/Album/Alamy Stock Photo 253; ozgur_oral/Shutterstock 128b; PantherMediaSeller/Depositphotos.com 43b; Patrick Foto/Shutterstock 230a; Patrizia Wyss/Alamy Stock Photo 75a; Paul M.R. Maeyaert/Bildarchiv Monheim GmbH/Alamy Stock Photo 270b; Paul Melling/Alamy Stock Photo 64; Peter Eastland/Alamy Stock Photo 252a; Peter Fischer/awl-images.com 176a; Peter Horree/Alamy Stock Photo 66; Petrajz/Dreamstime.com 318–319; Philip Lee Harvey 10; Philippe Lissac/The Image Bank Unreleased/Getty Images 203; Pictures from History/CPA Media Pte Ltd/Alamy Stock Photo 144; Prisma Archivo/Alamy Stock Photo 16, 46a; Rachel Carbonell/Alamy Stock Photo 6; Rafael Santos Rodriguez/Alamy Stock Photo 269; Raga Jose Fuste/Prisma by Dukas Presseagentur GmbH/Alamy Stock Photo 267a; Raimund Franken/imageBROKER/Alamy Stock Photo 120b; Raimund Franken/ullstein bild via Getty Images 85a, 85b; Rangzen/Dreamstime.com 230b; raspu/Moment Open/Getty Images 175; Razak.R/Shutterstock 84a; Reflex Life/Shutterstock 276–277; Ricardo Bofill Taller de Arquitectura 191a; Risqi Zed/Dreamstime.com 221; Robert Nawrocki/Dreamstime.com 58; Robert Wyatt/Alamy Stock Photo 148–149, 161a; Roland and Sabrina Michaud/akgimages 121ar, 241, 321; Romain Cintract/Hemis/Alamy Stock Photo 289a; Sammlung; Rauch/Interfoto/Alamy Stock Photo 291b; Sarah Bray/Shutterstock 274; scaliger/123RF. COM 283; sedmak/123RF.COM 264; Serjo_Serjo/Shutterstock 166–167; Serkan Senturk/ZUMA Press Wire/Alamy Stock Photo 117b; Shalini Saran/IndiaPicture/Alamy Stock Photo 316; Shaun Egan/The Image Bank/Getty Images 263; Sir Cam 298a; Sketchh/Shutterstock 95a; Sophie James/Shutterstock 242; Stefan Auth/imageBROKER/Alamy Stock Photo 174a; Stefano Politi Markovina/Alamy Stock

Photo 50, 246; Stefano Politi Markovina/awl-images.com 235; Stefano Politi Markovina/Jon Arnold Images Ltd/Alamy Stock Photo 257; Steve Outram/Aurora Photos/Cavan Images/Alamy Stock Photo 201; Suzuki Kaku/Alamy Stock Photo 29b; Tammy Gaber 239; Tanarch/Shutterstock 94; Bildarchiv Foto Marburg/Bayerische Schlösserverwaltung/Rose Hajdu 290b; Teo Krijgsman 289b; Tesnim Karišik Spahić 294a; The Picture Art Collection/Alamy Stock Photo 86a; Thierry Falise/LightRocket via Getty Images 231; Tibor Bognar/Alamy Stock Photo 52–53; TMI/Alamy Stock Photo 88a; Tom Schulze/DuMont Bildarchiv/dpa picture alliance/Alamy Stock Photo 74; Tomka/Alamy Stock Photo 254–255; Ton Koene/Alamy Stock Photo 154–155; Toniflap/Alamy Stock Photo 112; Toño Labra/agefotostock/Alamy Stock Photo 35; Torbenbrinker 214–215; Touseef designer/Shutterstock 23b; Travel Guy/Alamy Stock Photo 89a; travel4pictures/Alamy Stock Photo 151; TravelCollection/Image Professionals GmbH/Alamy Stock Photo 60; TravelMuse/Alamy Stock Photo 218–219; Tuul & Bruno Morandi/The Image Bank/Getty Images 312–313; Tuul and Bruno Morandi/Alamy Stock Photo 55b, 86b, 91b, 146; UlyssePixel/Alamy Stock Photo 142–143; Underwood Archives/Getty Images 306–307; V4ID Afsahi/Alamy Stock Photo 87a; Valery Egorov/Shutterstock 268; Viennaslide/Construction Photography/Avalon/Hulton Archive/Getty Images 287; Walter Bibikow/Jon Arnold Images Ltd/Alamy Stock Photo 284; Werner Forman/Heritage Image Partnership Ltd/Alamy Stock Photo 186–187, 259; Weston Westmoreland 260; Will Perrett/Alamy Stock Photo 258; Xavier Rossi/Gamma-Rapho via Getty Images 205; Yakov Oskanov/Alamy Stock Photo 118; Yann Jouanique/Alamy Stock Photo 244–255; Yulia Babkina/Alamy Stock Photo 279a; Yunus Demirbas/Anadolu Agency/Getty Images 294b; Zhang Peng/LightRocket via Getty Images 243

索引

数字は説明文のあるページを示す。

【ア】

アーイシャ　258, 318
アーイシャ・ビビ廟　162
アーイナ・カーリー　62, 78, 322
アイユーブ朝　12, 38, 317
アヴィケンナ（イブン・スィーナー）　111
アヴィニョン（フランス）　263
アウジラ（リビア，大モスク）　191
青ナイル　198
アガ・ハーン建築賞　56, 194
アクサライ（トルコ）　111, 119
　キャラヴァンサライ　119
アクバル（皇帝）　91, 95
アグラ（インド）　324
　タージ・マハル　94
　ディーワーン・イ・ハース　93
アグラブ朝　182, 183, 185, 324
アクレ（パレスチナ／現イスラエル）　30, 43
アサイタ，アファル（エチオピア，ハジ・ハビブ・モスク）　173
アジャミー・イブン・アブーバクル・ナヒチェヴァニー　160
アーシューラー祭　98
アスアド・パシャ・アルアズム　43
アスマー（女王）　15, 314
アゼルバイジャン　112, 156, 158, 160, 280
アタ，サーヒブ　120
アダム　69
アッタール，ファラド・アルディーン　320
アッバース1世（シャー）　84, 86
アッバース朝　11, 28, 47, 61-2, 66, 68-9, 75, 247, 304, 314, 324
アッバース朝カリフ制　61
アッラー・クリ・ハーン　151
アーディル・シャーヒー朝　93, 324
アード族　59
アドービ（日干し煉瓦）　8, 173, 191, 204, 303, 322
アーナ（イラク）　69
アナトリア（セルジューク朝）　112, 117, 119-21, 314, 324
アナトリア（トルコ）　112, 122, 274, 313, 317
アパク・ホージャ　213, 242
アビキュー（アメリカ合衆国ニューメキシコ州，ダール・アルイスラム・モスク）　303
アビシニア　88, 91
アブー・アイユーブ・アルアンサーリー　124
アフガニスタン　7, 65, 152, 155, 318
　ジャムのミナレット　88, 152
アブダビ（アラブ首長国連邦）
　シャイフ・ザーイド大モスク　20
　ルーヴル・アブダビ　15, 23
アブデュルハミト2世　16, 132
アブデュルラフマーン・パシャ　124
アブド・アルマリク（カリフ）　12, 47
アブド・アルムウミン　169
アブド・アルラフマーン（カリフ）　252-3
アフマダーバード　91, 324
アフマディーヤ・ムスリム・コミュニティー　297, 299, 308
アフマド　78

アフマド・イ・ジャーミー　81
アブー・マドヤン，スィーディー　188
アフメト1世（スルタン）　125
アブラク　43, 274, 307, 322
アフラト（トルコ）
　メリケ・ママ・ハトゥンの墓　112, 114
　メイダンリク墓地　117
アブラハム　12, 47
アフリカ　91, 169-70, 173, 199, 200, 211, 272, 285, 322, 323
アフリカの角　199
アフロ・ブラジル様式　208
アマルフィ，イタリア，サンタンドレア大聖堂　274
アムスコ（スペイン，泉の聖母エルミタージュ）　261
アメリカ合衆国　301, 303-4, 307
アラーヴィ家（ドーム）　77
アラウィー朝　179, 180, 324
アラゴン（スペイン）　263
　スサンのサンタ・エウラリア教会　261
アラーウッディーン・カイクバード1世（スルタン）　317
アラビア海　199
アラビア語　103, 175, 214, 220, 258, 272, 304, 322-3
アラファ・ワリード　35
アラブ首長国連邦（UAE）　15, 20, 22-3
アリー・イマーム　69
アール・ヌーヴォー　132, 268
アルアンダルス　283, 314, 322-3
アルイブン・アルスユーフィー　31
アルガーズィー（スルタン）　38, 117
アルグーリー（スルタン）　32
アルジェリア　169, 186, 188, 208
　フアーリー・ブーメディエン村　191
アルダウラ，カマール　198
アルダビール（イラン）
　シャイフ・サフィーユ・アルディーンの墓　62
　絨毯　62
アルティジャーニー，シャイフ・スィーディー・アフマド　180
アルディマシュキー，ムハンマド・イブン・ハルワーン　119
アルディーン・シーラーズィー，カワーム　318
アルテソナド　248, 310
アルトゥク朝　117, 324
アルナースィル・ムハンマド（スルタン）　30, 31
アルハカム（カリフ）　253
アルバヤーティー，バースィル　298
アルビールーニー　111
アルフィズ　261, 264
アルフィフリーヤ・アルクラシーヤ，ファーティマとマルヤム　314
アルフォンソ11世　263, 267
アルフォンソ8世　264
アルフバル（サウジアラビア）
　サーリム・ビン・ラーディン・モスク　25
アルホワーリズミー　111
アルマギリ，ムハンマド　208
アルマンスール（カリフ）　252
アルミルガーニー，サイイド・ハサン

195
アルミルガーニー・アルハーティム，サイイド・ムハンマド　195
アルムアイヤド・シャイフ　31, 32
アルムスフィー，モナ　22
アルムタワッキル（カリフ）　66
アルムルスィー，ダウード　268
アルメニア　28, 317
アルラーディー，サルマー　56
アルラハウィー，シャイフ・ヒラール　55
アルワー・ビント・アフマド・アルスライヒー（女王）　15, 59, 314
アルワリード1世（カリフ）　11, 40, 47
アレクサンドリア　32, 274
アレッポ（シリア）　35, 274
　アルフィルダウス・マドラサ　317
　城塞　38
　ハーンカー学校　317
　蛇の門　38
　ミナレット大モスク　41, 274
アロラット，エムレ　137
アンダルシア（スペイン）　248, 249, 252, 270
アンティオキアのジョルジョ　272
アンデレ（使徒）　274
アンマン（ヨルダン）　19

【イ】

イエス・キリスト　264
イエニチェリ（精鋭歩兵部隊）　32
イエメン　59, 191, 314
　アルアーミリーヤ・マドラサ　15, 56
イサク　12
イーサー・ビン・アブドゥッラー・ビン・ユースフ　55
イスタンブール（トルコ）　323
　イルディズ，エルトゥールル・テッケ，シャイフ・ハムザ・ザフィールの墓　133
　ウスキュダル
　　イェニ・ヴァーリデ・モスク，鳥小屋　128
　　ミフリマーフ・スルタン・モスク　318
　エユップ・スルタン・モスク　124
　サキリン・モスク　132
　サンチャクラル・モスク　137
　シャイフ・ハムザ・ザフィールの墓　132
　女性　313
　トプカプ宮殿　9
　　タイル　112
　　ハレム，浄めの泉の間の二重扉　129
　　ハレム，皇太子の住居，双子のパヴィリオン　131
　ピエール・ロティの邸宅　289
　ヒュレム・スルタン複合施設　318
　ブルー・モスク　125
　水飲み場　314
　リュステム・パシャ・モスク　318
　→コンスタンティノープル
イスティクラール　214, 220
イストリア　274
イズニク（トルコ）　125, 185, 322, 324
イズニクタイル　112, 124, 128, 289, 322
イスファハーン（イラン）　324

アーリー・カーブー宮殿　62
　音楽室　85
　金曜モスク　62, 73, 314
　シャー・モスク　86
　シャイフ・ロトフッラー・モスク　84
　チェヘル・ソトゥーン　85
　ピール・イ・バクラーン霊廟　62, 78
イスマーイール，ファッターフ・アルトゥルク　68
イスマーイール派　314, 322
イスマーイール派コミュニティー（ジャマト）　162, 314
イスマーイール派ボフラ　314
イスラエル　30, 43
イスラム，ラフィクル　107
イスラム黄金時代　62
イスラム神秘主義　→スーフィズム　98, 122, 165, 204, 318
イスラムの五行　51, 55
イタリア　271-2, 274-5, 278, 320
イード礼拝　95
イナーク朝　151
イバード派　169, 184, 186, 322
イバルハン（香妃墓）　214, 242
イフリーキーヤ　169
イブン・ザムラク　257
イブン・シューシャーン　264
イブン・トゥールーン，アフマド　28, 51, 66
イブン・バットゥータ　111, 173, 314, 317
イブン・ハルドゥーン，ムカッディマ　169
イブン・ハンバル，イマーム　12
イベリア半島　9, 322
イマーム　322
イラク　7, 15, 28, 43, 55, 56, 66, 68, 69, 247, 314, 322
イラン　7, 31, 61-2, 65, 68, 72-3, 75, 77-8, 81, 84-7, 89, 95, 98, 120, 158, 162, 173, 199-200, 274, 290, 312, 318, 319, 322
イラン・イラク戦争　68
イル・ハーン朝　62, 77, 78, 81, 156, 324
イーワーン　30, 61-2, 69, 73, 75, 78, 120, 149, 151, 155, 191, 217, 322
イングランド　297-8
インジュ朝　78
インド　7, 11, 20, 65, 88-9, 91, 93, 95-6, 98, 103, 107, 173, 199, 314, 318, 322
インドネシア　213-4, 217, 220, 224

【ウ】

ヴァウリン，ピョートル・クズミチ　279
ウイグル人コミュニティー　165, 213, 217
ヴィルヘルム2世（ドイツ皇帝）　16
ウィンドキャッチャー　15, 35, 322
ヴェトナム　224
ヴェネツィア（イタリア）
　サン・マルコ大聖堂　247, 274
　ドージェ宮殿　247, 274
ウェールズ　297
ヴェローナ（イタリア）　274
ヴォーン（カナダ，オンタリオ州，バイトゥル・イスラム・モスク）　308

ウクライナ 283
ウージェニー（皇后）249
ウズベキスタン 8, 111, 139-40, 143, 145-6, 149-51
ウズベク・ハーン 317
ウスマーン（カリフ）145
打ち放し／鋳造コンクリート 104, 107
ウバイド・アルナッジャール・イブン・マアーリー 12
ウマイヤ朝 7, 11-2, 16, 19, 40-1, 46-7, 91, 261, 324
　スペイン 11, 247, 252-3, 261, 324
ウマル・イブン・アルハッターブ 26
ウラジカフカス（ロシア，ムフタロフ・モスク）280
ウルジャイトゥ（スルタン）62, 78
ウルスリーヌ修道女会 309
ウルドゥー語 98, 103
ウンム・アリー 317
ウンムドゥルマン（スーダン，2つのナイルのモスク）198

【エ】
エカチェリーナ大帝 279
エガラシンドゥール（バングラデシュ，キショルガンジ，シャー・マフムード・モスク）104
エクアドル 248, 310
エジプト 8, 12, 15, 22, 28-32, 35, 51, 303, 317, 322
　神殿 31
エシュレフ・ベイリク 119
エストレマドゥーラ（スペイン，サンタ・マリア・デ・グアダルーペ王立修道院）267
エスマーイーリ，ヤサマン 195
エチオピア 16, 91, 173, 195, 199
エディルネ（トルコ，セリミエ・モスク）126, 324
エディンバラ（スコットランド，中央モスク）298
エヘル・イ・ヒュレフ 129
エリコ，ヒルバト・アルマフジャル（ヒシャームの宮殿）11, 46
エリトリア 195
エルサレム 169, 182, 267, 274, 318
エルサレム
　アルアクサー・モスク 47, 169, 182, 274
　　木製パネル 46
　岩のドーム 7, 11, 12, 47, 247
　高貴な岩（基岩）47
　魂の井戸とスライマーンのミフラーブ 47
　ハセキ・スルタン複合施設 318
　ハラム・アルシャリーフ 47
エルズィンジャン（トルコ）112, 117, 317
　テルジャン，メリケ・ママ・ハトゥンの墓 114

【オ】
オアイヴァジアン，エドマン 55
黄金比 73
小笠原伯爵邸 237
オーストラリア 239
オスマン帝国／オスマン朝 7-9, 12, 16, 31-2, 35, 43-4, 47, 70, 85, 112, 112-3, 122, 124-6, 128-9, 131-2, 185, 249, 294, 313-4, 318, 322, 324
オーパ・ロッカ（アメリカ合衆国フロリダ州，市庁舎）307
オマル・アリー・サイフッディーン（スルタン）214, 237
オマーン 15, 55, 173
　スルタン・カーブース大モスク 15
オムラニア 26
オランダ 9
　アムステルダム市立墓地，イスラム葬儀

用パヴィリオン 289
オロンテス川 43

【カ】
カイセリ（トルコ）
　ゲヴヘル・ネシベ病院 314
　フナト・ハトゥン複合施設 317
カーイトバイ（スルタン）32
カイホスロー1世（スルタン）314
カイラワーン（チュニジア）314, 324
　大モスク 169, 182, 185
カイロ（アルカーヒラ）（エジプト）11-2, 15, 111, 211, 274-5, 280, 317, 324
　アクバガーウィーヤ・マドラサ（ミナレット）32
　アミール・ハイルバク霊廟 35
　アルアクマル・モスク 30
　アルアズハル・モスク 12, 29, 281
　アルアズハル大学 29
　アルナースィル・ムハンマド・モスク 31
　アルムアイヤド・シャイフ・モスクの扉 31, 32
　イブン・トゥールーンのモスク 28, 51, 66
　イマーム・アルシャーフィイーの廟 12
　カンサ・アルグーリー，ミナレット 32
　サビール・クッターブ 35
　シタデル（要塞）31
　スルタン・ハサン・モスク＝マドラサ 31
　スルタン，アルナースィル・ムハンマド・イブン・カラーウーンのマドラサ 30
　スルタン，カーイトバイの葬祭施設 32
　　ミナレット 32
　バーブ・アルナスル 28
　バーブ・アルフトゥーフ 28
　ビーマリスターン 43
　北部墓地 32
　ムハンマド・アリー・モスク 31
ガウディ，アントニ 268
ガウハル・シャード（女王）155, 318, 319, 320
ガオ（マリ）194
カザフスタン 113, 162, 165
カザフ風 113
カシカリ 96, 98
カシモフ（ロシア，ハーンのモスク）279
カージャール朝 61, 86, 324
カシュガル（中国，新疆ウイグル自治区，アバク・ホージャ霊廟複合施設）213, 242, 324
カースィム・ハーン国 279
カズヴィーン（イラン，金曜モスク）75
カスティーリャ 263-4
カスティーリャとレオン（スペイン，ゴルマス城）253
ガズナ朝 96, 152, 324
ガズニ（アフガニスタン，マスード3世のミナレット）152, 324
カスバ 174
カスル 322
カスル・ハラーナ 19
ガダメス（リビア，アティーク・モスク）191
カタール 51
カツィナ（ナイジェリア，ゴバラウ・モスク）208
カッサラ（スーダン，ハトミーヤ・モスク）195
カッパドキア（トルコ，ダムサコイ）122
　ダムサコイ・タシュキンパシャ・モスク，ミフラーブ 122
カーティス，グレン 307
カーディフ城（ウェールズ，アラブの間）

297
カトフダ（首長）32, 35
ガーナ 205
ガーナ帝国 170
カナダ 308
カノ（ナイジェリア，ギダン・ルムファ）211
カフェス制度 131
カーブース（首長）72
カーブース（スルタン）15, 55
ガブリエル（大天使）47
カブル（パキスタン，チャックチャン・モスク）96
カマラ，マリアム・イッスーフ 195
上メソポタミア 117
カラ・ハーン朝 162, 324
カラーウーン（スルタン）28, 30, 43
カラコルム山脈 96
カラチ（パキスタン）
　サブリ・モスク 100
　マザール・エ・クアイド（国立霊廟またはジンナー廟）103
ガラバグラル（アゼルバイジャン，グディ・ハトゥン廟）156
カラマン侯国 122, 324
カリグラフィー 41, 51, 55-6, 62, 75, 78, 81, 93, 112, 114, 122, 140, 151-2, 161, 199, 304
カリダリウム 16
カリファタバード（バングラデシュ）104
カリーム・ハーン 61
カルタゴ 185
カルタゴ人 177
カルトハル（スペイン，サン・バウデリオ・デ・ベルランガの隠修士院）261
カルパヴリクシャ 93
カルリク 119
カロノロス（トルコ）317
カーン，ルイス 104
カンダレパス，アンジェロ 239
カンディ・ベンタル 213
カンボジア 214, 217, 224

【キ】
キオスク 119, 248, 249, 290, 322
幾何学模様 7, 9, 11, 61-2, 248, 322
　アゼルバイジャン 113, 160
　アフガニスタン 152
　アラブ首長国連邦 15, 22
　イエメン 56
　イラン 62, 77, 81, 85
　インド 94
　ウズベキスタン 146, 151
　エクアドル 310
　エジプト 32
　オーストラリア 214, 239
　オマーン 55
　オランダ 289
　クウェート 55
　サウジアラビア 26
　スーダン 198
　スペイン 258, 264, 267
　タジキスタン 161
　中国 242
　チュニジア 185
　トルクメニスタン 156
　トルコ 114, 117, 119-20, 122, 317
　日本 214, 237
　パキスタン 96
　パレスチナ／イスラエル 11, 46
　バーレーン 51
　フランス 287
　モロッコ 7, 169, 176, 179, 249
キスワ 183
北アフリカ／北アフリカ人 7, 11, 30, 169-70, 174, 188, 191, 249, 252, 257, 307, 322-3
北マケドニア 124
キト（エクアドル）

サン・フランシスコ教会 310
サント・ドミンゴ教会 248, 310
ギネス世界記録 107
キブラ 7, 26, 30, 204, 285, 322-3
木彫り 46, 151
ギヤース・アルディーン 96
ギヤース・シャー 88
キャラヴァンサライ 43, 75, 98, 119, 183, 317, 320, 322
キュタヒヤ（トルコ）112
キュリイエ 51, 322
キュリイエスィ 126
ギリシア人 11, 239, 317
キリスト教 40, 43, 47, 220, 225, 272, 288, 322-3
　スペイン 9, 247-8, 249, 252-3, 261, 263-4
　ネストリウス派 62, 320
　モサラベ 323
キルギス 162
キルマーニー，フワージャ・マスウード 81
キルマーン（イラン，金曜モスク）81
キルワ・キシワニ（タンザニア）173

【ク】
グアダルキビル 253
クアラテレンガヌ（マレーシア，クリスタル・モスク）230
クアラルンプール（マレーシア，マレーシア国立モスク）214, 228
クウェート 55
クウェートシティ（クウェート，シャイフ・ジャービル・アルアフマド文化センター）55
グエリズ（モロッコ）174
クサイル・アムラ 11, 16
クサム・ビン・アッバース（シャーヒ・ズィンダ）140
グジャラート州（インド）62, 91, 199, 314
グジャラート・スルタン朝 91, 324
クダード 56
クチ・メーモン・ムスリム共同体 95
クッターブ 35, 322
クッバ 98
グディ・ハトゥン 156
クート（コートディヴォワール）173
　モスク 204
クトゥブ・アルディーン・アルガーズィー 117
クトゥルグ・ティムール 111, 156
クニャ・ウルゲンチ（トルクメニスタン）111
　金曜モスク 317-8
　クトゥルグ・ティムール・ミナレット 156
　トゥラベク・ハヌム廟 156
クーファ（イラク）314, 324
クーフィー書体 35, 75, 78, 81, 117, 156, 220, 272
クメール・ルージュ 224
グラナダ（スペイン）7, 248, 249, 263, 267
　アルバイシン地区 257
　アルハンブラ 8, 248, 256-7, 262-63, 269, 276-7, 283
　　アベンセラヘスの間 258
　　コマレス宮，バイト・アルマスラジュ（模型）267
　　獅子宮 257, 258
　　リンダラハの展望台 258
　　サン・ニコラスの展望台 257
　　大モスク，アルバイシン 268
　　ダラークサ庭園 258
　　レコンキスタ 267-8
クリ・ガルダン 317
クリミア（ウクライナ，ヴォロンツォフ宮殿）248, 283

クリュニー (フランス，ブルゴーニュ，ク
リュニー修道院) 288
クルアーン →コーラン
クルシニヤニ，ボドラスキエ・ヴォイヴォ
デシップ (ポーランド，モスク) 295
クロアチア 293
黒い石 224
グロピウス，ヴァルター 299
グワニ，ババン 173
クンダル様式 111, 145
グント川 162
グンバド 91, 240, 322

【ケ】
ゲヴヘル・ネシベ 314, 317
ケジャウェン伝統 217
ケニア 199-200
ケネディ，ジョン F 303
ケルン (ドイツ，中央モスク) 291
建築スタジオ 287
ケンブリッジ (イングランド，中央モスク)
298
キングス・カレッジ礼拝堂 298

【コ】
紅海 173
広州 (中国，懐聖寺〔預言者ムハンマド記念
館〕) 240
コキンボ (チリ，ムハンマド6世文明対話
センター) 310
黒死病 31
ゴシック復興様式 283
ゴシック様式 30, 261, 263, 267, 288,
298
コートディヴォワール 8, 173, 204
コパンイ (タイ，ダールッサラーム・モスク)
233
コプト 11, 46, 322
コペンハーゲン (デンマーク，ヌスラト・
ジャハーン・モスク) 299
コモロ 202
コーラン／クルアーン 15, 35, 41, 51,
59, 73, 117, 122, 145, 152, 174, 205,
220, 321, 322-3
青のコーラン 182
コリュク・ビン・アブドゥッラー 120
コルカタ (インド，ナコーダ・モスク) 95
ゴール朝 65, 88, 152, 155, 324
コルドバ (スペイン) 11, 111, 252-3,
324
サロン・リコ，マディーナト・アルザフ
ラー 253
大モスク 247-8, 252, 309
石窓 253
洗礼門 252
ゴールのムハンマド 65
ゴレスターン州 (イラン，グンバド・エ・
カーブース) 72
コロンブス 267
コロンボ (スリランカ，レッド・モスク〔ジ
ャーミ・ウル・アルファル・マスジド〕)
107
コンスタンティノープル (イスタンブール)
323
アラブ包囲戦 124
陥落 274
コンヤ (トルコ) 324
インス・ミナレリ・マドラサ 120
城塞，翼のある天使 121
ルーミーの墓 122

【サ】
サアディーヤート島 (アラブ首長国連邦)
23
サアド朝 169, 177, 179, 324
ザーイド・ビン・スルタン・アール・ナヒ
ヤーン 20
サイブ・ラッビ 107
ザーウィヤ 180

サウジアラビア 15, 25-6
サカリーアセン，ジョン 299
サキル，セミハ／イブラーヒーム 132
「桜の園」 87
サーサーン朝 16, 19, 46, 75, 152, 322
サナア (イエメン) 59, 314
サハラ砂漠 170, 191, 211
ザビード (イエメン) 314, 324
サビール 35, 314, 322
サビール・クッターブ 35, 322
サファヴィー朝 62, 84-6, 312, 324
サフィーユ・アルディーン (シャイフ)
62
ザフィール，シャイフ 132
サフン 40, 322
サーマッラー (イラク)
アブー・ドゥラフ・モスク 66, 248,
304-5
イマーム・ドゥールの墓 68
サーマッラーの大モスク 66
漆喰壁パネル 61, 65
大モスク 61, 68, 248, 304-5
サマルカンド (ウズベキスタン) 7-8,
112, 279, 318, 320, 324
アクサライ霊廟 111
ウルグ・ベク・マドラサ 143
グル・アミール廟 111, 279
グンバズ・シナゴーグ 150
シェル・ドル・マドラサ 143
シャーヒ・ズィンダ廟群 140
ティリャ・コリ・マドラサ 112, 145
ビビ・ハヌム・モスク 145
レギスタン 143
サーマーン朝 139, 324
サライ 318, 322
サライ・デザイン 20
サラエヴォ (ボスニア・ヘルツェゴヴィナ)
カーシム・カーティブ・モスク 294
略奪 294
サラゴサ (スペイン，サヴィオール大聖堂)
263
サラ・コロニア 177
サラディン (スルタン) 12, 38, 117, 317
サルダール・アフハミー 87
サルトゥク朝 114, 317, 324
サルマスト (サチャル廟) 103
ザンギー朝 43, 324
サンクトペテルブルク (ロシア)
冬の宮殿 283
モスク 279
ザンジバル (タンザニア) 173, 199
ザンジバル島 (タンザニア)
キジムカジ・モスク，ディンバニ 200
サンジャル (スルタン) 75
ザンド朝 61, 324
サンフランシスコ (アメリカ合衆国カリフ
ォルニア州，フェアモント・ホテル，ペン
トハウス) 303
サンラファエル (アメリカ合衆国カリフォ
ルニア州，マリン郡公民センター) 303

【シ】
シーア派 (イスラム) 69, 75, 78, 98,
312, 319, 322
シヴァス (トルコ，ギョク・マドラサ)
120, 324
ジェルバ島 (チュニジア) 169
ファドルーン・モスク 184
ジェルム川 88
ジェンネ (マリ，大モスク) 191, 194,
204, 285
シカゴ (アメリカ合衆国)
ブルーミングデールズ 248
メディナ・テンプル 304
シガール (パキスタン，アンブリク・モスク)
98
シカンドラ (インド，アクバルの墓) 95
ジグザグ模様 16, 31, 183
シドニー (オーストラリア，バンチボウル・

モスク) 239
ジハト・サラー 314
ジブス 179
ジブラ (イエメン) 314, 324
アルワー女王モスク 15, 59, 314
ジャイナ教 93
シャイバーン朝 145
シャイフ・ハミト・イ・ヴァリ →スムン
ジュ・ババ
ジャウハル・アルスィッキリー 29
ジャガー，ミック 303
ジャカルタ (インドネシア，イスティクラ
ール・モスク) 214, 220
シャキ (アゼルバイジャン，シャキ・ハー
ン宮殿) 158
シャキ・ハーン国 158, 324
ジャジャル・アルドゥッル 317
シャディルヴァン 122
シャハーダ 55
ジャハーン，シャー 93-4, 98, 318
ジャハーン・アリー，ハーン 104
ジャハンギール (皇帝) 95
シャーヒ・ズィンダ →クサム・ビン・ア
ッバース
シャーフィイー法学派 12
シャベスターン 61, 322
シャー・ミール 88
ジャモニャ，ドゥシャン 293
ジャランドハル (インド，サライ・ヌール・
マハル) 318
ジャーリー (格子細工) 98, 322
ジャルケント (カザフスタン，ジャルケント・
モスク) 165
シャールジャ (アラブ首長国連邦，空飛ぶ
円盤) 15, 22
シャールジャ・アート財団 22
シャー・ルフ (スルタン) 318
ジャワ (インドネシア) 213, 217
ミナレット・モスク，クドゥス 213
ジャーン朝 146, 149, 324
十字軍 30, 38, 43, 47, 122, 322
王国／国家 322
シュライナーズ 304
ジョグジャカルタ (インドネシア，スムル・
グムリン地下モスク) 213, 217
ジョージア 4, 132
諸宗教寛容令 (ロシア) 279
女性 (役割) 8, 88, 140, 313-4, 317
ジョンソン，フィリップ 304
シライキ語 103
シーラーズ (イラン) 200, 324
ヴァキール・モスク 61
シャー・チェラーグ廟複合施設 62, 78
ナースィル・アルムルク・モスク (ピン
ク・モスク) 86
シラバン，フリードリヒ 220
シリア 11, 15, 28, 32, 38, 40-1, 43, 46,
117, 119, 274, 288, 317
シーリーン・ビガ・アガ 140
ジルカン，ルイ 284
シルクロード 75, 162, 322
白ナイル 198
ジン，アブダッラーとイバダッラー 151
シンガポール 234
新疆ウイグル自治区 (中国) 242
カルギリク・モスク (イェチェンの金曜
モスク) 213, 217
シンゲッティ (モーリタニア) 170
シンド語 103
シントラ (ポルトガル，宮殿礼拝堂) 270
ジンナー，ムハンマド・アリー 103
神秘主義 →スーフィズム

【ス】
ズィダカ (ヴィダカ) 200
ズィッリージュ 179, 258
スィーディー 91
スィーディー・サイード 91
スィナン，ミマール 126, 128, 160,

313, 318
スィームルグ 146
ズィヤーダ 61, 66, 322
ズィヤール朝 72, 324
スウェーデン 299
ズヴォルニク (ボスニア・ヘルツェゴヴィナ，
クシュラト・モスク) 294
スキッドモア，オーウィングズ＆メリル
301
スクインチ 19, 139, 322
スコットランド 298
スース (チュニジア，カルアト・アルクッバ・
フンドゥク〔キャラヴァンサライ〕) 183
スタジオ・シャハル 195
スタッコ 19, 30, 46, 78, 152, 258, 323
スーダン 173, 195, 198, 204, 322
ステンドグラス 15, 51, 158, 280
ストーンタウン (ザンジバル) 173
スナイフ 253
スナン・クドゥス 213
ズバイダ (女王) 314
スーフィズム (イスラム神秘主義) 122,
165, 180, 188, 195, 213, 318
カーディリー教団 240
サファヴィー教団 62
女性 313-4
ナクシュバンディー教団 213, 242
ヌルバクシア派 96
ハトミーヤ・スーフィー教団 195
スペイン 9, 11, 169, 237, 247-8, 249,
252-3, 257-8, 261, 263-264, 267-8,
283, 309-10, 322, 324
共存 264
キリスト教徒による再征服 (レコンキス
タ) 249, 252, 261, 267-8
スペース・コンティニュウム・デザイン・
スタジオ 22
スポーリア (戦利品) 43, 323
スマトラ (インドネシア) 199, 220, 224
スムンジュ・ババ (シャイフ・ハミト・イ・
ヴァリ) 136
スライフ朝 15, 59, 314, 324
スリナガル (インド，ハーンカー・エ・ム
ウラ) 88, 324
スリランカ 107
スルターニーヤ (イラン) 324
ウルジャイトゥの墓 62, 78
スルタン 113, 125, 129, 131-2, 169,
177, 179, 199, 211, 214, 217, 234,
237, 294, 313-5, 317-8, 320, 323-4
スレイマン大帝 (スルタン) 318
スレイマン2世 (スルタン) 131
スワヒリ海岸 170
スワヒリ様式 200
スンナ派 (イスラム) 12, 30, 78, 323

【セ】
聖者 96, 199, 213
聖書 261
ゼイナルアブディーン・シーラーズィー，
ハジ 158
セイニ・ゲイエ，ムハンマド 202
セヴァブ 128
セッコ技法 124, 261
セネガル 180, 202, 285
セビリア (スペイン) 188, 324
レアル・アルカサル 263
セラブロ教会群 (スペイン) 247, 261
セラミック (陶器) 7, 55, 78, 81, 89, 96,
103, 125, 151, 156, 176-7, 279, 299
セリム2世 (スルタン) 126
セルジューク朝 41, 65, 73, 75, 77, 81,
87, 112, 117, 119-22, 314, 317, 324
ミナレット 9, 41
陝西省 (中国)
省心楼 242
西安大清真寺 242
千夜一夜物語 307

【ソ】

ソヴィエト連邦　280
ソクラテス　140
ソコト朝（カリフ制）　8, 173, 324
ソマリア　8, 173, 199
ソリア，ピエール　287
ゾロアスター教　75, 139
ソロモン　47, 274
ソンケット織り　224, 231

【タ】

タイ　234
タイズ（イエメン）　314
　アルアシュラフィーヤのモスクとマドラサ　56
タイル　4, 12, 31, 46, 61, 68, 78, 81, 86, 89, 96, 98, 112, 120, 124-5, 128, 140, 143, 146, 151, 155-6, 162, 169, 177, 179-80, 202, 220, 242, 249, 258, 268, 279, 289, 322
ダイファ・ハトゥン　317
ダカール（セネガル，神のモスク，ウアカム）　202
タジキスタン　161-2
タシ・ハトゥン　78
タージュ・アルムルク　73
タシュケント（ウズベキスタン）
　ハスト・イマーム複合施設　145
　バラク・ハーン・マドラサ　145
タタール人　280, 295
　リプカ・タタール人　295
ダッカ（バングラデシュ）　324
　グルシャン・ソサエティ・モスク　107
　国立議事堂の礼拝堂　104
タッバーフ　321
タバクチ　321
ターヒル朝　56, 324
タブリーズ，イラン　62, 324
ダマスカス（シリア）　11, 15, 274, 324
　アスアド・パシャ・ハーン　43
　ウマイヤ朝モスク（ダマスカスの大モスク）　7, 11, 40, 91, 247
　聖ヨハネ大聖堂　40
　ビーマリスターン・ヌール・アルディーン　43, 68
ダームガーン（イラン，ターリーハーネ・モスク）　75
ダラーザ・シャリフ（パキスタン，シンド，サチャル・サルマスト廟）　103
ダラス（アメリカ合衆国テキサス州，感謝祭チャペル）　247, 304
タラズ（カザフスタン，アーイシャ・ビビ廟）　162
ダルッシファ（病院）　317
タルプール　103
タルプール朝　103, 324
ダレンデ（トルコ，スムンジュ・ババ廟堂複合施設）　136
ダロンコ，レイモンド　132
タンガイル（バングラデシュ，ドーム・モスク）　65, 107
ダンケルク（フランス，公衆浴場）　248, 284
タンザニア　173, 199-200
ダンダジ（ニジェール，ヒクマ）　195
ダンテ　320

【チ・ツ】

チェコ　283
チェーホフ，アントン　87
祁静一（チージンギ）　240
チニオト（パキスタン）　98
チーニ・ハーナ　62, 85, 100
チャガタイ・ハーン朝　140, 324
チャトリ　95
チャハール・バーグ　95, 323
チャム　214, 217, 224
チャルチャラ　104

チャルディランの戦い　85
チャンパ帝国　224
チャンパネール（インド，金曜モスク）　62, 93
チュイ渓谷（キルギス，ブラナ塔）　162
中央アジア　11, 73, 111-3, 149-50, 161-2, 165, 295, 298, 317-8
中国　15-6, 55, 62, 85, 165, 173, 213, 217, 234, 240, 242
鋳造コンクリート　→打ち放し
中南米　248
チュニジア　11, 169, 183-5, 314
チュニス（チュニジア）
　ザイトゥーナ・モスク　185
　ザイトゥーナ大学　185
　スィーディー・マハレズ・モスク　185
チョウドゥリ（カシェフ）　107
チョーサー　320
チョロ　98
チリ　310
チンギス・ハーン　111, 156
ツィーツ，フーゴ　292

【テ】

ディヴリイ（トルコ，大モスクと病院）　112, 117, 317
ティグリス川　61, 66
ディービチュ，カール・フォン　290
ティムール（スルタン）　62, 65, 111-3, 140, 143, 155-6, 165, 318
ティムール朝　7-8, 85, 111, 113, 140, 143, 145, 155, 165, 279, 318-9, 320, 324
ディヤルバキル（トルコ，ベフラム・パシャ・モスク）　112, 128
ティライユール　285
ティルフォード（イングランド，ムバーラク・モスク）　297
ディーワーン　321
ティンブクトゥ（マリ）　194
　サンコレ・モスク　208
鉄筋コンクリート　137, 292
テトヴォ（北マケドニア，シャレナ・モスク）　124
テヘラン（イラン）　324
　テキエ・ドウラト　86
　テヘラン市立劇場　87
デュマ，アレクサンドル　4, 248
テュルク語　165, 320
テュルク人　16, 62
デリー（インド）　104, 324
　クトゥブ・ミナール　65, 88, 152
　バラ・グンバド，ローディー庭園　91
デリー・スルタン朝　65, 88, 324
デルアルティッシモ，クリストファーノ（カメリア，皇帝スレイマンの娘）　315
テルジャン（トルコ，アナトリア）　114
テンク・フサイン（スルタン，ジョホールのラジャ）　234
デンマーク　299

【ト】

ドイツ　16, 132, 290-2
　ナチス　291
陶器／陶磁器　4, 15, 96, 112, 185, 204, 213, 322
　→セラミック，タイル，モザイク
東京（日本，小笠原伯爵邸）　214, 237
トゥグルク朝　96, 324
東南アジア　173
トゥラベク・ハヌム　111, 156, 317
トゥラン・マリク　117, 317
トゥルカン・ハトゥン　314
トゥルカン・ビント・アルカガン　75
トゥールーン朝　28, 324
ドゴン地方（マリ，ダニ・サレのモスク）　9, 194
ド・チャラ屋根　104

ドーハ（カタール）
　イスラム美術館　51
　ハマド・ビン・ハリーファ大学　51
トビリシ（ジョージア）
　オルベリアニ浴場　4
トラヤ，ホセ　309
トルキスタン（カザフスタン，ホージャ・アフマド・ヤサウィー廟）　165
トルクメニスタン　156, 317
トルコ　7, 88, 111-5, 117, 119-22, 124-6, 128-9, 131-2, 136-7, 248, 290, 292, 299, 314, 317, 322-3
トルコ人　111
奴隷　11, 91, 170, 208, 314, 317
ドレスデン（ドイツ，イエニッツェ煙草葉巻工場）　292
トレド（スペイン）
　サン・ロマン教会　264
　シナゴーグ・サンタ・マリア・ブランカ　264
トレムセン（アルジェリア）　208
　スィーディー・アブー・マドヤン複合施設　188
　大モスク　188
トロン　7, 308, 323

【ナ】

ナイジェリア　173, 208, 211
ナヴァーイー，ミール・アリー・シール　320-1
　ヴァクフィーヤ　321
　ディーワーン　321
ナジャフ（イラク）
　イマーム・アリー・モスク　69
　地図　70
ナースィル・アルムルク　86
ナスーフ，マトラークチュ　70, 81
ナスル朝　257-8, 263, 324
ナッサール，アリー・ヌール・アルディーン　22
ナヒチェヴァン（アゼルバイジャン）　112
　ユースフ・イブン・クサイル廟　160
ナヒチェヴァン建築学派　160
ナブハーン朝　55
ナベレジニェ・チェルニー（タタールスタン，タウバ・モスク）　280
ナポレオン3世（皇帝）　249
ナラーティワート（タイ，ワーディー・フセイン・モスク）　234

【ニ】

ニコポリスの戦い　122
ニコライ1世（皇帝）　283
西アフリカ　8, 170, 180, 205, 208, 285, 323
ニジェール　8, 170, 194-5
ニーシャープール（ネイシャーブール）（イラン）　75, 324
　ファラド・アルディーン・アッタールの霊廟　320
ニズワ（オマーン，アルシャワーズナ・モスク）　55
日本　237
ニメイリ，ジャアファル　198
ニューオーリンズ（アメリカ合衆国ルイジアナ州）　309
ニューヨーク市（アメリカ合衆国，ニューヨーク・イスラム文化センター）　301

【ヌ・ネ・ノ】

ヌーヴェル，ジャン　23, 287
ヌーフ（ノア）　69
ヌール・ジャハーン（皇后）　315, 318
ヌールムハンマド，ファルーク　162
ネイシャーブール　→ニーシャープール
ネオ・ムガル建築　283
ネオ・ムデーハル様式　309
ネッジャル，アリー　122
ノーリア　43

ノルマン・シチリア王国　271-2, 324

【ハ】

バイーア（ブラジル）　208
ハイダー，ガルザール　308
バイト／ベイト　323
ハイヤーム，ウマル　73
ハイルバク，アミール　35
ハイルプール（パキスタン）　103, 324
ハウズ（貯水池）　146
バウデリオ（聖）　261
バウム，アントニン　283
バウンドク（ミャンマー，ラカイン州，モスク）　214, 231
パキスタン　96, 98, 100, 103
バグダード（イラク）　61-2, 111, 169, 248, 303, 324
　アッバース朝宮殿，ミフラーブ　69
　アルシャヒード記念建造物（殉教者記念建造物）　68
　スィット・ズムッルドの墓　68
バグダードの盗賊（映画）　307
バゲルハート（バングラデシュ，60ドーム・モスク）　104
ハザルバフ　68, 81, 323
ハサン・ビン・ムファッラジュ・アルサルマーニー　41
バージェス，ウィリアム　297
ハージブ　65
バシール・シハーブ2世（首長）　44
バースーナ（エジプト，バースーナ・モスク）　35
ハズレット・スルタン　→ヤサウィー，アフマド
パダン（インドネシア，西スマトラのグランド・モスク）　224
ハッジ巡礼　26, 170, 323
ハディージャ（預言者の最初の妻）　318
ハディース　321
ハディド，ザハ　15
ハーディム　321
バドル・アルジャマーリー　28
バニ（ブルキナファソ）
　モスク　204
ハバナ（キューバ，ウルスリーヌ宮殿）　309
ハビーブ・ラッビ　107
ハーフィズ　321
ハプスブルク帝国　294
ハフト・ラング　86
バフマニー朝　89, 324
バフラムシャー　117, 317
バブル　65
ハマー（シリア，ヌール・アルディーン・モスク）　43
ハマダーニー，サイイド・アリー　88
ハマダーン　77, 324
ハミッチュ，マルティン　292
パミール山脈　162
バラク・ハーン　145
バラサグン（キルギスタン，金曜モスク）　162, 324
ハラム　40, 323
ハラール（エチオピア）
　ディン・アゴバラ・モスク　199
　ハラール・ジュゴル　199
バリ（インドネシア）　213-4
パリ（フランス，アラブ世界研究所）　287, 290
ハルカ　321
バルセロナ（スペイン，カサ・ビセンス）　268
バルティスタン　65, 96, 98
ハルトゥーム（スーダン，青ナイル・セーリングクラブの建造物）　198
バルフ（アフガニスタン，ノー・グンバド・モスク）　152
ハールーン・アルラシード　69, 75, 314
バレイ・トン　191

パレスチナ 15, 32, 43, 46
バレルモ（イタリア）
　サンタ・マリア・デル・アミラリオ教会 272
　ジーザ宮殿 271
　パラティーナ礼拝堂 272
バーレーン
　バイト・アルクルアーン博物館 15, 51
バロチ語 103
ハーン 43, 104, 111, 140, 145-6, 149, 151, 156, 279, 317, 324
半円ドーム 19
ハーンカー 88, 145, 161, 313-4, 317, 320-1, 323
バングラデシュ 8, 65, 104, 107
バンジャーブ（インド）103, 322
バンダル・スリ・ブガワン（ブルネイ、スルタン・オマル・アリー・サイフッディーン・モスク）237
バンチャティーキ・シメネス、フェルディナンド 275
バントゥ 91
バーンドゥアー（インド、アディナ・モスク）91, 324
バンバラ語 285
ハンブルク（ドイツ、イマーム・アリー・モスク）290
ハンマーム 44, 56, 267, 317, 323

【ヒ】
ヒヴァ（ウズベキスタン）
　カルタ・ミナール 146
　タシュ・ハウリ宮殿 151
ヒヴァ・ハーン国 146, 151, 324
東アフリカ 170, 173, 199-200, 202
東インド会社 234
ビカネル、ラジャスターン 315
ビザンチン 16, 46, 264, 271-2, 323
ビージャープル（インド、金曜モスク）65, 93
ビーシュターク 81, 95, 119, 323
ビスミッラー 272, 323
ビダル（インド、マフムード・ガワン・マドラサ）89, 324
ヒッチコック、アルフレッド 303
ビビ・ハヌム 145, 318
ビーマーリスターン 30, 43, 68, 323
ビーマーリスターン →マーリスターン
ヒュッレム・スルタン（ロクセラナ）318
ビューデス、スィーディー・カリーム 268
ビュート（第3代侯爵）297
ヒュールとシュミット 304
廟 11, 12, 35, 62, 78, 96, 103, 111-2, 136, 139-40, 156, 160-2, 165, 179-80, 186, 213, 242, 313, 317-8, 320
ピョートル大帝（皇帝）279
ピール・イ・バクラーン（シャイフ）78
ビルキース（シバの女王）314, 318
ヒンドゥー教 65, 93
ヒンドゥー建築 88, 213

【フ】
ファッラーシュ 321
ファディッリオール、ゼイネブ 132
ファーティマ（預言者の娘）314, 318
ファーティマ朝 11, 28-30, 324
ファトヒー、ハサン 303
ファトフッラー 185
ファラフ・パフラヴィー（皇后）87
フィクフ 321
フィリピン 214, 225, 227
フィロズコー（アフガニスタン）152, 324
フェズ（モロッコ）7, 188, 211, 310, 324
　アルアンダルス・モスク 314
　アルカラーウィーイーン・モスク 314
　ザーウィヤ・スィーディー・アフマド・

アルティジャーニー 180
ブー・イナーニーヤ・マドラサ 176
マリーン朝 175
フェニキア人 177
プエブラ（メキシコ、チグナウアパンのキオスク）248-9
フェルナンデス・カストロ、ディエゴ 267
フサイン、バイカラ（スルタン）320
武士 214
フーシデ 124
フジャイラ（アラブ首長国連邦、アルビドヤ・モスク）20
フジェンド（タジキスタン）
　シャイフ・ムスリヒディーン複合施設 161
仏教 62, 88, 93, 213, 242
フード 59
フトゥバ 314
ブトラジャヤ（マレーシア）
　コーポレーション複合施設 231
　連邦裁判所 231
ブハラ（ウズベキスタン）112, 150
　アルク要塞 149
　ククルダーシュ・マドラサ 146
　サーマーン廟 103, 139
　ナディール・ディヴァンベギ・ハーンカー 146
　ナディール・ディヴァンベギ・マドラサ 146
　ブヤン・クリ・ハーン霊廟 140
　ポロ・ハウズ・モスク 149
　リヤビ・ハウズ複合施設 146
フマユーン（皇帝／墓）318
ブヤン・クリ 140
ブライデンバッハ、ベルンハルト・フォン（『聖地巡礼』）47
ブライマ、イブラーヒーム 205
ブラジル 170, 208
ブラハ（チェコ共和国、スペインのシナゴーグ）283
フランク王国 38
フランス 158, 169, 248, 284-5, 287-9, 304, 309
ブリウロフ、アレクサンドル 283
ブルキナファソ 173, 204
　ボボ・ディウラッソの大モスク 7
ブルサ（トルコ、大モスク）122, 136, 324
ブルネイ 214, 237
フレグ・ハーン 156
フレジュス（フランス、ミッシリ）285
ブレック・ブノウ（カンボジア、ブノンペン郊外、ムバーラク・モスク）224
ブロア、エドワード 283
プロシュコ、ユゼフ 280

【ヘ】
ペイ、I・M 51
ベイシェヒル（トルコ、エシュレフォール・モスク）119, 324
ベガ・ベガム 318
北京 242
ペドロ（カスティーリャの王）263
ベナン 170, 173, 208
ベネディクト13世（教皇）263
ベネディクト修道会 288
ベーム、ゴットフリートとパウル 291
ヘラクレス 121
ヘラート（アフガニスタン）320-1, 324
　イルフラースィーヤ複合施設 320
　イルフラースィーヤ・マドラサ 320
　インジル運河 320
　ガウハル・シャード霊廟 320
　金曜モスク 155, 318
　クシュク・イ・マルガーニー 320
　クドゥスィーヤ・モスク 320
　ハラースィーヤ・ハーンカー 320
　水差し屋 321

ベール、アルベール 284
ペルシア語 103, 240, 315, 322-3
ペルシア人 11
ベルベル人 191, 252
ベルリン
　グロッセス・シャウスピールハウス 291
　ベルガモン博物館 16
ヘレニズム様式 66
ベンガル・スルタン朝 91, 104, 324

【ホ】
ボエルツィヒ、ハンス 291
ホージャ家 242
ボスニア・ヘルツェゴヴィナ 294
ポープ、アーサー・アップハム 303
ボフィル、リカルド 169-70, 191
ボホニキ、ポドラスキエ・ヴォイヴォデシップ 295
ホメロス（オデュッセイア）169
ホラーサーン（イラン）320
　キルマーニー・モスク、トゥルバト・イ・シャイフ・ジャーム 64, 81
　リバート・シャラフ・キャラヴァンサライ 75
ホラズム（ウズベキスタン／トルクメニスタン）151
ホラズム朝 156, 324
ポーランド 280, 295
ポルトガル 173, 208, 248, 270, 322
ポルトゲッシ、パオロ 278
ポルトノヴォ（ベナン、大モスク）170, 208
ポーロ、マルコ 81
ホログ（タジキスタン、イスマーイール派ジャマトハーナ＆センター）162
ポワダン、ジョルジュ 284
ボンガオ（フィリピン、タウィタウィ島、海辺の白いモスク）227

【マ】
マウント・レバノン首長国 44
マギンダナオ（フィリピン、ピンク・モスク〔ディマウコム・モスク〕）214, 225
マークス・バーフィールド（建築家事務所）298
マクスーラ 169, 188, 323
マクブライド・チャールズ・ライアン 239
マケドニア 124, 299
マザーリシャリーフ、ムハンマド・バシャラ廟 161
マシュハド（イラン）
　イマーム・レザ廟複合施設、ガウハル・シャードの金曜モスク 319
　ガウハル・シャードの金曜モスク 318, 319
マシュラビーヤ 23, 323
マズィーナ 88
マスカット（オマーン）173
　スルタン・カーブース大モスク 55
マタイによる福音書 264
マチャヘル渓谷（トルコ）132
マッキーヤ、ムハンマド 55
マドラサ 9, 321, 322-3
　アゼルバイジャン 160
　アフガニスタン 320
　アメリカ合衆国 303
　アルジェリア 188
　イエメン 15, 56, 314
　イラク 69
　イラン 75
　インド 89, 318, 320
　ウズベキスタン 112, 143, 145-6
　エジプト 11-2, 29-32, 35, 317
　カザフスタン 165
　カタール 51
　女性 313
　シリア 317

タジキスタン 161
トルコ 120, 126, 313, 317
パキスタン 98
バーレーン 51
モロッコ 169, 176-7
マナーマ（バーレーン、バイト・アルクルアーン博物館）51
マハベリ・ブアンド・ハトゥン 317
マハレズ、スィーディー 185
マフディーヤ（チュニジア）11
ママ・ハトゥン、メリケ 114, 317
マムルーク朝 8, 11-2, 28-32, 35, 43, 317, 324
マラガ（スペイン）169
マラケシュ（モロッコ）7, 188, 324
　アグナウ門 174
　クトゥビーヤ・モスク 169, 310
　サアド朝の墓 169, 179
　バイルディーン・ドーム 174
　ベン・ユースフ・マドラサ 177
　マリーン朝マドラサ 7, 169
マラール（トルコ、アルトヴィン県イレミット・モスク）132
マリ 9, 75, 170, 191, 194, 204
マリク・シャー（スルタン）314
マーリスターン／ビマーリスターン 323
マリーン朝 263, 267, 324
マリーン朝建築 7, 169, 175-7, 188
マルウィーヤ 66, 323
マルジュ・ダービクの決戦 35
マルディン（トルコ、大モスク）117, 324
マルメ（スウェーデン、モスク）299
マレーシア 214, 228, 230-1
マンゲラ・イヴァース建築事務所 51
マンドゥ（インド、ジャハーズ・マハル）88

【ミ】
南アメリカ 9, 248, 310
南バサリア村（バングラデシュ、タンガイル県）107
ミナレット 7, 9, 12, 41, 61, 112, 213, 217, 323
　アフガニスタン 152
　アメリカ合衆国 303, 307
　イラク 66, 247
　イラン 75, 77-8, 84
　インド 65, 88
　インドネシア 213, 220
　ウズベキスタン 146
　エジプト 30, 32
　オマーン 55
　カザフスタン 113, 165
　キルギス 162
　コモロ 202
　サウジアラビア 25-6
　シリア 41, 274
　スペイン 261
　セネガル 202
　タジキスタン 161
　中国 213
　チュニジア 182-5
　チリ 310
　ドイツ 292
　トルクメニスタン 111, 156
　トルコ 117, 120, 125, 132, 137
　ナイジェリア 208
　ニジェール 194
　パキスタン 98
　バングラデシュ 107
　フランス 284
　ブルキナファソ 7
　ブルネイ 237
　ボスニア・ヘルツェゴヴィナ 294
　モーリタニア 170
　モロッコ 181
　ロシア 279
ミナンカバウ族 224

ミフラーブ 62, 323
  アフガニスタン 155
  アメリカ合衆国 301
  アルジェリア 188
  イラク 69
  インド 65, 93
  エジプト 31
  オマーン 15, 55
  シリア 43
  ソマリア 199
  タンザニア 200
  中国 240
  トルコ 122
  パレスチナ／イスラエル 47
  バングラデシュ 104
  フランス 285, 289
  ブルキナファソ 7
  モーリタニア 170
ミフリマーフ・スルタン（カメリア）
  315, 318
ミマール 323
ミマール・スィナン 128, 160, 313, 318
ミャンマー 214, 217, 231
ミュラー、バーンハート 307
ミュンツベルガー、ベドジフ 283
明朝／明代 242
ミンバル 20, 86, 122, 132, 165, 169,
  182, 323

【ム】

ムーア復興様式建築 237, 283-4, 304,
  307
ムガル建築／ムガル様式 62, 65, 95,
  104, 234, 283, 318
ムガル帝国 65, 91, 93-4, 96, 98, 100,
  104, 318, 322, 324
ムカルナス（構造／装飾）323
  アゼルバイジャン 158
  アルジェリア 188
  イタリア 272
  イラク 68
  イラン 72, 86
  ウェールズ 297
  エジプト 35
  オーストラリア 239
  サウジアラビア 24-5
  シリア 42
  スペイン 258, 268
  ドイツ 291
  トルコ 119, 128
  モロッコ 174
ムクリイ 321
ムーサウィー、サミ 278
ムザッファル朝 81
ムサッラー 15, 285, 323
ムザブ朝 186
ムザブの谷（アルジェリア）169
  ムザブのペンタポリス 186
ムスタファー、アフマド 51
ムスリヒディーン、シャイフ 161
ムスリミン、リザル 224
ムタヴァッリ 321
ムデーハル（建築／様式）9, 248-9, 261,
  263-4, 267, 270, 309, 323
ムバッシル（選りすぐりの格言）140
ムハンマド（イマームの息子）78
ムハンマド（預言者）12, 47, 69, 93,
  124, 140, 145, 195, 224, 240
ムハンマド5世（グラナダのスルタン）
  263
ムハンマド6世（モロッコ国王）310
ムハンマド・アミーン・ハーン 146
ムハンマド・イブン・アルハッシャーブ
  41
ムハンマド・バシャラ 161

ムハンマド・レザー・イスファハーニー
  84
ムファッダル（斜視の）114
ムフタロフ、ムルトゥザ 280
ムムターズ・マハル 94
ムラード朝 185
ムラービト朝 174, 188, 324
ムルターン（パキスタン）
  シャー・ユースフ・ガルデズィーの霊廟
  96
  シャー・ルクン・イ・アーラムの墓
  96
ムーレイ・イスマーイール（スルタン）
  180
ムワッキト 126
ムワッヒド朝 169, 174, 188, 263, 324

【メ】

メキシコ／メキシコ人 248, 249, 267,
  303
メクネス（モロッコ）324
  バーブ・アルマンスール 179
  ムーレイ・イスマーイール廟 180
メッカ（サウジアラビア）15, 30, 32, 86,
  169, 173, 182-3, 224, 240, 289, 301,
  318
  アルマスジド・アルハラム（大モスク）
  26
  巡礼（ハッジ）26, 170, 180, 314,
  322-3
メディナ（サウジアラビア）169, 182-3,
  304, 323
メフメト2世（スルタン）294
メフメト・アガ 125
メラウケ（インドネシア、パプア州、アル
  アクサー・モスク）220
メリカ（アルジェリア、シャイフ・スィー
  ディー・アイサーの墓と霊廟）186
メルヴ（マリ、トルクメニスタン）75,
  324
メルチャント、ヤヒヤ 103
メルボルン（オーストラリア）214
  ヤードマスター・ビル 239
メンギュジュク朝 112, 117, 317
メンスレ 124

【モ】

モガディシュ（ソマリア、ファフル・アル
  ディーン・モスク）199
モザイク 11-2, 46, 62, 86, 89, 98,
  179, 271-2
  → 陶器
モサラベ（建築／様式）9, 261, 264, 270,
  323
モスク 7-9, 11-2, 15-6, 20, 25-6,
  28-32, 35, 40-1, 43, 46-7, 51, 55-6,
  59, 61-2, 65-6, 69-70, 73, 75, 77, 81,
  84, 86, 88, 91, 93, 95-6, 98, 100, 104,
  107, 112-3, 117, 119, 122, 124-6,
  128, 132, 136-7, 145, 149, 152, 155-
  6, 160-1, 165, 169-70, 173-4, 182,
  184-5, 188, 191, 194-5, 198-200,
  202, 204-5, 208, 213-4, 217, 220,
  224-5, 227-8, 230-1, 233-4, 237,
  239-40, 242, 247-9, 252-3, 268,
  274-5, 278-80, 285, 289-95, 297-9,
  301, 303-4, 308-10, 312-4, 317-23
モーリタニア
  シンゲッティ・モスク 170
モロッコ 7, 169, 174-7, 179-80, 198,
  249, 310, 314
  幾何学模様 176, 179
  彫刻され絵付けされた木製パネル
  175-6
モロニ（コモロ、オールド・フライデー・

モスク）202
モンゴル帝国 31, 38, 62, 117, 120,
  314, 324

【ヤ】

ヤアクート・アルハマウィー 61
ヤイーシュ、アルハージュ 169
ヤサウィー、アフマド（ハズレット・スル
  タン）113, 165
ヤズド（イラン、金曜モスク）31, 81,
  312
ヤーマ・ニール（ニジェール、タホア、中
  央モスク）194

【ユ】

ユーゲントシュティール 132
ユーゴスラヴィア 299
ユースフ・イブン・タシュフィーン（首長）
  188
ユースフ・ガルデズィー、シャー 96
ユダヤ人／ユダヤ教徒 47, 150, 264,
  292
  アシュケナージ 283
  セファルディ 283

【ヨ】

ヨーゲンセン、イェンス・ダンストルプ
  299
ヨルダン 11, 15-6, 19, 46
  カスル・ハラーナ 19
  クサイル・アムラ 11, 16
  東部砂漠 16, 19
  ムシャッタ 16

【ラ】

ライト、フランク・ロイド 248, 303
ラインハルト、マックス 291
ラゴス（ナイジェリア）208
ラージャスターン（インド）94
ラージーン（スルタン）28
ラスール朝 56, 314, 324
ラダーウ（イエメン）
  アルアーミリーヤ・マドラサ 56
  城塞 56
ラバト（モロッコ、シェッラ）177
ラービア 318
ラホール（パキスタン）98, 100, 324
  ジャハーンギールの墓 100
  ワジール・ハーン・モスク 98
ラム（ケニア、シェラ、モスク管理人の家）
  200
ララバンガ（ガーナ、モスク）205

【リ】

リエカ（クロアチア、イスラム・センター）
  293
リスボン（ポルトガル）270
  大地震 177
リビア 132, 169, 191
リヤド（サウジアラビア）
  カブサルク・ムサッラー 15
  カフド大モスク 26
リュステム・パシャ 318
リール（フランス）284
リワーク 40, 323
臨夏（中国甘粛省、大拱北複合施設）240
リンダーホーフ城（ドイツ、バイエルン州、
  ムーア式キオスク）248, 290

【ル】

ルクソール（エジプト）303
ルクン・イ・アーラム、シャー 96
ル・コルビュジエ 169, 186
ルッジェーロ2世（シチリア王）272
ルートヴィヒ2世（バイエルン王）248,

290
ルーミー 122
ルムファ、ムハンマド 211

【レ】

レイ（イラン）324
  漆喰パネル 65
  トゥグリル墓塔 87
霊廟
  アゼルバイジャン 112, 156, 160
  アルジェリア 186
  イラク 68
  イラン 62, 78, 320
  インド 318
  ウズベキスタン 111, 139-40
  エジプト 11, 12, 35
  カザフスタン 162, 165
  女性 313, 317-8
  タジキスタン 161
  中国 213, 242
  トルクメニスタン 111, 156, 317
  トルコ 124, 136, 317
  パキスタン 96, 103
  モロッコ 179-80
レゼネス、ジルベール 287
レッチョ（イタリア、サメッザーノ城）
  275
レバノン 46, 239
  ベイティッディーン宮殿 44

【ロ】

ロウロザ 270
ロシア 8, 158, 248, 279-80, 283
ロシュフォール（フランス、ピエール・ロ
  ティの邸宅）289
ローソン、ジョン 51
ローチョー（シンガポール、スルタン・モ
  スク）234
ロティ、ピエール 248, 289
  アジヤデ 289
ローディー朝 88, 91, 324
ロデリック（西ゴート王）16
ロトフッラー、シャイフ 84
ロヒンギャ 214, 217, 231
ローマ（イタリア、モスク）11, 278
ローマ帝国 19, 177, 191, 272, 323
  モザイク 11
ロマネスク建築／様式 261, 288
ロワール、ガブリエル 304
ロンシャン（フランス、礼拝堂）186
ロンドン
  ヴィクトリア＆アルバート博物館 62
  ロイヤル・アルバート・ホール 86
ロンドン大学東洋アフリカ研究学院 8
ロンボク（インドネシア）
  バヤン・ベルク・モスク 214

【ワ・ン】

ワクフ 314, 320-1
ワジール・ハーン 98
ワーディー・ハドラマウト（イエメン、カ
  ブル・ナビー・フード）59
ワリード2世（カリフ）16
湾岸地域 11, 15, 23
ワン・マン島（マレーシア）230
ンゴム、シャイフ 202

【アルファベット】

FNDAアーキテクチャ 162
SSH（建築事務所）55
ZDRデザインコンサルタント 231

謝 辞

本書は編集チームの努力の賜物である。ヴィジュアルに命を吹き込んでくれた Angelika Pirkl と Tahir Iqbal、そして私の言葉をすべて正しく確認、訂正してくれた Kirsty Seymour-Ure に感謝の意を表したい。最高の写真を探して手を差し伸べてくれたすべてのフォトグラファーに感謝する。私は本書を COVID-19 の流行の最中に書いた。妻 Kalwa と娘 Andrea だけが、本書執筆の 2 年間、私の大変な苦労を知っている。二人の存在と助力がなければ、刊行はなかっただろう。

私が受けた下記の方々の多くの援助に感謝の意を表したい。
Razwan Baig, Madiha Bakir, Abdelkader Benali, Hamza Bermejo, Philipp Bruckmayr, Haris Dervisevic, Robert Hillenbrand, Hashim Khalifa, Ehab Mokhtar, Yusra al-Nakeeb, Nasir Noormohamed, Susan Parker-Leavy, Beniamino Polimeni, Shahed Saleem, Ali Reza Sarvdalir, Sultan al Qassemi, Ahmed Bin Shabib, Mansoure Shahi, Laila Sharif, Hadeed Ahmed Sher, Nancy S. Steinhardt.

Published by arrangement with Thames and Hudson, London,
Islamic Architecture: A World History
© 2023 Thames & Hudson Ltd, London

Text © 2023 Eric Broug
Designed by Tahir Iqbal

This edition first published in Japan in 2025 by Kawade Shobo Shinsha Ltd. Publishers, Tokyo, through Tuttle-Mori Agency, Inc., Tokyo
Japanese edition © 2025 Kawade Shobo Shinsha Ltd. Publishers

世界のイスラム建築美術 大図鑑 至宝の遺産

2025 年 3 月 30 日　初版発行

著者	エリック・ブラウグ
日本語版監修	桂 英史
訳者	鷲見朗子
装丁者	岩瀬聡
発行者	小野寺優
発行所	株式会社河出書房新社
	〒 162-8544 東京都新宿区東五軒町 2-13
	電話（03）3404-1201［営業］（03）3404-8611［編集］
	https://www.kawade.co.jp/
組版	株式会社キャップス

Printed and bound in China
ISBN978-4-309-22938-6
落丁本・乱丁本はお取り替えいたします。
本書のコピー、スキャン、デジタル化等の無断複製は著作権法上での例外を除き禁じられています。本書を代行業者等の第三者に依頼してスキャンやデジタル化することは、いかなる場合も著作権法違反となります。